Gott – Mensch – Welt

Walter Mostert

Gott – Mensch – Welt

Ökologie und christliche Anthropologie

Herausgegeben von Adrian M. Berger und Matthias Hochhuth

EVANGELISCHE VERLAGSANSTALT
Leipzig

Die Deutsche Nationalbibliothek verzeichnet diese Publikation in der Deutschen Nationalbibliographie; detaillierte bibliographische Daten sind im Internet über http://dnb.dnb.de abrufbar.

2. Auflage 2025
© 2025 by Evangelische Verlagsanstalt GmbH · Blumenstraße 76, 04155 Leipzig
Printed in Germany

Der Verlag behält sich die Verwertung des urheberrechtlich geschützten Inhalts dieses Werkes für Zwecke des Text- und Data-Minings nach § 44 b UrhG ausdrücklich vor. Jegliche unbefugte Nutzung ist hiermit ausgeschlossen.

Das Buch wurde auf alterungsbeständigem Papier gedruckt.

Bei Fragen zur Produktsicherheit wenden Sie sich bitte an info@eva-leipzig.de

Cover: Vogelsang Design, Aachen
Coverbild: © Far700/istockphoto.com
Satz: ARW-Satz, Leipzig
Druck und Binden: BELTZ Grafische Betriebe GmbH, Bad Langensalza

ISBN 978-3-374-07843-1 // eISBN (PDF) 978-3-374-07844-8
www.eva-leipzig.de

INHALT

Zur Einführung 9

I ÖKOLOGIE

Einleitung und Aufbau der Vorlesung 17
1. Christliche Lehre, Dogmatik 17
   a) Der Begriff „Dogmatik" 18
   b) Geschichte der Dogmatik 19
   c) Glaubensbekenntnis 21
2. Praktische Hinweise zum Studium der Dogmatik 24
3. Die Faktizität der Existenz 28

§ 1: Gott, der Schöpfer, der Glaube an Gott, den Schöpfer,
und die Schöpfungslehre. Sinn des Vorlesungsthemas 30
1. Der, mein, unser Glaube an den, meinen,
   unseren Schöpfer 30
2. Christlicher Glaube ist nicht Philosophie, Wissen
   und Tun 33
3. Das Gespräch mit den Naturwissenschaften 34
4. Die Überhöhung der Natur gegenüber dem Menschen 37

§ 2: Der Schöpfer – Gott 42
1. Das aktuelle Gottesverhältnis zum Schöpfer
   im Glaubensbekenntnis 42
2. Creator continuus 43
3. Einer, Vater, allmächtig 43
4. Das Gottesattribut «Vater» 46
5. Die Allmacht Gottes 46
6. Gott der Schöpfer 48

INHALT

§ 3: Der dreieinige Gott als Schöpfer der Welt 48

§ 4: Die Schöpfung durch das Wort und die Schöpfung aus
dem Nichts 51
1. Der Schöpfungsbericht Genesis 1 53
2. Schöpfung aus dem Nichts – Schöpfung durch das Wort 57
3. Die Güte der Schöpfung 63
   a) Gut, weil Gott sie geschaffen hat 64
   b) Die Restriktion der Ökologie auf die Natur 65
   c) Schöpfung aus dem Wort – Güte der Schöpfung 70

§ 5: Überblick über traditionelle Elemente der Schöpfungslehre 76
   a) Warum und zu welchem Zweck hat Gott die Welt geschaffen? 76
   b) War die Schöpfung notwendig? 77
   c) Gottes Idee von Ewigkeit her? 80
   d) Anfang und Ende der Schöpfung 81
   e) Der Glaube an den gegenwärtigen Schöpfer 82
   f) Vernichtung der Welt durch Gott? 83
   g) Das Sichtbare und das Unsichtbare 84

§ 6: Der Mensch als Geschöpf Gottes 86
   a) Zur biblischen Auffassung des Menschen 87
   b) Traditionelle Elemente der Schöpfungslehre des Menschen 92
      1. «Lasset uns Menschen machen» 92
      2. Das Göttliche am Menschen 93
      3. Gottebenbildlichkeit 95
      4. Monogenismus, Ewigkeit der Seele 101

§ 7: Der Mensch als Sünderin und Sünder –
Anthropologie der Faktizität 105
   1. Hermeneutische Vorüberlegungen 105
      a) Geschichtlich-ontologische Interpretation 105
      b) Der Sündenfall 107
   2. Die biblischen Berichte von der Sünde 110
   3. Dogmatische Meditation über die Sünde, das Böse
   und ihre Überwindung 123
      a) Elemente der Sündenlehre 123
      b) Verantwortliche Rede von Sünde 126

INHALT

II CHRISTLICHE ANTHROPOLOGIE

Ausschreibung der Vorlesung 135

§ 1: Zur Einführung in das Thema 135
    a) Die Titelbegriffe Rechtfertigung, Versöhnung, Erlösung
    (Soteriologie) 135
    b) Systematisierung der Begriffe 138

§ 2: Verständnis und Aufgabe der Dogmatik 142
    a) Denkgewohnheiten 143
    b) Historismus 144
    c) Hermeneutische und dogmatische Aspekte 145
    d) Neue Religiosität – die Zukunft traditioneller Kirchlichkeit 151
       1. Der Gegensatz alt – neu 152
       2. Die Schwierigkeit mit der Wahrheit 154
       3. Die Notwendigkeit der Wahrheitsfrage 155

§ 3: Das Problem der Lehre von Rechtfertigung, Versöhnung,
    Erlösung (Soteriologie) als Kern und Wesen aller Religion
    (Ein kleines Stück Religionsphilosophie) 156
    a) Die Orientierung am eigenen Gottesverhältnis 159
    b) Die Sprachtradition 160
    c) Jesus Christus 160
    d) Auf den Mitmenschen hin 161

§ 4: Das Denken als soteriologisches Phänomen
    (Ein Hinweis zur theologischen Logik) 162

§ 5: Versöhnung und Stellvertretung (zu 2Kor 5,11–6,10) 169
    1. Zum Verständnis von Theologie 169
       a) Literarkritik 170
       b) Der Zusammenhang, eine Skizze 171
       c) Eschatologischer Hinweis 172
       d) Lohn für die Taten 173
       e) 2Kor 5,11–21 174
       f) Der Tod Christi für alle – 2Kor 4,5–5,21 177
       g) Gesetz, Evangelium und Glauben 193
       h) 2Kor 5,11–15 204

INHALT

§ 6: Tod Christi und Versöhnung des Menschen
als Handeln Gottes 208
   1. Der Zweck des Todes Christi 208
   2. Jesus als neue Wirklichkeit des Menschseins 214
   3. Zusammenfassung 215

§ 7: Die Elemente der Versöhnung –
Hauptthemen der Versöhnungslehre 217
   a) Stellvertretung: das *esse nos extra nos* 217
   b) Der Tod Jesu Christi am Kreuz 221
   c) Gottes Handeln – der fröhliche Tausch 226

Zur Einführung

I.

«Ich wurde am 10. Juni 1936 in Wuppertal-Elberfeld geboren.»[1] So beginnt Walter Mostert seinen Lebensrückblick, den er anlässlich seiner Habilitation und Ernennung zum Privatdozenten 1976 verfasste. Mostert studierte nach dem Abitur 1956 evangelische Theologie an der Universität in Bonn, darauf in Göttingen. «Den Wunsch, Theologie zu studieren, hatte ich schon sehr früh geäussert, namentlich unter dem Eindruck der Person meines Konfirmators, eines Schülers Carl Stanges und Freundes Rudolf Hermanns.»[2] Nachdem er die ersten sechs Semester der Exegese und Historie gewidmet hatte, wechselte er 1959 an die Theologische Fakultät der Universität Zürich, wo er Schüler des Systematischen Theologen und Luther-Forschers Gerhard Ebeling wurde. «Heute glaube ich, dass ich gewissermassen eine natürliche Inklination zur reformatorischen Theologie besitze. Deren methodische Faszination besteht für mich in der Tatsache, dass hier die Orientierung theologischer Fragen am Sein des Menschen sich mit einer völligen Freiheit gegenüber jeder wissenschaftlichen und traditionellen Autorität verbindet.»[3]

Ein Neubeginn, was sein Theologiestudium betraf. Was ihn an Ebeling besonders beeindruckte, war «die Symbiose oder Konkomitanz historischen und systematischen Arbeitens».[4] Nach einer langen Promotions- und ab 1965 Assistentenzeit wurde Mostert mit der Dissertation «Sinn oder Gewissheit? Versuche zu einer theologischen Kritik dogma-

---

1 Walter Mostert, Glaube und Hermeneutik, Gesammelte Aufsätze, hg. von Pierre Bühler und Gerhard Ebeling, 1998, 1; die Einleitung zum Sammelband verfasste G. Ebeling.
2 Ebd.
3 Ebd.
4 Ebd.

tistischen Denkens» 1974 promoviert. «Sein [Ebelings] Gutachten über die Dissertation war für mich, der ich in den letzten Jahren manche Anfechtungen durch mich selbst auszustehen hatte, Ansporn und Ermutigung zu neuer Arbeit. So konnte ich schon [...] 1976 meine Habilitationsschrift [«Menschwerdung. Eine historische und dogmatische Untersuchung über das Motiv der Inkarnation des Gottessohnes bei Thomas von Aquin»] vorlegen [...].»[5] Als Gerhard Ebeling 1980 von seinem Lehrstuhl für Systematische Theologie, mit besonderer Berücksichtigung der Fundamentaltheologie und Hermeneutik, an der Universität Zürich zurücktrat, wurde Walter Mostert sein Nachfolger, zunächst als Extraordinarius, ab 1986 als Ordinarius. Neben der Leitung des Instituts für Hermeneutik hatte er 1988–1990 das Amt des Dekans der Theologischen Fakultät inne.

II.

Aufschlussreich sind die Ausführungen Ebelings zur Arbeitsweise seines, wie er einmal mündlich erwähnte, zweifellos begabtesten Schülers: «Intellektuell hochbegabt, war er nicht nur ein selbständiger, sondern auch ein sehr eigenwilliger Denker.» Mostert war, so Ebeling weiter, ein langsamer Arbeiter, «als müsste er sich seinen Weg durch Granit bohrend bahnen. Dabei war er zuweilen rücksichtslos gegenüber Ansprüchen von aussen, sei es das Einhalten von Terminen, sei es die Anpassung an den Wunsch glatter Verständlichkeit».[6] Gegen allen akademischen Brauch verfasste Mostert seine Doktorarbeit ohne eine einzige Anmerkung, ohne Quellenzitate und ohne Forschungsdiskussion. Später publizierte Mostert eine gar nicht so kleine Anzahl von Aufsätzen und Artikeln.[7]

Auf einer Wanderung im Zürcher Weinland, wohin sich Mostert regelmässig an den Wochenenden und in den Semesterferien zurückzog, um im Pfarrhaus in Dorf bei seinem Freund Pfarrer Peter Koller unge-

---

5 A. a. O., 3.
6 A. a. O., 4.
7 Vgl. die vorzügliche akademische Würdigung von Pierre Bühler, Walter Mostert (1936–1995) – Verstehen als «ein ontisches Geschehen an mir selbst», in: Adrian Holderegger, Stephan Leimgruber, Silvia Schroer (Hg.), Theologisches Schaffen in pluraler Gesellschaft. Schweizer Theologinnen und Theologen an der Schwelle des 21. Jahrhunderts, 2025.

stört zu arbeiten oder die Umgebung zu erkunden, erzählte er von der Anregung seines väterlichen Freundes Ebeling, er solle doch so verfahren wie er, Ebeling, und Vorlesungsmanuskripte für den Druck bearbeiten und dann publizieren. Leicht entrüstet wies Mostert dieses Ansinnen zurück. Seine hohen und höchsten Ansprüche an sich selber, aber auch seine überaus selbstkritische Zurückhaltung waren unvereinbar mit Publikationswünschen, von wem sie auch an ihn herangetragen wurden. Nach dem mutmasslichen Willen des Autors hätte er also der Veröffentlichung seiner Vorlesungsmanuskripte nicht zugestimmt, wohl auch darum, weil sie einem anderen Genus zugehören: Rede, Vortrag – kein schriftlicher Text.

Im mündlichen Gespräch blühte Mostert auf, sei es im kleinen privaten Kreis, im Seminar oder Hörsaal. Seine extemporierten Gedankenflüge hoben gleichermassen in intellektuell anspruchsvolle Höhen ab wie sie auf das Gegenüber, auf das Du gerichtet waren. Nicht alle Gesprächspartner vermochten ihm zu folgen. In der Beziehung und im Gegenüber mit den Theologie Studierenden verfasste er seine Vorlesungsmanuskripte. Sie sind Satz für Satz ausformuliert. Der Professor las im Hörsaal sein Manuskript vor und schweifte recht häufig sachlich ab, einen ihm wichtigen Punkt spontan verdeutlichend oder eine Linie in die Aktualität ausziehend, um anschaulich zu machen, was er zu verstehen gab. Der in dieser Publikation vorgelegte Text ist also bei weitem nicht deckungsgleich mit dem im Hörsaal mündlich Vorgetragenen. Der Fokus auf die Adressaten, aber auch Mosterts Hingabe an den Gegenstand der Theologie, das Handeln Gottes am Menschen, erklären manche Redundanz. Mostert umkreist gleichsam die Sache, bohrt, wie Ebeling formulierte, immer tiefer, um zum Kern, zu den Wurzeln vorzudringen.

III.

Auf einem der ausgedehnten Spaziergänge am Bodensee kam das Gespräch wieder einmal auf Martin Heidegger. Mostert hörte seinem Schüler aufmerksam zu, als dieser ihm eine Anekdote erzählte: «Ein vielgereister Sophist frägt Sokrates: ‹Stehst Du immer noch da und sagst immer noch dasselbe? Du machst Dir die Sache aber leicht.› Sokrates antwortet: ‹Nein, ihr Sophisten macht es euch leicht, denn ihr sagt immer das Neueste und Allerneueste und immer etwas anderes. Das

Schwere aber ist, das Selbe zu sagen und das allerschwerste: vom Selben das Selbe zu sagen.»" Was Martin Heidegger zur Einleitung eines «Zollikoner Seminars»[8] vortrug und mit dem Hinweis ergänzte, dass Sokrates auch insofern der grösste Denker des Abendlandes war, als er nichts geschrieben habe, beantwortete Mostert mit seinem milden und vielsagenden Lächeln. Denn vom Selben das Selbe zu sagen, war auch seine Bemühung als Theologe und Christenmensch.

Theologie als Lebensthema, genauer: die Verbindung der Sache der Theologie mit der eigenen Existenz, dem eigenen Sein. Dies zu entfalten, ist eine unermessliche und unerschöpfliche Aufgabe. Die unablässige Frage nach dem Wesen der Theologie und die Hingabe, mit der er sich dieser Aufgabe widmete, führten zu seinem eigenständigen theologischen Denken. Nicht um die Exposition von (richtigen) Gedanken ging es Mostert, sondern darum, denkend ins Offene zu kommen und seine Zuhörerschaft in diese Bewegung des theologischen Denkens zu versetzen. Und dieses spezifische Ineinander von Lebenserfahrung und Nachdenken, das genaue Unterscheiden und in Beziehung-Setzen von Gottes-, Welt- und Selbstbezug war sein theologisches Thema. Die Kehre, die Hinwendung zur Theologie als Lebensthema lernte man in seinen Vorlesungen und in intensiven Gesprächen, und er lebte sie vor.

Eine jähe und völlig unerwartete Erkrankung unterbrach abrupt Mosterts theologische Arbeit. Er starb am 4. März 1995 nach kurzer Krankheitszeit in Zürich.

IV.

Im Aufsatz «Leben und Überleben als Thema der Eschatologie»[9] beschrieb Mostert in knappen Worten, was ihn bezüglich der Stichwörter «Ökologie, Schöpfung, Umweltschutz» umtrieb: «Lange bevor alle diese Probleme, vielleicht sehr zum Schaden ihrer Lösung, zum billigen Thema eines ja selbst lebensfeindlich gewordenen Informations- und

---

8 Martin Heidegger, Zollikoner Seminare. Protokolle – Gespräche – Briefe, hg. von Medard Boss, Frankfurt a. M. 1987, 30.

9 Walter Mostert, Glaube und Hermeneutik. Gesammelte Aufsätze, hg. von Pierre Bühler und Gerhard Ebeling, Tübingen 1998, 247–256; wieder abgedruckt in: Eberhard Jüngel/Walter Mostert, «Schon jetzt – und dann erst recht!». Beiträge zur Eschatologie aus Vorlesungen, Vorträgen und Predigten, hg. von Christian Möller und Christian Schad, Leipzig 2024, 87–98.

Publikationsbetriebs geworden sind, lange bevor sie, bedauerlicherweise, zum Stoff moralischer Selbstbeschäftigung und Selbstbestätigung bestimmter Gruppen und Parteien geworden sind, hat man über diese Fragen nachgedacht.»[10] Und diesem Nachdenken widmete er diese beiden hier erstmals schriftlich zugänglichen Vorlesungen zum Thema «Ökologie» und «christliche Anthropologie».

Dass diese beiden Themen aus sachlichen Gründen zusammengedacht werden müssen und zusammengehören, war für Mostert offensichtlich: «Die Bedrohung der Natur, der Schöpfung durch den Menschen ist die Folge des Willens, ein Reich von Gerechtigkeit und Frieden in materiellem Glück zu verwirklichen.»[11] Wer sich einfach an den Technikfolgen und deren Bewältigung durch den Menschen orientiere, wiederhole besinnungslos die Postulate, die gerade zur kritischen Situation geführt hätten, und greife zu kurz: «Wer heute die grosse Frage einfach unter das Thema der Machbarkeit, des Tuns stellt, der möchte vielleicht den Ernst der Situation noch gar nicht bedacht haben, die Probleme doch am Ende wieder als technische Probleme und ihre Lösung unter dem Gesichtspunkt der Operationalisierung betrachten.»[12] Zur ökologischen Krise gehöre wesentlich dazu, dass sie aus dem Willen hervorgehe, ein Reich des Friedens und der Gerechtigkeit zu realisieren, darum seien nicht nur die Natur, die Luft, das Wasser, der tropische Regenwald, die Landschaft bedrohte Schöpfungsbestände, sondern auch der menschliche Geist, die Ratio, der Intellekt, die Sprache, die Tradition, die geschichtlichen Institutionen, auch die Schöpfung als Geist und Seele werde vom Menschen existenziell bedroht. «Dieselbe Sensibilität, die wir mit Recht gegenüber dem Wald, der Luft, dem Wasser verlangen, ist auch gegenüber der Schöpfung als Geist, der Sprache, dem Erbe der Tradition des Denkens zu verlangen. [...] Verstehen wir das Wort *oikos* im Wort Ökologie nicht bloss von den physischen und biologischen Gegebenheiten unseres Erden-Daseins her, sondern schliessen wir den Geist in diesen *oikos* ein, dann gewinnen wir erst eine sachgemässe Tiefendimension der ökologischen Frage und der ökologischen Krise. [...] Solange wir der Selbstgerechtigkeit der Profiteure, der Ausbeuter, der Technikfolgennutzniesser, zu denen wir ja nebenbei alle gehören,

---

10 A. a. O., 247.
11 A. a. O., 248.
12 A. a. O., 249.

nichts anderes entgegensetzen als die Selbstgerechtigkeit derer, die es besser oder anders wissen, solange ist unser Beitrag gleich Null, bzw. weniger als Null [...].»[13] Und nun geht es Mostert darum, keine falschen, unechten Alternativen aufzustellen: «Jenes Denken, das zur Zerstörung des *oikos* [Haus] des Lebens, der Schöpfung, des Geistes führt, das ist ja ein Denken, das vom Defizit ausgeht, das vom Menschen die Vollendung der Schöpfung erwartet. Und gerade dadurch zerstört es die Welt. Es ist nun von absoluter Lächerlichkeit, diesem Denken als Alternative ein Denken entgegenzusetzen, das genau die gleiche Struktur hat.»[14]

V.

Christliche Anthropologie fragte nach dem Wesen des Menschen angesichts Gottes, der in Jesus Christus erschienen ist. Wer ist der Mensch? Wie erkennt er sich selber und als der, der er tatsächlich, faktisch ist? Als wen versteht sich der Mensch, der nicht der sein will, der er ist? Welche Folgen hat eine unsachgemässe, verfälschte Selbsterkenntnis?

Es gehe dabei, so Mostert, um die Störungen, Verstörungen, Zerstörungen in der sozialen, geistigen und natürlichen Umwelt, denn diese seien alle menschenverursacht. Und eben deshalb müsse es um die Rettung des Menschen gehen, der die Schöpfung zerstöre. Denn nie seien es die Utopie, der Entwurf, das Ideal, das Gesetz, der noch so edle Gedanke, der handle, «sondern immer der konkrete Mensch, sei er das Individuum, sei er das Kollektiv.»[15] Daraus folgt: «Wer, sei er links oder rechts, etabliert oder alternativ, über die Krise, über das Negative und Böse so redet, dass er nicht grundsätzlich sich selbst als Autor [Verursacher] jedes Bösen im Blick hat, der kann das wirkliche Wesen der Krise überhaupt nicht begreifen.»[16]

Wie kommt es nun dazu, dass dieser Mensch als Verursacher der Zerstörung der Welt und der Schöpfung sich umstimmen lässt und einstimmt in die Freude an der Bewahrung der Schöpfung durch Gott? Dass also die Menschen der Bewahrung der Schöpfung durch den Schöpfer entsprechen – statt die Rettung der Welt und von sich selbst als

---

13 A. a. O., 250 f.
14 A. a. O., 256.
15 A. a. O., 252.
16 Ebd.

eigene Aufgabe missztuverstehen und weiterhin in ideologischen Selbstverwirklichungsmodellen zu verharren? Mostert skizziert den Weg, «den Menschen existenziell einzustellen auf das bewahrende Wirken des Schöpfers»,[17] weil nur dieses Wirken eine Zukunft eröffne. Ob die Menschen, jeder einzelne in Freiheit, zum Vertrauen fähig seien, nämlich zum «Vertrauen auf Gottes schöpferische und versöhnende Liebe»,[18] um aus der Fülle, der Nähe Gottes zu leben, darin bestehe das wahrhaft alternative Denken: «Diese Daseinshaltung, in der allein die Schöpfung wieder das werden kann, was sie am Anfang war, nämlich gut, ist der Glaube. Nur als Glaube ist sie wirklich und konkret.»[19]

VI.

Der Nachlass von Walter Mostert befindet sich in der Zentralbibliothek Zürich. Die unter dem Stichwort «Ökologie» subsumierte Vorlesung «Die Lehre von Gott dem Schöpfer: Schöpfungslehre, Sündenlehre, Anthropologie» im Wintersemester 1991/1992 trug Mostert so wie die unter dem Stichwort «christliche Anthropologie» angezeigte Vorlesung «Rechtfertigung, Versöhnung, Erlösung (Soteriologie)» im Wintersemester 1992/1993 an der Theologischen Fakultät der Universität Zürich vierstündig vor. Er notierte sie handschriftlich mit Tinte auf Blätter im DIN-Format A4. Den Herausgebern lag das Manuskript in Fotokopien vor. Sie haben die Abschrift beider Vorlesungen angefertigt und diese mit dem Manuskript sorgfältig kollationiert.

Diese Edition strebt keine wissenschaftlichen Standards an. Um nicht altsprachliche Kenntnisse vorauszusetzen, sind alle Zitate übersetzt. Fussnoten, Zusätze oder sonstige Hinzufügungen der Herausgeber stehen in eckigen Klammern [ ], unsichere Lesarten oder unleserliche Stellen sind ebenfalls in eckige Klammern [?] und [...] gesetzt. Zitate wurden, soweit möglich, verifiziert. Sprachliche Versehen sind stillschweigend korrigiert, Orthografie und Interpunktion zurückhaltend angepasst worden. Eigenwillige Schreibungen und Unterteilungen wurden meistens belassen und nicht vereinheitlicht, sondern so wie in der Handschrift wiedergegeben.

---

17 A. a. O., 255.
18 Ebd.
19 A. a. O., 256.

Für die Hilfe bei der Verifikation von Zitaten, beim Übersetzen insbesondere lateinischer Zitate, beim Korrekturlesen sowie der Durchsicht der Druckfahnen danken die Herausgeber allen voran Marcel Egli, Beat Jung und Rolf Müller.

Folgende Donatoren haben durch ihre grosszügigen Beiträge diese Publikation ermöglicht: Peter Koller, die Evang.-ref. Kantonalkirchen Bern-Jura-Solothurn, Schaffhausen und Zürich.

Wir danken allen für die fachliche Unterstützung und die finanziellen Beiträge.

Gachnang/Arch-Leuzigen, 25. Oktober 2024
Adrian M. Berger und Matthias Hochhuth

I
ÖKOLOGIE

Einleitung und Aufbau der Vorlesung

Zu Absicht und Aufbau der Vorlesung werde ich nachher einiges sagen, indem ich die Formulierung des Themas erläutere. Zunächst einige Bemerkungen zur Frage: Was ist christliche Lehre? Was ist Dogmatik? Und wie studiert man Dogmatik?

1. Christliche Lehre, Dogmatik

Die Dogmatik hat bei vielen Theologen keinen guten Ruf, wird auch von vielen vielleicht für überflüssig gehalten. Die Bedenken kommen aus mancherlei Richtung. Ist es, so fragen viele, nicht hinreichend, Exegese zu treiben und das dort Gelernte in der Praxis, sei es in der Ethik, sei es in der praktischen Theologie, anzuwenden? Aus diesem Grund wenden sich viele Theologie-Studenten von der Exegese gleich zur Praxis. Eine andere Problematik wird so formuliert: Ist christliche Lehre, Dogmatik, systematische Theologie nicht eine ungebührliche Einengung des Glaubens und des Wortes Gottes in Formeln, Systeme, die sich sowohl vom Glauben, vom Wort Gottes als auch vom Leben, dem die Theologie doch zugedacht ist, weit entfernen? Ja, so möchten viele fragen, ist nicht, in den postmodernen Zeiten, überhaupt das theologische Dringen auf Eindeutigkeit, auf klare Lehre, klare Aussage obsolet geworden? Muss man sich nicht dem Sachverhalt ergeben, dass auch im Bereich des Religiösen, des Glaubens ein Pluralismus herrscht, ein Nebeneinander verschiedenster religiöser Formen und Gestaltungen? Schliesslich: Liegt nicht in der Dogmatik, dem System der Theologie, eine Einschränkung der Freiheit des Ich, des Subjekts, welche die religiöse Entfaltung behindert und vielleicht zu ernsten seelischen Störungen führt? Oder, dieses Argument nochmals umgewendet: Ist nicht die dogmatische Aussage immer nur die Aussage des Dogmatikers, also eines Subjekts? Zeigt nicht gerade die Mannigfaltigkeit, ja Gegensätzlichkeit dogmatischer Aussagen selbst, verborgen unter dem Schein von deren Objektivität, gerade die Herrschaft des jeweils dogmatisierenden Subjekts?

So einige Fragen und Einwände, denen gründlich nachzugehen eine selbständige Vorlesung ausmachen könnte, Fundamentaltheologie, theologische Prinzipienlehre. Ich habe nun nicht die Absicht, diese Einwände und Bedenken hier argumentativ zu entkräften. Sie bringen ja einiges zur Sprache, das man nicht abwehren kann, Erfahrungen, denen man Realitätsgehalt nicht absprechen kann. Was die Dogmatik leistet, was sie leisten kann und wie sie von sich ihre Notwendigkeit herausstellt, das kann sich nur in ihrem Vollzug selbst zeigen, also in diesem Semester, was über Gott den Schöpfer, über Schöpfung, Sünde und Mensch zur Sprache kommt. Aber ich kann Ihnen einige, wie ich denke, wesentliche Hinweise, mit Heidegger zu sprechen: Winke, geben, die uns Notwendigkeit, Wesen, Würde und vielleicht auch Schönheit der Dogmatik erkennen lassen. (Auf die begriffliche Präzisierung der Wörter Dogmatik, Lehre, systematische Theologie usw. gehe ich hier nicht ein; das würde diese Präliminarien allzu sehr verlängern; und wir wollen ja bald über die Limines schreiten zur Schöpfungslehre selbst.)

Ich gebe Ihnen also folgende Hinweise zum Verständnis der Dogmatik und zur Praxis dogmatischen Arbeitens.

[a) Der Begriff Dogmatik]

Das Wort Dogmatik ist, wie dem Kenner des Griechischen sogleich ersichtlich, ein Adjektiv, δογματικός, dogmatisch. Es gibt eine Anzahl solcher wissenschaftlicher Termini: Ethik, Pädagogik, Physik, Logik usw. Zum Adjektiv δογματικός, das sich dann zu einem Substantiv verselbständigt hat, ist als Substantiv θεολογία [Theologie] zu ergänzen. So finden wir das Wort zuerst in der Zeit der protestantischen Orthodoxie. Hier nun [ist der] Zusammenhang genau zu beachten: Einheit der Theologie, verschiedene Aussagehinsichten: exegetische, historische, polemische, thetische oder dogmatische. Dogmatik ist also ein bestimmter *modus loquendi theologicus* [Art und Weise, theologisch zu reden], nicht exegetisch, nicht historisch, nicht polemisch, sondern die thetische, positive Darlegung dessen, woran der christliche Glaube glaubt, was er glaubt, was der Glaube selbst ist. Das Dogmatische ist also nicht die Zusammenfassung christlichen Glaubens und der Glaubensinhalte in

Formeln und Sätzen, sondern die thetische, positive Darlegung des Glaubens. Es ist also sehr wichtig, sich davon freizumachen, das Wort Dogmatik von Dogma abzuleiten, wie es oft geschieht, wobei dann meist noch ein unsachgemässes Verständnis des Wortes Dogmatik vorausgesetzt wird. Dogma gilt dann als dürre, blutleere Formel, in der Weise juristischer Formulierungen, auf die der Reichtum des Glaubens reduziert wird. (Wirkung der historisch-kritischen Dogmengeschichte.) Das trifft aber schon für die dogmatischen Aussagen der sogenannten Dogmen, Nicaeno-Constantinopolitanum[20] und Chalcedon, nicht zu. Man könnte vielmehr genau gegenläufig sagen: Echte Dogmatik hat etwas Unendliches, weil sie auf das Aufspüren immer neuer Zusammenhänge aus ist, ständig auf sprachliche Erweiterung, Amplifikation aus ist – was man am allerbesten am NT[21] studieren kann: Das NT ist ja eine Sprachbewegung, kein statisches Gesetz, also kein Dogma im juristischen Sinn, sondern selbst eine fortschreitende Bewegung des Denkens und Sprechens, um, so könnte man sagen, den Glauben an Jesus Christus in immer weitere Welt- und Erfahrungszusammenhänge zu führen.

[b) Geschichte der Dogmatik]
Einen zweiten Hinweis kann man aus der Entstehung der Dogmatik entnehmen. Sagten wir vorher, Dogmatik sei thetische, positive Darlegung des christlichen Glaubens in dem Zusammenhang von Gott, Welt und Mensch, so dient die Dogmatik doch zugleich der präzisen Identifikation dessen, was christlicher Glaube ist. Um diesem Bedürfnis zu entsprechen, finden sich schon im Urchristentum, im NT in der Tat Formeln, kurze Sätze, welche den christlichen Glauben artikulieren – Glaubensartikel. Diese Formeln sind keine juristisch-dogmatische Reduktion, sondern sie geben das Zentrum des christlichen Glaubens an.[22] Die Funktion dieser Formeln ist eine doppelte: Sie sind Homologie, Hymnen auf Gott, den Dreieinigen, Jesus Christus; und sie sind Orientierung in der Erfahrung von Turbulenz, Anfechtung und Verdunkelung des Glaubens. Deshalb oft die starke Hervorhebung der Einheit, z. B. Eph 4,4–6.

---

20 [Abgekürzt: NC]
21 [Abkürzung für Neues Testament]
22 Oscar Cullmann, Die ersten christlichen Glaubensbekenntnisse, ²1949; Klaus Wengst, Christologische Formeln und Lieder des Urchristentums, ²1973; Überblick: Hans Conzelmann, Grundriss der Theologie des NT, ⁴1987, bearbeitet von Andreas Lindemann, § 7, S. 46 ff. und § 18 I, 178 f.

Diese Formeln sind Wegweiser, sie haben deiktische, hermeneutische, kybernetische Funktion, indem sie so scharf wie möglich angeben, worum es im christlichen Glauben geht. Ihr Sinn ist nicht, den Glauben auf Formeln zu reduzieren und ihn so aus der Welt zu isolieren; ihr Sinn ist es, den Glauben vor dem Verlust seines Inhalts und so vor dem Selbstverlust zu bewahren. Das gilt dann auch genau für das spätere Dogma: Es ist nicht zu bestreiten, dass das Dogma der grossen Konzilien juristische Bedeutung erlangte und sozusagen selbst zum Glaubensgegenstand wurde. Aber sein ursprünglicher Sinn ist die klare Identifikation des Glaubens. Um diese Formeln, aus diesen Formeln hat sich dann sowohl die Schrift des NT als auch die entstehende christliche Lehre kristallisiert.

Ganz Analoges lässt sich bei der Entstehung der Dogmatik im Protestantismus beobachten. Man kann als Väter der Dogmatik im Sinn der theologischen Disziplin Melanchthon und Calvin nennen; wobei man allerdings zu sagen hat, dass beide Lutherschüler, das Wesen des Dogmas als positives, thetisches Reden am sachgemässesten bei Luther zu lesen ist. Melanchthon: Loci des Römerbriefes früher zur Dogmatik[23]; Calvin: Glaubensbekenntnis ist Grundlage der Institutio[24].

In jeder Hinsicht also ist klar, dass das Wesen dogmatischen Redens nicht die Reduktion in Glaubensformeln ist und auch nicht die Ablösung des Glaubens an Gott, Vater, Sohn, Heiliger Geist, durch den Glauben an Lehrsätze und Gesetze. Ich bestreite nicht, dass diese Gefahr immer bestand und besteht; aber das ist durchaus ein Verfall und eine Verzerrung des Wesens der Dogmatik. Man kann dieses Wesen der Dogmatik schlicht so zusammenfassen: Sie dient der Verkündigung des Wortes Gottes an die Menschen und dem Hören der Menschen auf das Wort Gottes. Daher kann man nun sagen: Die Dogmatik bearbeitet das eigentlich Theologische an der Theologie. Das bloss Exegetische ist Philologie und Historie, theologisch werden Exegese und Kirchengeschichte erst durch den Dienst an der Verkündigung des Wortes Gottes und am Hören des Menschen auf das Wort Gottes. Daraus nun ergibt sich die Form, die Gestalt der Dogmatik.

---

23 [Philipp Melanchthon, Loci communes rerum theologicarum / Allgemeine Grundbegriffe der Theologie, 1521 ff.]

24 [Johannes Calvin, Institutio Christianae Religionis/Unterricht in der christlichen Religion, 1536 ff.]

[c) *Glaubensbekenntnisse als gottentsprechende Lobpreisungen Gottes*]
Wenn ich von Form der Dogmatik spreche, so meine ich nichts bloss Äusseres, das gegenüber dem Inhalt weniger wichtig wäre. Ganz im Gegenteil. Und weil wir hier auf ein wichtiges theologisch-philosophisches Problem stossen, will ich dazu einige Bemerkungen machen, die uns gewissermassen in die Sache hineinführen. Wenn man sich nämlich die Dogmatik und die Dogmen ansieht, so wird man feststellen, dass sie bei allen Variationen sich fast immer in ihrem Bau, also in ihrer Form, auf das Glaubensbekenntnis zurückführen lassen, häufig sogar deutlich erkennbar in seiner trinitarischen Gestalt. Selbst die protestantische Loci-Methode ist, schon in der Entwicklung Melanchthons selbst, wieder von einem solchen symbolisch-trinitarischen theologischen Aufbau abgelöst worden. Mit einem anachronistischen, weil modernistischen Terminus kann man auch vom Heiligen Geist – von Gottes Schöpfung bis Vollendung reden. Den Grund für dieses Phänomen haben wir schon oben genannt: Der Anlass für die Ausbildung von Glaubensformeln, die ja bloss der Anfang der Glaubensbekenntnisse sind, ist der gottentsprechende Lobpreis Gottes und die Identifikation des Glaubens in der Turbulenz der Differenzen und Verdunkelungen (1Kor, Gal als apostolische Beispiele). Mit gottentsprechendem Lobpreis Gottes meine ich, dass unser christlicher Lobpreis Gottes nicht beliebig ist, sondern dem Handeln Gottes an der Welt, den Menschen und uns in Jesus Christus entsprechen muss. Und genau der Identifikation des Glaubens an Jesus Christus dienen die Glaubensformeln. Wir sagten, dass die Dogmatik sich um diese Glaubensformeln kristallisiert hat, und so können wir der Dogmatik genau diese Aufgabe zuweisen: Sie dient dem gottentsprechenden Lobpreis der Gemeinde und der Identifikation des Glaubens an Jesus Christus. (Das ist ja nur eine Variation dessen, was wir über die Dogmatik oben sagten; das gehört ja mit zum Aufregendsten der Theologie, dass auf eine überbordende Weise sich immer wieder dasselbe sagen lässt.) Die Glaubensformeln, die Glaubensbekenntnisse und damit auch die Dogmen haben, und das ist nun sehr wichtig, ihre hermeneutisch-identifikatorische Funktion vor allem in der Schriftauslegung gefunden und zu bewähren gehabt. Und hier kommt nun die Bedeutung der Glaubensformeln als Form, der Dogmen als Form zu Gesicht: Angesichts der Fülle, der Diffusität nicht nur der Schriftauslegung, sondern der Schrift selbst, angesichts der ὕλη [Baustoff], der *materia* der

Schriftauslegung nicht nur, sondern der Schrift selbst, formen die Glaubensformeln, die Glaubensbekenntnisse, die Dogmen diese Masse, indem sie die Mitte der Schrift, den Skopus der Schrift angeben. Man kann dies aufs knappste so aussgen: Die Dogmatik stellt klar, dass wir nicht an die Schrift, sondern an Gott glauben. Und indem sie nun daran arbeitet, dieses auslegt, formt sie die amorphe Masse der Schrift und die noch amorphere Masse der Schriftauslegung der Kirchengeschichte zur Klarheit; d. h.: Alles in der Schrift, alles in der Kirchengeschichte der Schriftauslegung wird bezogen auf Gott und sein Handeln an der Welt.

Man muss nun diesen Formaspekt noch vervollständigen. Indem die Dogmatik die Theologie auf das Verhältnis Gottes zum Menschen und zur Welt und des Menschen und der Welt zu Gott konzentriert, formt sie nicht nur die Schrift, die theologische Tradition, sondern ebenso uns, unsere Erfahrung, unser Leben, uns mitsamt unserem ganzen In-der-Welt-Sein, indem sie uns auf unser Gottesverhältnis konzentriert. Diese Formung, dieses Formgeben ist gleichsam die höchste Aufgabe und Würde der Theologie; ihre geistliche, geistige, intellektuelle Aufgabe, die aber als solche, nicht erst in der Umsetzung, praktisch ist. Denn die Aufgabe, diesem diffusen menschlichen Leben die Form des gottentsprechenden Gottesverhältnisses zu geben, ist das geistigste und praktischste Abenteuer zugleich.

Die Dogmatik hat, und damit will ich diesen I. Teil der Präliminarien schliessen, also folgende Form: Sie konzentriert den Menschen auf sein Gottesverhältnis. Dieses Gottesverhältnis ist allerdings nicht beliebig, sondern das christliche Gottesverhältnis. Das ist sehr schön zu beobachten an Joh 4,23 f.: «Aber es kommt die Stunde und ist schon jetzt, dass die wahren Anbeter den Vater anbeten werden im Geist und in der Wahrheit; denn auch der Vater will solche Anbeter haben. Gott ist Geist, und die ihn anbeten, die müssen ihn im Geist und in der Wahrheit anbeten.» Insofern ist die Dogmatik äusserste Konzentration auf das Gottesverhältnis des Menschen. Aber diese Konzentration auf das Verhältnis des Menschen zu Gott, durchaus nochmals zugespitzt auf das Verhältnis des einzelnen, geht doch einher mit äusserster, denkbar letzter Amplifikation. Denn der Mensch ist ja kein abstraktes Ich; der Mensch, der auf sein Gottesverhältnis konzentriert wird, ist ein Mensch mit Mensch- und Weltverhältnis, eine Mutter, ein Vater, eine Tochter, ein Sohn, ein Tramfahrer, ein Bundesrat, eine Theologieprofessorin usw. (kein Individualismus), Steuerzahler, Theaterbesucher, Nonne und

Mönch usw. usw. Also Menschen in unendlich vielfältigen Verhältnissen (Heidegger!). Und umgekehrt: Gott, zu dem der Glaubende in einem Verhältnis steht, ist der Schöpfer von allem und jedem, der Erhalter von allem und jedem, der Versöhner und Vollender von allem und jedem. Hier wird nun klar, welche eminente Bedeutung die Formfunktion der Dogmatik hat: Keineswegs blendet sie Welt und Gesellschaft ab; d. h. die Dogmatik, die Theologie hat die gesamte Schöpfung, den Kosmos, den Makrokosmos und Mikrokosmos, als Horizont und Gegenstand. Das alles aber wird geformt von der Konzentration in das Gottesverhältnis, vom Einkommen des Menschen in die Strenge und Klarheit des gottentsprechenden Gottesverhältnisses. Darum kann man der Dogmatik drei zu kennzeichnende Formmerkmale geben:

1. Weil Gott das Verhältnis des Menschen zu sich, Gott, und zu sich, dem Menschen, und zur Welt einschliesslich der Gesellschaft selbst definiert hat, und zwar in der Menschwerdung Jesu Christi als dieses Menschsein, kann christliche Dogmatik nur dieser von Gott selbst vollzogenen Definition nachdenken. Der christliche Glaube ist ein gottentsprechendes Gottesverhältnis, kein beliebiges. Darum hat die christliche Dogmatik einen klaren, eindeutigen Gegenstand, und darum ist sie als Theologie, als Dogmatik selbst Wissenschaft, nicht erst durch allgemein wissenschaftliche Methoden. Die Dogmatik sagt, so ist es, das ist wahr, weil sie sich dem Wort Gottes verdankt.

2. Die Klarheit und Eindeutigkeit, also die Form der Dogmatik entspricht aber auch der Angewiesenheit des Menschen auf Klarheit und Eindeutigkeit seines Gottesverhältnisses, gerade angesichts der immer diffuser werdenden politischen, sozialen, ökologischen Lage. In dieser Situation greift ja die Frage, was wir tun sollen, viel zu kurz, und sie hilft uns nicht weiter. Viel elementarer und von schicksalhafter Bedeutung für die Welt ist die Frage unseres Seins und die konkrete und existentielle Formung unseres Gottesverhältnisses. Das thetische, dogmatische Reden hat also gerade in der Situation einen Sinn, in der sich die Menschen immer vorfinden, in ihrem diffusen In-der-Welt-Sein.

3. Diese Klarheit und Eindeutigkeit hat also das thetisch-dogmatische Reden als Sprachform zur Seite. Hier entsteht nun wahrscheinlich das gravierende Missverständnis, dass dieses dogmatisch-thetische Reden Dogmatismus, Ideologie ist, also das kritische Subjekt entmündigt, den Menschen bevormundet, ihm eine Wahrheit aufzuzwingen sucht. Dieser Einwand ist nur durch das dogmatische Reden selbst auf-

zuheben, kann aber mit einem wesentlichen Wink aufgenommen werden: Die Wahrheit im christlichen und theologischen Verständnis ist kein System von Sätzen, sondern Gott selbst, und zwar Gott selbst, wie er sich in der Person des Menschen Jesus Christus selbst der Welt vergegenwärtigt: Wahrheit ist also, wie wir nach dem Johannes-Evangelium sagen können, Gott selbst in Jesus Christus: Joh 1,14.17; 14,6; 17,17.

Dieser Wahrheit, die Gott selbst ist, entspricht die Wahrheit unseres Gottesverhältnisses, die Wahrheit unseres Gebetes, Lobpreisens, Verkündigens und dogmatischen Redens, und zwar so: All unser Reden, theologisch und kerygmatisch, dient zu nichts anderem, als uns in das Verhältnis zu Gott zu bringen, dem Glauben, zu Gott, der die Wahrheit ist, und darum muss unser Reden wahr, klar und distinkt sein. Die Wahrheit und die Wahrheitsverpflichtung dogmatischen Redens besteht also nicht in einem System bestimmter Sätze, deren Wahrheit als höchste Autorität anzuerkennen wäre. Die Wahrheit und Wahrheitsverpflichtung dogmatischer Sätze ist viel ernster und zugleich freier: Dogmatische Sätze müssen wahr sein, weil sie das Gottesverhältnis des Menschen wahr machen sollen bzw. zum Wahrmachen des Gottesverhältnisses des Menschen dienen sollen. Joh 8,32: γνώσεσθε τὴν ἀλήθειαν, καὶ ἡ ἀλήθεια ἐλευθερώσει ὑμᾶς [ihr werdet die Wahrheit erkennen, und die Wahrheit wird euch frei machen].

2. Praktische Hinweise zum Studium der Dogmatik

a) Grundtext: Heilige Schrift. Thema der Schrift: Wahrheit und Unwahrheit des Gottesverhältnisses; Kampf Gottes um den Menschen und die Wahrheit des Verhältnisses zu ihm; Gott schafft selbst das wahre Gottesverhältnis christologisch. Daher schon in der Schrift Formulierungen, die dieses Gottesverhältnis zusammenfassen, Glaubensformeln des NT.

b) Ungeheure dogmatische Tradition. Auch hier Notwendigkeit, sich auf Grundformen zu besinnen. Folgende Grundformen geben entscheidende Winke für die dogmatische Arbeit.

1. Gottesdienst; Predigt und Sakramente, Versammlung in der Gegenwart Jesu Christi, sichtbare Darstellung des Glaubens in seinem ganzen Wesen
2. Bekenntnisformulierungen seit NT, besonders Apostolikum und NC
3. Katechismen: Luther, Heidelberger Katechismus
4. Bekenntnisschriften

Dazu Hinweise: Kenntnis der wichtigsten Gottesdienstordnungen, vor allem der Alten Kirche, soweit in den apostolischen Vätern erkennbar. Liturgien klassischer römischer Messe, orthodoxe Liturgie, reformatorischer Gottesdienst. Bekenntnisse: BSLK [10]1986[25]: Altkirchliche Bekenntnisse, Luthers Schriften! Deutsch: Bekenntnisse der Kirche. Bekenntnistexte aus 20 Jahrhunderten, hg. von H. Steubing, Wuppertal [2]1985. Die Bekenntnisschriften der Reformierten Kirche, hg. von E. F. K. Müller 1983/1987[26]. H. Denzinger/A. Schönmetzer, Enchiridion symbolorum definitionum et declarationum de rebus fidei et morum, Freiburg [36]1976[27]. Conciliorum oecumenicorum Decreta, ed. Instituto per le scienze religiose, Bologna [3]1973.

5. Die wichtigsten Lehrer der Kirche: Augustin, Thomas v. Aquin, Luther, Calvin.

c) Zur dogmatischen Arbeit gehört natürlich auch die Offenheit für philosophische, literarische, humanwissenschaftliche, politische Arbeit. Da wegen der ungeheuren Literatur hier nur selektiv gearbeitet werden kann, empfiehlt sich hier eine strenge Auswahl: Nähere Beschäftigung mit irgendeinem *bedeutenden* Denken. Daneben sozusagen eine Osmose: Das Kennenlernen des Zeitgeistes, der Empfindungen, Strömungen aus Zeitung, Radio, Zeitschriften, Gesprächen, diagonalen Lektüren.

d) Theologische Denkarbeit, also Dogmatik, ist ein Aufgebot des Intellekts. Der Intellekt ist aber mehr als blosse *ratio*, als blosser rechnender Verstand. Der Intellekt umfasst Arbeit des Denkens ebenso wie Hingabe des Denkens an Menschen, Sprache, Dinge, Gott. Intellekt umfasst Einsicht, Weisheit, Erfahrung usw. Man könnte sagen: Intellekt umfasst Erkenntnis und Liebe. Was Bernhard von Clairvaux über Gott sagt, gilt im Grunde von aller Erkenntnis: «Tantum deus cognoscitur, quantum diligitur» [So sehr wird Gott erkannt, wie sehr man ihn liebt]. Daraus ergibt sich für das theologische Denken:

1. Theologisches Denken bleibt und muss bleiben, kann immer nur sein innerhalb des Gottesverhältnisses, also des Glaubens. In dem 1927 erschienenen Buch «Sein und Zeit» sagt Heidegger: «Die Theologie sucht nach einer ursprünglicheren, aus dem Sinn des Glaubens selbst vorgezeichneten und innerhalb seiner verbleibenden Auslegung des Seins des

---

25 [Aktuell: Die Bekenntnisschriften der Evangelisch-Lutherischen Kirche, Vollständige Neuedition, hg. von Irene Dingel, Göttingen 2014]
26 [Aktuell: Reformierte Bekenntnisschriften, hg. von Andreas Mühling und Peter Opitz, Göttingen, mehrere Bände]
27 [Aktuell: 44. Aufl. 2014, hg. von Peter Hünermann]

Menschen zu Gott.»[28] Hier muss nun etwas ganz Wesentliches festgehalten werden: Das Festhalten des theologischen Denkens im Gottesverhältnis, im Glauben, ist weder ein Rückzug der Theologie auf ein undiskutiertes Wahrheitsreservat noch eine Verengung, Verkürzung des Denkens. Der positive Grund ist der: Denkt der Theologe und Theologie im Glauben, also in seinem und seiner Mitchristen und Mitmenschen Verhältnis zu Gott, so bleibt ihm im Denken, übrigens auch im Handeln, dieses Gottesverhältnis, also der Glaube, immer gegenwärtig. Das Sein des theologischen Denkens im Glauben, Denken vor Gott, im Angesicht Gottes, das *theologissare coram deo*, das meint Heidegger mit dem Festhalten des theologischen Denkens im Glauben. Dass er hier Luther als Vorbild nennt, ist durchaus sachgemäss. Denn in der Vorrede zur Ausgabe seiner deutschen Schriften, Band 1[29], sagt Luther, dass die erste der drei Bedingungen der Theologie die *oratio* ist, das Gebet; und was ist das Gebet anderes als das Festhalten meiner selbst, meines Denkens, im Gottesverhältnis?

2. Ich sagte, dass dieses Festhalten des theologischen Denkens im Gottesverhältnis weder ein Rückzug in ein Wahrheitsreservat noch ein Abblenden, Verengen, Verkürzen ist. Denn, wie ich immer wieder hervorhob, dogmatisches Reden ist zwar auf Wahrheit verpflichtet, aber nicht, um sie als Wahrheitssätze und Systeme zu sterilisieren und zu isolieren; auch nicht, sie autoritativ-autoritär den Menschen vorzulegen; sondern um diese Wahrheit den Menschen in der Welt mitzuteilen, auszuteilen, um die Menschen und die Welt wahr zu machen. Diese Wahrheit aber, mit welcher die Theologie wahrmachende Sprache zuspricht, ist ihr geschenkt, die Wahrheit Jesu Christi, s.o. Daraus ergibt sich für die Theologie die Notwendigkeit eines zugleich sprechenden und hörenden Denkens: Man könnte hier auch die freilich verbrauchten Begriffe Dialog oder Kommunikation benutzen, wenn sie nicht durch Missbrauch zum Geschwätz verkommen wären. Ich meine folgendes, ich zeige das an einem Beispiel: Wenn wir mit einem Menschen sprechen, so werden wir, sofern wir solchen Gesprächen gelegentlich nachdenken, nach-denken, beobachten, dass unser eigenes Denken, Sprechen, Ansichten usw., auch unsere Fragen verändert werden im Gespräch. Und

---

28 Martin Heidegger, Sein und Zeit, Tübingen [15]1979, 10.
29 WA 50, 657–661 = Insel-Ausgabe [Martin Luther, ausgewählte Schriften, hg. von Karin Bornkamm und Gerhard Ebeling, Frankfurt 1982], Bd. 1, 5–11.

das ergeht natürlich dem anderen genauso. Wir müssen uns nun immer wieder vergegenwärtigen, das gehört mit zur Kunst des Denkens, dass wir uns den Texten, die wir lesen, bewusst so aussetzen müssen, wie wir es einem lebendigen Gesprächspartner gegenüber faktisch sind. Das heisst, wir müssen die Macht, die wir über den Text haben, auch dem Text zugestehen. Wir dürfen also, um wieder ein Beispiel zu geben, den Text nicht unseren Fragen unterwerfen, wenn wir nicht bereit sind, unsere Fragen vielleicht als falsch oder überholt, im Text schon aufgehoben, zu erfahren. In diesem dialogisch-kommunikativen, sprechend-hörenden Denken erweist sich nun, dass dieser so denkende und, wie ich oben sagte, liebend-erkennende Mensch unendlich viel mehr als wahr, echt, menschenfreundlich denken kann als eine auf die subjektfixierte Herrschaft des Fragens pochende Rationalität. Die Darstellung, dass die innersten Glaubenswahrheiten, die Trinitätslehre, Zwei-Naturen-Lehre, Rechtfertigungslehre, Vergebung der Sünden, Realpräsenz immunisierte Wahrheitsreservate sind, verdanken sich einem sehr eingeschränkten Verständnis des Denkens selbst, das selbst vielleicht nicht ganz wissenschaftlich ist.

Damit komme ich zum zweiten Aspekt. Das Festhalten der Dogmatik und der Theologie im Gottesverhältnis ist auch keine weltflüchtige Bewegung. Denn glaube ich an Gott, stehe ich im Gottesverhältnis, so ist dieser Gott der Schöpfer aller Dinge; der Schöpfer der Gedanken, die ich Ihnen vortrage; der Schöpfer der Tinte, mit der ich sie aufschreibe; des geduldigen Papiers, auf dem sie nun stehen; des Kehlkopfes und der Stimmbänder, mit denen ich sie verlautbare; der Wellen, die sie zu Ihrem Ohr tragen; des Gedächtnisses der Hörer, in dem diese Gedanken sich unvergesslich niederlassen. Das heisst, Logik, Anatomie, Chemie und Physik sind schon durch diese Hinweise aufgeboten worden, und sie sind doch nur die äusserlichen Wissenschaften, die diese reiche Welt erforschen. Also dies ist der Skopus des Festhaltens im Gottesverhältnis, nicht das Ausblenden der Welt aus dem Gottesverhältnis – das geschieht ja sowieso nie –, sondern umgekehrt, ihr Einblenden in das Gottesverhältnis, des Theologen, des Dogmatikers, vor allem auch des Menschen, für den und zu dem der Dogmatiker ja spricht und zu dessen Gunsten er ja spricht. Denn das ist ja das Pathos des Dogmatikers, ja des Christen: das Einsammeln der Menschen und der Welt in das Gottesverhältnis, den Glauben.

Die beiden hier genannten Momente, nämlich das sprechend-hörende Denken und das Einsammeln der Welt in das Gottesverhältnis, das entspricht dem, was Luther die zweite Bedingung des Theologen nennt: die *meditatio*. Das, was ich Ihnen zu skizzieren suchte, ist *meditatio*. Meditation ist also nicht Leerheit des Ich des Denkens, wenn man das sprechend-hörende Denken und das Einsammeln alles Seienden in das Gottesverhältnis vor Augen hat. Wohl aber ist Meditation Leerheit des Ich von sich selbst, der Ich-Wut, des Egoismus, des Subjektivismus. Justinus Kerner: «Was im weinenden Auge mir oft die Tränen zurückhält, ist ein spielendes Kind oder ein Vogel im Flug.»[30] Vgl. dazu Mt 18,3.

[3. Die Faktizität der Existenz]

Das Festhalten des theologischen Denkens im Gottesverhältnis ist weder ein Rückzug in ein Wahrheitsreservat noch ein Rückzug aus der Welt im Ganzen. Es ist aber, und das muss nun eigens festgehalten werden, auch kein Rückzug aus der Faktizität der Existenz. Das Festhalten des theologischen Denkens im Gottesverhältnis gewinnt dadurch einen ernsten, selbstkritischen Aspekt, die Notwendigkeit, dass sich der denkende Mensch mit sich selbst über sich selbst zu verständigen hat. Da wird er die erstaunliche Beobachtung machen, dass das Denken eine fatale Neigung zur Illusion, zur Ideologie, zur Utopie, zum Überzug über die Realität hat. Fasziniert von der Denkbarkeit idealer Zustände und des reinen Glücks hebt sich das Denken leicht hinweg von der menschlichen Wirklichkeit, wird erfahrungsvergessen und damit unsachlich, ungenau, unwahr. Diese seltsame Verquickung von Denken und Wünschen, dieses unkritische Moment des doch so sehr auf strenge Rationalität bedachten Verstandes, hat wiederum Luther sehr scharf wahrgenommen: Si igitur Hominem voles vere definire, ex hoc loco (Gen 6,5: «[dass ...] alles Dichten und Trachten ihres [sc. der Menschen] Herzens nur böse war immerdar») definitionem sume, quod sit animal rationale, habens cor fingens.»[31] Diese Neigung des Denkens zum Fiktiven, die Verwechslung von Wunsch und Wirklichkeit, verdankt sich natürlich einem fundamentalen Mangel an Selbstkritik, an Selbster-

---

30 [Justinus (Andreas Christian) Kerner (1786–1862), Quelle: Justinus Kerner, Die lyrischen Gedichte, Stuttgart und Tübingen ⁵1854, 101]

31 Martin Luther, WA 42, 348,37 f., Genesis-Vorlesung: [Wenn du also einen Menschen wirklich definieren möchtest, nimm die Definition von diesem Ort (...), dass er ein rationales Tier ist, das eine fantasievolle Seite des Herzens hat.]

kenntnis – ein Mangel, den auch der Philosoph thematisieren kann, Kant! Um dies darzustellen, wäre gerade die heutige Situation geeignet.

Man könnte sie genauer auch so beschreiben: Die Inklination zum Fiktiven verdankt sich natürlich der Besserungsbedürftigkeit der Welt und des Menschen und der Erfahrung dieser Besserungsbedürftigkeit; das Fiktive, Utopische ist ihr Gegenentwurf. Aber dieser Gegenentwurf ist eine Scheinalternative, weil er bleibend dieselbe Struktur hat wie die Realität, gegen die die Alternative sich kehrt (Sozialismus-Kapitalismus). Die gnostische Welle, die jetzt über die Menschen kommt, ist natürlich keine Alternative zur technisch-rationalen Welt, sondern ihre genaue Entsprechung. Es ist eine blosse Scheinalternative, denn der extreme Subjektivismus, der Entwurf des Denkens vom Ich aus, ist völlig identisch. Das ist ja der Grund, warum das frühe Christentum die Gnosis ausgeschieden hat. Sowohl das technisch-rationale Denken wie die Gnosis sind fingierendes Denken, sie verkennen gleichermassen die Faktizität des Ich, des Subjekts, d. h., sie überspringen die Erfahrung. Das Ich, das Subjekt, ist niemals das Ideal, das es von sich hat, sondern es ist identisch mit der Faktizität seiner Existenz. Das Gottesverhältnis nun hält das Denken fest in der Erfahrung, im Raum der faktischen Existenz, in welcher das Ich unablässig angefochten wird, am meisten von sich selbst. Was theologisches Denken ist, das zeigt sich im NT z. B. in dem Text, der am meisten antirationalistisch, aber gleichzeitig auch anti-irrationalistisch und antignostisch ist: Röm 7: Ursprung des theologischen Denkens.

So tritt nun neben *oratio, meditatio* die dritte Bedingung theologischen Denkens, die *tentatio*. Theologisches Denken setzt sich den Widersprüchen, den Versagungen, den Erfahrungen des Entzugs aus, es beharrt auf der Faktizität der Existenz. Sünde und Tod gehören genauso dem Denken an wie Lieben und Leben, und erst, wenn sie mitgedacht sind, wird das Denken genau und sachlich und wahr. *Tentatio* heisst Anfechtung, Versuchung, das heisst das Ausgesetztsein der Welt, den Menschen, sich selbst, Gott. Man könnte es erweitern zur Erfahrung und dann mit Luther sagen: «Experientia facit theologum»[32].

Oratio, meditatio, tentatio – das also sind die drei Bedingungen, die das Denken des Theologen, des Dogmatikers, im Glauben festhalten. Das ist die Bedingung der Theologie als Dogmatik wie als Verkündigung.

---

32 WA, TR 1, 16,13: [Erfahrung macht einen Theologen zum Theologen.]

Denn das Ziel theologischen Denkens ist ja nicht die Wissenschaft, das System als Selbstzweck, sondern das Einsammeln der Welt, vor allem also der Menschen, in den Glauben, in das gottentsprechende Gottesverhältnis. Noch einmal mit Luther zu reden: «In summa, philosophi nihil sciunt de creatore Deo et homine de gleba terrae facto.»[33] Natürlich «wissen» die Philosophen davon, aber sie existieren dieses Wissen nicht, das heisst, sie leben nicht als Geschöpfe des Schöpfers aus dem Nichts.

§ 1: GOTT, DER SCHÖPFER, DER GLAUBE AN GOTT, DEN SCHÖPFER, UND DIE SCHÖPFUNGSLEHRE. VERSTÄNDIGUNG ÜBER DEN SINN DES VORLESUNGSTHEMAS

[1. DER, MEIN, UNSER GLAUBE AN DEN, MEINEN, UNSEREN SCHÖPFER]

Gemäss dem bisher Gesagten, nämlich dem Festhalten des Denkens im Glauben, hat das Thema zwei fundamentale Aspekte: Der, mein, unser Glaube an den, meinen, unseren Schöpfer und das in diesem Glauben liegende Denken über Gott den Schöpfer und die Schöpfung. Man muss beides genau unterscheiden, um den Zusammenhang erkennen zu können. Der Glaube an den Schöpfer ist keine Theorie über die Welt, die Schöpfung, obwohl der Mensch, der glaubt, auch eine Schöpfungslehre hat. Aber der Glaube an Gott ist und besteht nicht in einer bestimmten Schöpfungslehre, etwa in einer Annahme über die Entstehung des Kosmos. Der Glaube an Gott, den Schöpfer, ist das je aktuelle Verhältnis des Menschen zu seinem Schöpfer. Der Glaube ist ja das personale Verhältnis des Menschen, des denkenden, handelnden, leidenden Menschen zu Gott. Man kann sich das Wesen des Glaubens am ehesten durch die Analogie mit einem Liebesverhältnis, eine allerdings sehr beschränkte Analogie, klarmachen: Zwei Liebende erkennen sich, sprechen miteinander, denken miteinander, leiden usw.; das alles können aber auch zwei Menschen, die sich nicht lieben. Die Liebe ist das, was zu all dem noch hinzukommt. Sie hebt das Denken und Erkennen nicht auf, wenigstens, so ist zu hoffen, nicht auf Dauer, ja sie mag es noch intensivieren, aber sie ist selbst dieses Denken und Erkennen nicht. So etwa ist es auch mit

---

33 WA 39/1, 179,33 f., Disputatio de homine: [Kurz gesagt, Philosophen wissen nichts über den Schöpfergott und den Menschen, der aus der Erde geschaffen wurde.]

dem Glauben. Im Glauben ist der in sich und um sich rotierende Mensch Gott zugewendet. Dafür gibt es Erkennungsmerkmale: Zuerst negativ die ständige Rotation des Ich um sich selbst, die Unfähigkeit, sich selbst loslassen zu können, die Ichaufblähung, die sich z. B. in der unablässigen [...] Zelebration von Enttäuschung, Betroffenheit, Gekränktheit zeigt, so, als seien alle Welt und Menschen nur auf einen selbst bezogen, das ist gewiss kein Glaube. Dazu gehört auch das ungehemmte Reden der Kirche von sich selbst. Gott, so hat man manchmal den Eindruck, ist eher eine ferne, graue Theorie, die man im Hintergrund hat, aber nicht der lebendige, gegenwärtige Gott, vor dem man steht. Gott ist mehr eine Aufblähung des Ich, psychische Inflation. Das ist die Folge davon, dass die Christenheit heute ihren Glauben nicht mehr an dem orientiert, der doch der Anfänger und Vollender des Glaubens ist, Jesus Christus.

Zweites positives Merkmal: Das ist doch das Wesen des christlichen Glaubens, dass die Glaubenden ihren eigenen Glauben nicht aus ihrer eigenen religiösen Anlage, aus ihrem Gefühl, aus irgendwelchen religiösen Traditionen und Strömungen gewinnen, sondern von Jesus Christus. Seine Erkenntnis ist das Urelement und Fundament des Glaubens! (Eph 2,20) Jesus Christus, das ist für den Glaubenden der existierte Glaube, die Glaubensexistenz selbst. Das ist doch der Sinn unseres Glaubens an Jesus Christus, dass wir uns unseren eigenen Glauben, unsere eigene Religion, unser eigenes Gottesverhältnis von Jesus Christus schenken lassen, dass wir hier auf alles Eigene verzichten – und dann die unausschöpfbare Erfahrung machen, dass dieser Verzicht aufs Eigene eine unnennbare herrliche Freiheit bedeutet. Wenn wir sagen wollen, was Glaube ist, dann sprechen wir christologisch. Man kann Jesu ganzes Dasein in dem einen Grundzug zusammenfassen: absolute Hingabe an Gott. Und diese Hingabe macht ihn zu allem. Er war ja nichts, vor allem war er der Sozialrevolutionäre nicht, den man aus ihm macht. Er war kein Messias, spielte keine politische Rolle, war kein Ehemann, kein Pharisäer, Hohepriester, war weder Augustinermönch noch Leutpriester am Grossmünster – er war vollkommene Hingabe an Gott, an Gott den Schöpfer. Und hier sehen wir, was *Glaube* an den Schöpfer ist. Irgendeine Schöpfungstheorie finden wir bei ihm nicht. Aber er lebt und er spricht zu den Menschen aus der Gegenwart des Vaters, des Schöpfers. Jesus Christus, das ist konkreter Schöpferglaube. Im Gebet, vor allem dem Unservater, in der *oratio* spricht er zum Vater, dem Schöpfer. Sein

Verhalten und seine Taten, die *meditatio*, ist Einsammeln der Menschen in den Glauben an Gott, den Schöpfer. In der äussersten Anfechtung, der *tentatio*, schreit er zu demselben Gott, den er mit «Unser Vater» angeredet hat: Warum hast du mich verlassen? Das ist nicht nur der Glaube Jesu, das ist Jesus Christus als Glaube.

Ich will nun einen weiteren Hinweis auf die Unterscheidung zwischen dem Glauben an den Schöpfer und der Schöpfungslehre geben: Psalm 104 und Gen 1,1–2,4. Psalm 104 wird in der Exegese natürlich daraufhin ausgelegt, welche Vorstellungen von der Schöpfung, dem Kosmos, sich darin aussprechen. Aber dieser Psalm ist ein Gebet, *oratio*, wenn auch ein sehr stilisiertes. Hier setzt sich der Beter in ein Verhältnis zum Schöpfer. Ursprüngliche Situation: zuerst Gotteserfahrung, dann theoretische und lebhafte Elemente.

Für alle Lehre von der Schöpfung, also für alle Kosmologie, Anthropologie, Ökologie gilt: Dieser Aspekt des Glaubens an Gott den Schöpfer ist allemal der primäre. Christliche, theologische Schöpfungslehre ist nicht bloss eine bestimmte Weltentstehungslehre, bloss eben mit christlichem Inhalt, die dann mit anderen Theorien in Konkurrenz tritt. Der Schöpfer ist nicht die Vergangenheitsform, das Präteritum Gottes, sondern der Schöpfer ist der gegenwärtige Gott. In dieser Zuspitzung radikalisiert sich der Schöpferglaube: Was Gott der Schöpfer ist, das kommt nicht heraus in einer Schöpfungstheorie, sondern in der *oratio, meditatio, tentatio*. Nur dann ist es konkret.

Innerhalb dieses Glaubens, sozusagen also festgehalten in diesem Glauben, wird die christliche Schöpfungslehre entwickelt, also die Vorstellungen und Anschauungen über die Welt, ihre Entstehung und ihr Ende, die Menschen, die Geschichte usw. Denn innerhalb dieses Glaubens geht die Erkenntnis, das Denken weiter und wird vom Glauben bestimmt. Natürlich geht die Glaubenserkenntnis nach aussen, muss dann aber möglichst vernünftig vermittelt werden.

Ich mache Ihnen nun an drei Beispielen klar, welche Bedingung das Festhalten der Schöpfungslehre im Glauben hat, wie wichtig es gerade für den Weltbezug, den Geschichtsbezug des Glaubens ist, darauf zu achten, dass die Theologie sich nicht aus dem Glauben entfernt. Diese drei Beispiele sind: zuerst allgemein das logische Problem, dass ja Schöpfungslehre, die ich andern zumute, den Glauben voraussetzt; sodann das Gespräch mit den Naturwissenschaften; zuletzt die modische Remythisierung der Schöpfung.

[2. Christlicher Glaube ist nicht Philosophie, Wissen und Tun]

Christlicher Glaube ist, das muss man sich immer wieder klar machen, nicht Philosophie – weder Metaphysik noch Ethik, weder Wissen noch Tun, sondern fundamentaler, radikaler und konkreter Gottesverhältnis, Existentialverhältnis, Hingabe an Gott. Und dem dient auch die Theologie. Die Ursprache des Glaubens ist das Gebet. Die Theologie als Denkvorgang dient dem doppelten Zweck: der Verkündigung, mit der die Menschen in diesen Glauben eingewiesen werden, und der Erkenntnis, die der Glaube an Gott dem Menschen zuspricht. Für uns ist jetzt wichtig, diesen Zusammenhang zwischen Glauben und Erkenntnis hervorzuheben. Gewiss ist das, was der Glaube erkennt, so aussprechbar, dass es auch dem Nichtglaubenden verständlich gemacht werden kann. Aber es geht ja im Glauben um die Konkretion des Erkannten. Wenn der Glaube, also die konkrete Glaubensexistenz, das Heil ist, das uns die Welt verändert, so muss es gerade uns um der Konkretion willen auf den Glauben ankommen, und der Skopus darf nicht in der Ablösung der Erkenntnis vom Glauben bestehen. Beispiel: Genforschung. Wir können hier in der Tat mitarbeiten an der Aufstellung ethischer Kriterien, und diese Mitarbeit ist ja auch im Gange. Nun ist aber folgende Überlegung anzustellen: Mit der Genforschung ist wie mit allen wissenschaftlichen und technischen Forschungs- und Entwicklungsarbeiten eine Fülle wesentlicher leitender Interessen verbunden: der faustische Drang, zu erkennen, was die Welt im Innersten zusammenhält; der wissenschaftliche Ehrgeiz zwischen den Forschern, wer schneller und sachgemässer zum Ziel kommt; der kommerzielle Aspekt, da ja Genforschung weitgehend von der Industrie vorangetrieben wird. Diese Interessen – die *circumstantiae* – sind ethisch genauso entscheidend wie die Genforschung selbst. Denn diese Interessen haben existentielle Relevanz, Interessen-Gewinn, quasireligiöse Funktion. Gegenüber der Bestimmtheit der Genforschung durch diese Umstände kann man natürlich gesetzliche Massnahmen ergreifen. Das Interesse des Glaubens, der Kirche, der Theologie ist aber ein Konkretes: Ihr Ziel ist oder müsste es sein, den Forscher selbst existentiell in den Glauben an Gott den Schöpfer zu führen, ihm die Ehrfurcht vor Gott und dem Leben so klar zu machen, dass ihm diese Ehrfurcht vor Gott zu einem höheren Gut wird als alle oben genannten Interessen. Das allein würde wirklichen konkreten Effekt haben. Es ist also sehr entscheidend, die theologischen Erkenntnisse, die

Lehren und Aussagen immer im Glauben festzuhalten, also alle theoretischen Elemente des Glaubens und der Glaubenserkenntnis in diesem Existentialverhältnis festzuhalten. Denn das Gebot, das Leben vor dem technologischen und kommerziellen Zugriff zu schützen, wird am Ende nur von dem gehalten werden, dem Gott, der Schöpfer, selbst als Grund seiner Existenz das wahre Fundament ist, für den also, konkret in seinem Leben, die Gottesfurcht und die Ehrfurcht vor dem Leben wesentlicher ist als wissenschaftlicher Ehrgeiz und kommerzieller Gewinn.

[3. Das Gespräch mit den Naturwissenschaften]

Ein anderer Aspekt ist das Gespräch mit den Naturwissenschaften. Hierzu wäre mancherlei zu sagen, z. B. dies, ob, wenn es um die Erkenntnis der Natur und ihres Wesens geht, die Naturwissenschaften wirklich die zuständige Instanz sind; doch hierüber Diskussionen in den Naturwissenschaften selbst. Das wesentliche Problem kann man sich an einem, *dem* exemplarischen Fall klarmachen: der Frage nach der Entstehung der Welt, Kosmologie, historisch und systematisch.[34] Hier doppeltes Missverständnis von beiden Seiten: Als handele es sich beim Schöpfungsglauben um eine Weltentstehungslehre. Der Glaube an den Schöpfer ist primär das Verhältnis des jeweiligen Menschen zum Schöpfer: Im Glauben an den Schöpfer glaube ich, dass ich selbst und alle Kreaturen nicht von mir selbst, auch nicht einfach von der Natur geschaffen bin, sondern dass ich mit allem Seienden mein Dasein und Sosein von Gott habe. Obwohl ich meine und aller Kreaturen Existenz ableiten kann von natürlichen Ursachen – den Eltern usw., glaube ich, dass ich und alles Gottes Geschöpf ist. Ja, man muss hier dogmatisch klar und distinkt formulieren. Im Glauben glaube ich nicht bloss, das heisst ich halte für wahr, dass ich und alles Gottes Geschöpf ist, sondern als Glaubender bin ich das existentiell, faktisch; aber eben ausschliesslich als Glaubender, wenn ich vor Gott als dem Schöpfer die Existenz des Geschöpfs führe. Schon daran wird deutlich, dass der Glaube nicht eine Theorie über die Entstehung und Kreation neben anderen ist. Wenn ich angesichts mei-

---

34 [Jürgen Hübner, Theologie und biologische Entwicklungslehre. Ein Beitrag zum Gespräch zwischen Theologie und Naturwissenschaft, 1966; Bernulf Kanitscheider, Kosmologie. Geschichte und Systematik in philosophischer Perspektive, 1991; Arthur Koestler, Der Mensch. Irrläufer der Evolution, 1978]

ner Deszendenz von meinen Eltern, angesichts der physiologischen und psychologischen Gegebenheiten das Dasein, mich als Gottes Geschöpf glaube, so formuliere ich darin ein Existentialverhältnis, das, wenn es konkret ist, Auswirkungen auf mein Leben hat: Ich kann das so zusammenfassen: Ich behandle mich selbst und alle Dinge als das Eigentum Gottes; und das sieht konkret anders aus, als wenn ich die Schöpfung als rein immanenten Prozess verstehe. Ja weiter noch: Ich betrachte auch das, was aus menschlicher Technik hervorgeht, als Geschöpf Gottes. Nicht nur das Holz für den Tisch, sondern auch der Tisch selbst, den doch ein Schreiner gemacht hat, ist Gottes Werk. Ist das so, werde ich z. B. immer danach fragen, ob meine Werke dem Seinsmodus entsprechen, dass sie Gottes Geschöpfe sind, dass also der Schöpfer Ja zu ihnen sagen kann. Das hat nun unmittelbare Folgen für die Ethik, die nun auch im Glauben festgehalten wird. Wenn zum Beispiel ein ökologischer Propagandist eine Rede des Hasses und der Feindschaft hält, so ist diese Rede ein Werk, das mit der Sprache, mit der Stimme vollbracht wird, die Gottes Schöpfung sind, die aber dem Schöpfer doch nicht entspricht. Das kann man aber nur erfahren, wenn man selbst in der Ehrfurcht vor dem Schöpfer konkret existiert. Diese Ehrfurcht, also der Glaube an den Schöpfer, muss die Form bleiben, in der sich alle Schöpfungserklärung und -lehre erhält, hält und festhält. Der Glaube muss also die Gestalt, die Form des Lebens sein, das περιπατεῖν [wandeln] (2Kor 5,7), also die Existenz. Der Glaube an den Schöpfer ist also nicht gebunden an eine bestimmte Schöpfungstheorie oder kosmologische Weltentstehungslehre. Das kann man schön an Gen 1 beobachten: Natürlich ist hier erzählt, wie man sich die Entstehung der Welt denkt. Aber der Skopus ist doch zu sagen: Die Welt ist nichts aus sich, vor allem ist der Mensch, auf den nach Gen 1 die Welt angelegt ist, nichts aus sich. Die Welt ist ein aus dem Nichts verwirklichtes Gottesverhältnis. Vor dem Anfang der Welt – genauer: des Himmels und der Erde, war nichts. Gott war, aber das wird ja gar nicht eigens reflektiert. In Gen 1 liegt also keineswegs die Absicht, sozusagen für alle Zeit die gültige Theorie zur Weltentstehung vorzulegen. Darum kann nun der Glaube sich durchaus der wissenschaftlichen Weltentstehung öffnen; denn jeder Mensch macht ja ohnehin die Erfahrung, dass er sich selbst restlos aus dem Naturzusammenhang erklären kann (s. o.). Ja, im Gegenteil, der Glaube ist aufs höchste daran interessiert, die wissenschaftliche Erklärung und Erforschung weiterzutreiben, und zwar aus dem Grund, dass der Glaube nicht mit einer bestimmten Theorie verwechselt wird; denn daran stirbt der Glaube, der ja eine Hingabe an Gott den Schöpfer ist. Hält man also die Schöpfungslehre, Weltentstehungslehre, Kosmologie im Glauben fest, so erfährt man eine fundamentale Entkrampfung im Streit um die Evolutionslehre und Kosmologie. Der Glaube lebt geschöpflich, denkt geschöpflich, handelt geschöpflich, unabhängig davon, ob das biblische Sechstagewerk oder die moderne Evolutionslehre die Glaubenserkenntnis bestimmen.

Das Problem, auf das wir hier stossen, kann man noch genauer markieren: Der Protest gegen die wissenschaftliche Kosmologie und Evolutionstheorie hat, wenn ich recht sehe, zwei systematische Phasen: Er kommt zuerst daher, dass die moderne Erkenntnis – Kosmologie: Kopernikus, Galilei, Kepler, Newton; Evolution: Darwin – nicht mit dem biblischen Weltbild vereinbar sind, das als Offenbarungsautorität auch in naturwissenschaftlichen Dingen galt. Übersehen wurde dabei und wird bis heute, dass das, was man für biblisch hielt, meist aristotelisch-ptolemäisch war. Ein einheitliches biblisches Weltbild ist nur durch unhistorische Zusammenstellung disparater Elemente, also pseudosystematisch, zu erstellen; und sodann aus [Modellen] zu rekonstruieren, deren Aussageabsicht gar keine Kosmologie ist. Selbst Gen 1 erschöpft sich nicht in kosmologischer Absicht. Was Gen 1 sagen will, zeigen will, ist die Geschöpflichkeit der Welt in ihrer ganzen Ordnungsstruktur. Die zweite, neuere Phase des Protests hat einen etwas anderen Grund: Sie kommt zustande in der neuzeitlichen ökologischen Erfahrung, so, dass dem wissenschaftlichen Welt- und Naturverständnis die Schuld an der ökologischen Katastrophe zugeschrieben wird. (Da ist was dran.) Man glaubt dann, in bestimmten fundamentalistischen Kreisen, dem begegnen zu können mit dem Regress auf das biblische Weltbild. Und hier zeigt sich scharf das Problem: Statt von dem existentiellen Glauben an den Schöpfer erwartet man vom Reetablieren des biblischen Weltbildes Remedur und begeht dabei zwei fundamentale Fehler: Man verkennt völlig das Wesen des Glaubens und suggeriert eine völlig hoffnungslose Hoffnung. Dazu kommt, dass man den Glauben, der ja die Hingabe an Gottes überwältigende Wirklichkeit ist, in ein Gesetz zurückverwandelt. Hält man also wiederum die Schöpfungslehre im Schöpferglauben fest, so wird alle Strenge, alle Gewissheit in diesem Glauben konzentriert und die Erkenntnis dessen offen gehalten, was ja allein Erkenntnis sein kann, dem Gang, dem Weg, dem [...] der Erkenntnis.

§ 1: Gott, der Schöpfer

Ich will hier nun darauf hinweisen, dass es ein höchst interessantes Problem gibt, an dem sich die Frage, ob sich Glaube und Erkenntnis nicht konkurrieren können, doch nahelegt. Das ist nicht das Problem, dass ein Kosmologe, Naturwissenschaftler sich etwa als Atheist bekennt. Das ist ja seine Sache, ob er seine Kosmologie als Atheist vorträgt. Jeder Naturwissenschaftler ist vorsichtig genug, seine Kosmologie nicht theoretisch mit dem Atheismus-Postulat zu verknüpfen. Auch das Pantheismus- oder Panentheismus-Problem ist hier nicht relevant. Das Problem kann ja nur ein echtes Erkenntnis-Problem, also eine wissenschaftliche Hypothese sein. Man könnte sie so formulieren: Sollte eine Kosmologie wesensnotwendig mit der Annahme der Ewigkeit, also der Anfangslosigkeit und Endlosigkeit der Welt verbunden sein, widerspricht sie dann nicht dem Schöpfungsglauben? Setzt der Schöpfungsglaube nicht eine zeitlich-räumlich beginnende Welt und dann auch ein Ende dieser Welt voraus? Dazu später.

[4. Die Überhöhung der Natur gegenüber dem Menschen]

Wir sprachen ja davon, welche dogmatische und hermeneutische Bedeutung es hat, dass wir die theoretischen, die Lebensaussagen der Theologie im Glauben, also im Gottesverhältnis, festhalten, und welche Bedeutung das für die Lehre selbst hat. Ich möchte dies jetzt noch zeigen an einem ganz anderen Phänomen, bzw. an zwei Aspekten eines sehr aktuellen Vorgangs. Das erste ist die philosophische, theoretische Überhöhung der Natur gegenüber dem Menschen; damit ist der Vorwurf des Anthropozentrismus gegen das moderne Denken verbunden. Natur, so sagt man, sei mehr als Objekt des Menschen, vielmehr sei der Mensch selbst ein Stück Natur, mit ihr geschwisterlich verbunden, und die Trennung von Natur und Geist im abendländischen Denken eine verderbliche Zerklüftung einer ursprünglichen Einheit.[35] Was hier auf sehr vulgärer Ebene, eben mediengerecht, verhandelt wird, ist ein allerdings sehr wichtiges Thema, aber man sollte es nicht mediengerecht, sondern sachgerecht diskutieren, und dann könnte man z. B. von Goethe, Schelling oder den Schriften moderner grosser Naturwissenschaftler einiges lernen. Der zweite Aspekt hängt mit dem ersten zusammen. Man kann verschiedentlich beobachten, dass es vielen Leuten heute um eine Resti-

---

35 Vgl. Martin Seel, Eine Ästhetik der Natur, Frankfurt/M. 1991.

tution des Mythos, ja um eine Remythisierung der Natur geht. Die Absicht dabei ist die gleiche wie vorhin: Die Theorie von der Geschwisterlichkeit des Menschen mit der Natur und die Remythisierung der Natur sollen die Natur vor dem zerstörerischen Zugriff des Menschen bewahren. Eine neue, eigentlich alte Naturzuwendung, Naturverehrung oder die Vergöttlichung der Natur auf mythische oder panentheistische Weise sollen den ökologischen-ethischen Erfordernissen den spirituellen Rahmen geben. Hinzu kommt noch: Für diese Trennung von Mensch und Natur wird nun die Unterscheidung von Schöpfergott und Schöpfung verantwortlich gemacht, also ein Essential des christlichen Glaubens. Weil durch den jüdisch-christlichen Monotheismus die Welt als pures Geschöpf, ohne jedes Göttliche, gedacht wird, sei daher die Trennung des Menschen von der Natur im Glauben selbst begründet. In der Tat: Das Thema ist alt. Das Entsetzen über die Spaltung des Menschen von der Welt, das heisst die Einsicht in die Dialektik der Aufklärung ist so alt wie diese selbst. Hamann, Schelling, Jacobi, Goethe, die Romantiker, Hölderlin haben die Entfremdung des sich auf seine Rationalität selbst reduzierenden Menschen schon gesehen – sagen wir lieber: die Ablösung der selbstverschuldeten Unmündigkeit durch eine selbstverschuldete Mündigkeit nicht als Alternative sehen zu können. In der Form der Klage hat Schiller in seinem herrlichen Gedicht «Die Götter Griechenlands» dieses Schwinden des Göttlichen aus der Natur belegt:

> «Wo jezt nur, wie unsre Weisen sagen,
> seelenlos ein Feuerball sich dreht,
> lenkte damals seinen goldnen Wagen
> Helios in stiller Majestät.
> Diese Höhen füllten Oreaden,
> eine Dryas starb mit jenem Baum,
> aus den Urnen lieblicher Najaden
> sprang der Ströme Silberschaum.»[36]

Ich will nun, bevor ich das dazu zu Sagende aus dem Glauben an den Schöpfer begründe, ein paar Hinweise zur Sache selbst geben. Gehen wir von Schiller aus. Er hat ja bei der Klage die neuzeitlich-wissenschaftliche Naturerkenntnis im Auge, freilich auch das Christentum. Er weiss aber, dass diese Naturerkenntnis nicht alles ist, nicht alles an Erkenntnis der

---

36 [Zitiert nach: http://www.lyriktheorie.uni-wuppertal.de/texte/1788_schiller.html; aufgerufen am 25.07.2024]

Natur, nicht alles im Verhältnis zu ihr. Dass man mit der Natur verbunden sein kann, auch jetzt, wo auch Schiller weiss, dass im Baum keine Dryas wohnt, belegt ja er selbst durch seine eigene Lyrik, z. B. das Gedicht «Der Spaziergang». Und nun gar echtere Naturlyriker bis heute: Goethe, der gewiss pantheistisch dachte, aber doch keine Oreaden mehr in den Felsen vermutete. Und Eichendorff, Mörike; fromme Leute, die in der Natur und mit ihr lebten, dichteten, ohne sie doch in irgendeiner Weise für göttlich zu halten. Und denken wir weiter zurück: Paul Gerhardt, «Das Buch der Natur»,[37] G[iordano] Bruno, [Johannes] Kepler: Sie alle dachten ehrfürchtig, poetisch über die Natur, ohne sie doch im geringsten für göttlich zu halten. Ein Mann wie Kepler ist das beste Beispiel, dass exakteste, mathematische Forschung und Ehrfurcht vor der Natur, dass aber auch streng christlicher Glaube an die Geschöpflichkeit der Natur und Ehrfurcht vor ihr sich nicht ausschliessen. Und könnte man die Natürliche Theologie und Dichtung der Aufklärung (Brockes) nicht hier auch in diesem Lichte sehen? Die Entgöttlichung, die Entmythisierung der Natur und ein poetisches, lyrisches und geschwisterliches Verhältnis schliessen sich offenbar nicht aus. Und denken wir an Gen 1, Psalm 104.

Jene These also, dass es die christliche Schöpfungslehre sei, die zur Trennung von Mensch und Natur geführt habe, ist unbesonnen und bodenlos. Und darüber hinaus ist sie absolut modernistisch, weil sie ein Übel auf eine falsche Theorie zurückführt und es darum durch eine scheinbare bessere Theorie zu heilen sucht. Ebenso aber schliesst die Unterscheidung von Geist und Natur ein ehrfürchtiges Verhältnis zur Natur, zur Schöpfung nicht aus, wie ja wiederum gerade nun der lyrische, poetische, kosmologische, physikalisch-mathematische (Kepler) Lobpreis der Schöpfung zeigt – denn was ist Lyrik und Wissenschaft denn anderes als Geist, einzig dem Menschen als hörend-sprechendem Wesen zur Verfügung stehend? Dichtend, poetisch differenziert sich der Mensch von der Natur, um dadurch zu ihr ein Verhältnis zu haben. Die Unterscheidung des Menschen von der Natur ist ein so elementarer, evidenter und auffälliger Sachverhalt, dass jedes Bestreiten

---

37 [Das Buch der Natur, auch das Buch von den natürlichen Dingen genannt, ist eine Enzyklopädie von Konrad von Megenberg (erste Hälfte des 14. Jahrhunderts). Es gilt als die erste bedeutende in deutscher Sprache erschienene wissenschaftliche Abhandlung.]

das Denken schon in die Irre leitet.[38] Die Anthropologisierung, die Analogisierung der Natur zum Menschen wird immer begrenzt von der Andersartigkeit der Natur. Der Versuch z. B., in physikalischen Vorgängen subjektanaloge, menschenförmige Prozesse zu beobachten, ist zumindest dann Schwindel, wenn nicht mit bedacht wird, wie weit der Geist solche Analogie setzt. Eine künstliche Selbstrückversetzung in archaische Zustände ist eine Selbsttäuschung und von entsetzlicher Gefahr, wie der Regress in das Archaische, Urtümliche, Tiefe von Volk und Rasse in der jüngsten Geschichte zeigt. Den Problemen, die aus unserem räuberischen Umgang mit der Natur erwachsen, sind wir nur gewachsen, wenn wir die Unterscheidung zwischen Mensch und Natur eben nicht aufgeben. Und hier ist m. E. gerade der christliche Schöpferglaube die notwendige Anweisung. Denn er vergegenwärtigt dem Menschen ja gerade seine Verantwortung für die Welt. Und das Gefährliche dieser Irre ist eine Gefahr für Mensch und Schöpfung zugleich: Der Traum, der Mensch könne sozusagen wieder auf seine Instinkte reduziert werden, sozusagen ganz in die Schöpfung, Natur zurückgenommen werden, von der Natur selbst automatisch geleitet werden. Eine solche Naturromantik findet man nicht einmal bei den Romantikern. Gefahr ist das deshalb, weil damit verkannt wird, dass das ökologische Problem, zu dessen Lösung ja diese Theorien postuliert werden, das Problem des Menschen ist, seines konkreten Verhaltens zur Schöpfung. Und da der Mensch unwiderleglich weiss, unwiderrufbar weiss, dass er die Natur beherrschen kann und dass er den Baum jederzeit fällen kann, ohne dass eine Dryas sich rächt – können ökologische Probleme nur über das konkrete Verhalten des Menschen gelöst werden, nicht mit Hilfe solcher Theorien. Wir müssen also gerade um der Schöpfung, der Natur willen anthropozentrisch und darum theozentrisch reden. Und hier erweist sich als notwendig, alle Aussagen über Schöpfung und Natur im Glauben an den Schöpfer festzuhalten. Schliesslich, das ist vielleicht das Wichtigste: Alle diese New Age-Phänomene, die Remythisierung der Schöpfung gehen einher mit einer tiefen Verkennung der Sünde des Menschen, ohne die es keine Anthropologie, keine Naturtheorie geben kann, die standhält.

Denn es gilt folgenden Sachverhalt klar zu denken: Die Erfahrung, dass die Natur dem Menschen unterworfen ist, kann nicht mehr rück-

---

38 Vgl. dazu Hans-Dieter Mutschler, Physik – Religion – New Age, Würzburg 1990.

§ 1: Gott, der Schöpfer

gängig gemacht werden. Selbst der Grieche, der Dryaden in Bäumen glaubte, hat ganz Griechenland entwaldet, um Schiffe zu bauen. Ist es der Mensch, der hybride Mensch, der masslos und mit fortschreitender Perfektion der Instrumente und der Technik immer massloser die Schöpfung zerstört, also dieses Substanz-Subjekt, so ist es doch kein anderer Mensch, sondern dasselbe Substanz-Subjekt, das nun die Welt wieder remythisiert. Es ist nur eine andere Theorie, aber kein anderer Mensch. Die Welt kann aber nur durch andere Menschen verändert werden – das ist der heute auch in Kirche und Theologie vergessene Fundamentalsachverhalt des christlichen Glaubens: Der Mensch muss eine neue Kreatur – καινὴ κτίσις (2Kor 5,17) – werden. Wir stossen hier auf das kosmische, ich meine planetarische Phänomen der falschen Alternativen: Die Menschen glauben, durch Austausch von Theorien Alternativen schaffen zu können (Beispiel Sozialismus-Kapitalismus). Aber die einzige Alternative zur Faktizität der Welt ist nicht das Bild einer anderen Welt, eine Utopie, sondern ein anderer, neuer Mensch. Und dieses Thema ist das Wesen des Glaubens. Denn – und das sagte ich immer wieder – der Glaube ist ein konkretes Gottesverhältnis, innerhalb dessen alles Denken, alle Weltbilder, alle Naturvorstellungen festgehalten werden müssen. In diesem Gottesverhältnis, in dem ich selbst als Geschöpf Gottes existiere, ist ein Weltverhältnis mitgesetzt, nämlich die Ehrfurcht vor dem anderen Geschöpf Gottes. Das andere Geschöpf Gottes kann ich aber [als] solches nur erfahren, wenn ich mich selbst als Geschöpf Gottes erfahre. Denn als Theorie unterwerfe ich das andere Geschöpf Gottes schon wieder der von mir ausgelegten Weltvorstellung. Der christliche Schöpferglaube ist also, als existierter Glaube, keine Theorie über den anderen als ein Geschöpf, sondern konkretes Verhalten zum Mitgeschöpf. Konkret ist das darin, dass erkannt wird, was uns allen völlig aus der Erinnerung geraten ist, nämlich dass Liebe Distanznahme ist. Da modernem Denken nicht mehr klar ist, dass die Liebe nicht, wie uns allen evident scheint, bloss oder primär in der Soziologie oder Ethik wurzelt, sondern in der Ontologie, Metaphysik und Theologie (Platon, 1Joh: Gott ist die Liebe), sehen wir Liebe nur noch als Engagement, Einmischung. Liebe ist aber Distanznahme, das heisst: Die Liebe gibt das Objekt des Beherrschens gerade frei zur Selbständigkeit. Die Liebe lässt sein, sie lässt das andere das sein, was es ist. Die Liebe z. B. lässt Gott Gott sein, indem sie darauf verzichtet, selber zu sein wie Gott. Und sie lässt den anderen den anderen sein, und das ist gemeint im

Doppelgebot der Liebe (Lev 19,18; Mk 12,29–31 par). Die Liebe ist aber hier dasselbe wie der Glaube. Wenn die Liebe den Nächsten lieben soll wie sich selbst, so erblicken wir eine tiefe Ironie: Den gleichen Respekt, die gleiche Sorge, die wir für uns selbst hegen, sollen wir dem anderen zukommen lassen.

Das ist konkreter Schöpferglaube. Um ihn einzuüben, müssen wir, wie gesagt, auf Jesus blicken. Dann wird uns unser eigener Abstand zu dem, was wir für Glauben halten, klar; und in dem Abstand, dieser Distanz, können wir dann denken, glauben lernen.

Nun noch etwas zur Ordnung der Themen der Vorlesung: Schöpfung, Sünde, Anthropologie. Nahe läge ja: Anthropologie, Sünde. Ich werde zuvor im Abschnitt über die Schöpfung über den Menschen und seine Erschaffung reden; aber die Anthropologie soll erst nach der Sündenlehre kommen, damit uns klar bleibt, dass wir vom faktischen Menschen sprechen müssen, nicht von einem idealen, also an der Faktizität des Daseins uns orientieren.

§ 2: Der Schöpfer – Gott

Wir können hier keine Gotteslehre geben, müssen aber doch etwas über Gott und das Wort Schöpfer sagen. Das geschieht in Anlehnung an den ersten Artikel des Glaubensbekenntnisses: [NCI][39]

«Credo in unum Deum, Patrem omnipotentem, factorem caeli et terrae, visibilium omnium et invisibilium.»[40]

[1. Das aktuelle Gottesverhältnis zum Schöpfer im Glaubensbekenntnis]

Der Glaube an den Schöpfer spricht sich hier als jetzt aktuelles Gottesverhältnis zum Schöpfer dessen aus, der das Bekenntnis spricht. Dies, nicht der Glaube an den einen anfänglichen Urhebergott, ist das Wesen des Schöpferglaubens. Das stimmt sowohl mit dem religionsgeschichtlichen Befund überein als auch mit der Erfahrung. Religionsgeschichte,

---

39 Zit. nach DH 76.
40 [«Ich glaube an den einen Gott, den allmächtigen Vater, den Schöpfer des Himmels und der Erde, alles Sichtbaren und Unsichtbaren.»]

Beispiel AT: der Ursprung des Glaubens ist die Begegnung mit dem jetzt gegenwärtigen, jetzt sich zeigenden Gott, also mit dem jetzt sich mir als Schöpfer offenbarenden Gott. So auch die Erfahrung. Schöpfungstheorie ist nicht Glaube, das kann ich erfahren. Es ist aber notwendig, dass sich echte Gotteserfahrung zum Schöpferglauben ausweitet. Prozess im AT sichtbar, weil, wenn meine Glaubenserfahrung echt ist, das heisst, ich mit dem wahren Gott zusammentreffe, ist in die Erfahrung meines eigenen Geschaffenseins die Erfahrung des Geschaffenseins von allem auch eingeschlossen.

[2. CREATOR CONTINUUS]

Die Gegenwart des Schöpfers spricht sich darin aus, dass alle Schöpfungsaussagen attributiv zum Wort Gott gemacht werden. Gott hat nicht einmal geschaffen, sondern ist der Schöpfer. Im Credo ist also das «im Anfang» von Gen 1 und Joh 1 nochmals weitergedacht worden: Der am Anfang Himmel und Erde schuf, ist der Schöpfer, an den ich glaube. Bzw.: Der Glaube an den Schöpfer ist in das Gottesverhältnis selbst zurückverlegt worden.

[3. EINER, VATER, ALLMÄCHTIG]

Das wird noch deutlicher, wenn man beachtet, dass das erste Attribut nicht Schöpfer Himmels und Erden ist, sondern zuerst *unus*, sodann *pater* und *omnipotens*. Der auf Gen 1,1 anspielenden Formulierung «Schöpfer Himmels und Erden» werden als die drei dort nicht so enthaltenen Attribute vorangestellt. Sie bringen aber nur zur Sprache, was in der Logik des Schöpferglaubens liegt, indem sie Gott als das aussagen, was er für jeden einzelnen Menschen [ist]: einer, Vater, allmächtig. Ist Gott der Schöpfer von allem, so ist damit seine Einheit mitgesetzt. Die Eigenschaft Einheit für Gott, die ja nicht zur metaphysischen Gotteslehre gehört, ist also schon schöpfungstheologisch hinreichend begründet. Umgekehrt ist auch evident, dass eine strenge Schöpfungstheologie an die Einheit Gottes gebunden ist. Daher hat eine strenge Schöpfungstheologie nur in der monotheistischen Religion entstehen können – und es ist kein Zufall, dass heute die Remythisierung der Schöpfung mit einer Remythisierung Gottes einhergeht. Damit stimmt auch der merkwürdige Sachverhalt überein, dass, etwa im griechischen Polytheismus, eine Unterscheidung der Götter von der Welt, vom Kosmos, nie gelungen ist. Das hat Folgen gehabt selbst noch für den philosophischen Gottesbegriff: Der Gott als der erste Beweger, der in der Metaphysik des Aristoteles erscheint, ist keineswegs der Schöpfer des Seienden, das er bewegt, sondern nur der Ursprung aller Bewegung in der Schöpfung, man könnte auch sagen: der Formator. Das aber bedroht das Gottesverhältnis selbst, was man sich durch folgende Überlegung klar machen kann, Beispiel AT: die primäre Gotteserfahrung ist die des aktuell berufenden, erwählenden Gottes, Väter, Bund. In dieser Erfahrung des den Einzelnen oder das Volk erwählenden, leitenden Gottes ist der Schöpferglaube nicht explizit, aber wohl implizit enthalten. Nicht explizit in doppelter Weise: einmal erfährt man Gott zuerst als den Gott, der die Erwählten jetzt führt und leitet, jetzt ihr Herr ist. Und zweitens erfährt man diesen Gott als den eigenen Gott, nicht als den Gott der anderen Völker. Also, dieser Gott scheint zunächst partikular zu sein. Nun ist es aber nicht bloss historisch, sondern gerade dogmatisch höchst spannend zu sehen, wie sich das Gottesverständnis Israels mit seiner Gotteserfahrung entwickelt – wohlgemerkt, das Gottesverständnis entwickelt sich, nicht Gott: Fremde Götter werden – zuerst – für Israel abgelehnt. Sodann werden fremde Götter als Götzen durchschaut. Schliesslich wird der Gott Israels zum Gott aller Völker, aller Welt und schliesslich zum Schöpfer. Das ist kein ethnischer Imperialismus, sondern strenge Logik der Theologie selbst, und diese Logik hat es nur einmal in diesen Einzigartigkeiten in Israel und dem Christentum gegeben. Denn das ist ja klar: Wenn der partikulare Gott auch bei fortschreitender Gotteserfahrung partikular bleibt, dann ist er eben kein wahrer Gott, auch nicht für mich. Dann ist er nur eine religiöse Vorstellung, aber nicht Gott *sensu strictissimo*. Der Glaube aber will es mit Gott und nicht mit der Vorstellung seiner selbst zu tun haben. Darum liegt die Einheit Gottes in Gottes Verständnis, aber eben auch im Glauben selbst. Das ist eines der kostbarsten Erbstücke des AT: Gesehen zu haben, dass die Menschen sich Götter machen, Bilder, die dann wackeln (Jes 40,12 ff.). Es liegt im Wesen des Gottesverhältnisses selbst begründet, dass der Gott, den ich als Gott erfahre, auch der Gott des andern und der Welt sein muss, sonst ist er kein Gott, sondern nur meine Projektion. Deswegen ist mein Gott immer der Weltschöpfer, wenn auch [...]. Das aber müssen wir nun noch einmal kehren: Der Gott, den ich, also Abraham, Isaak, Jahwe, Erzväter, Israel, als Gott erfahre, der muss sich dadurch als Gott erweisen, dass er je meine Erfahrung transzendiert, also im Reden derer, denen er sich gezeigt hat, sich als genuiner Gott aller zur Sprache bringt. So wird in der Bibel nun der Einzelne oder das Volk merkwürdig exemplarisch: In der Bibel zeigt sich am Einzelnen, am Volk und am Ende wieder am Einzelnen exemplarisch, was menschliche Gotteserfahrung ist, menschliches Gottesverhältnis. Ja, an Jesus Christus zeigt sich am radikalsten am Einzelnen exemplarisch, was der eine Gott für alle Menschen ist: der Schöpfer.

Die Einheit Gottes ist also theologisch darin begründet, dass man es nur dann mit Gott selbst zu tun hat, wenn man es mit dem einen Gott zu tun hat. Alles Göttliche muss in dem einen Gott versammelt sein. Israel und das Christentum denkt dieses einzigartig und streng theologisch. Auch im Griechentum wesentlicher Gedanke der Einheit Gottes, spätestens seit den Vorsokratikern, Xenophanes. Dieses griechische Denken der Einheit Gottes ist freilich weniger theologisch-religiös als in Israel. In Israel und im Christentum ist die Einheit Gottes immer streng theologisch behandelt worden, also dieser eine Gott ist der, an den wir glauben, zu dem wir beten. Ganz anders im Griechentum. Zwar gibt es auch hier philosophische Hymnen auf den einen Gott – Kleanthes.[41] Aber der eine Gott war mehr ein Abstraktum von den vielen Göttern, die immer die eigentlichen Kultgötter waren, ja, die Theorie von der Einheit des Göttlichen konnte paradoxerweise dazu führen, immer mehr und immer neue Kulte zu assimilieren – in der späthellenistischen Zeit war ägyptische Religion in Mode (schick!), weil ja doch alles Erscheinungsweise des einen Gottes war. Aber was hier erschien, war eben nicht mehr Gott, sondern die religiöse Projektion, Bilder, Sehnsüchte, Erfahrungshunger gottcshungriger Seelen, wenn nicht schamloser Betrieb. Hintergrund der Theorie, dass das eine Göttliche sich in allen möglichen Erscheinungen zeigen kann, war also die Offenheit für alle Kulte. Aber nun muss man auch das Umgekehrte sehen: Da nun alles als Manifestation des Göttlichen erscheinen konnte, wuchsen die Zweifel; denn echte Religion ist auf Gewissheit aus. Wenn sich hier aber der Zweifel einschleicht, wird, wenn es kein wahrhaftes Gewissheitsangebot gibt, sich das religiöse Karussell immer schneller drehen. Man stürzt sich dann von einem religiösen Angebot auf das nächste, damals so wie heute. Die wahrhaft Frommen waren längst Stoiker oder in sonstigen

---

41 [Kleanthes von Assos (332–232/231 v. Chr.)]

Philosophie-Schulen. Denn das wahre Problem war dies, dass man in all diesem religiösen Betrieb immer nur sich selbst, aber nicht Gott erfuhr, gipfelnd im Herrscherkult des Hellenismus und der römischen Kaiser. Und dass das Christentum hier Erfolg hatte, war dies, dass es von Gott selbst, dem einen Gott, nicht abstrakt, sondern theologisch-religiös sprechen konnte. Falsche These, dass antike Religion tolerant war, nur Judentum und Christentum intolerant wegen Exklusivität ihres Gottesverhältnisses. Diese Exklusivität hat ihren theologischen Grund, ist also nicht bloss religiöser Imperialismus und Starrsinn. Der Grund liegt in der Verweigerung religiöser Ehrung für irgend etwas Geschaffenes, denn dies wäre eine Selbstvergöttlichung des Menschen. Das Christentum konnte von dem einen Gott nicht bloss abstrakt, sondern konkret als dem gegenwärtigen Gott sprechen.

[4. Das Gottesattribut «Vater»]

Das kommt nun im Gottesattribut Vater zum Vorschein. Anders als im Hellenismus, wo man Gott auch als Vater ansprechen konnte, ist dies nicht im Sinn eines genealogischen Zusammenhangs mit Gott gemeint, also nicht in Analogie zur physischen Erzeugung durch den Vater. Vater ist vielmehr, Jesu Sprache!, im Zusammenhang der jüdisch-christlichen Gotteserfahrung gedacht, des berufenden, erwählenden, führenden, sagenden Gottes und in diesem Sinn des Vaters, der also durchaus das Mütterliche umfassen kann (Jes 66,13). Vater also sagt folgendes aus: Das aktuelle Verhältnis zu Gott und Gottes zu uns, das Gegenwartsmoment, Unser Vater! Im Vaternamen, der dem Schöpfergott zukommt, ist klargestellt, dass wir es nicht bloss mit dem Anfänger der Welt zu tun haben, sondern mit dem ihr gegenwärtigen Vater. (Natürlich kann man, wie mit dem irdischen Vater, auch mit Gott Schwierigkeiten haben; aber an diesen Schwierigkeiten trägt ja auch im Fall des irdischen Vaters nicht immer der Vater Schuld.)

[5. Die Allmacht Gottes]

Die Allmacht Gottes wird hier als Prädikat dem Vater zugeordnet. Dies ist sehr wesentlich, damit man vor allzu spekulativen Aussagen über die Allmacht bewahrt wird; aber auch umgekehrt: die Analogie zum irdischen Vater wird durch das Prädikat Allmacht relativiert. Pantokrator meint den Herrn von allem, der also dem, was er beherrscht, gegenwärtig ist. Im Unterschied zu dem irdischen König beherrscht Gott die ganze Welt und auch die Könige. Dem Begriff der Allmacht Gottes wird heute gern der Begriff des leidenden, ohnmächtigen Gottes entgegengesetzt. Dazu will ich jetzt nur so viel sagen, dass dieses Verfahren nur sinnvoll ist, wenn man sich klar macht, dass es Gott ist, der ohnmächtig ist. Von mir zu sagen, ich sei ohnmächtig, oder von irgend einem anderen Menschen, wäre als dogmatischer Satz sinnlos, wenn er mehr sein sollte als eine banale Feststellung. Das soll er aber im Falle Gottes sein, er soll mehr sein: selbst Gott ist ohnmächtig. Also wird doch vorausgesetzt, dass es im Falle Gottes, im Unterschied zu mir, etwas Besonderes, Sonderbares ist, etwas, das eigens gesagt werden muss. Und etwa deswegen, weil die Vorstellung von Gottes Allmacht, die bisher galt, ein falsches Gottesverständnis war, das nun korrigiert werden muss? Doch wohl nicht. Denn wenn Gott so leidet und ohnmächtig ist wie wir, so können wir ja wohl die Gottesrede einstellen. Die Logik also zwingt uns dazu, die Rede von Gottes Ohnmacht als die Ohnmacht eines Besonderen zu reflektieren, eben Gottes, und das wird am deutlichsten, wenn wir sagen: die Ohnmacht des allmächtigen Gottes, die Ohnmacht Gottes, der Schöpfer Vater, Pantokrator ist und bleibt. Dann heisst das aber, dass man Gottes Ohnmacht christologisch fasst. Der Satz Joh 1,14, dass der Logos, also Gott, Fleisch wird, besagt, dass Gott wahrer Mensch wird, gleich wie wir. Aber er besagt natürlich nicht, dass er aufhört, Gott zu sein, wie ja derselbe Vers sagt: Wir sahen seine Herrlichkeit. Hörte Gott auf, Gott zu sein in seiner Menschwerdung, wäre er nur noch Fleisch, so gäbe es keinen christlichen Glauben. Denn σάρξ [Fleisch/Sphäre des Irdischen und Vergänglichen] sind auch Sie und ich, darauf kann man keine Theologie bauen. Der Satz Joh 1,14 sagt das ja auch nicht. Dieses Geheimnis der Gleichzeitigkeit von Gott und Mensch in Jesus Christus will ja das altkirchliche Dogma festhalten, Chalzedon. Dann besagt das christologische Dogma als hermeneutischer Hinweis auf Joh 1: Gott wird ein sarkischer, ohnmächtiger Mensch, dieser Mensch, damit an diesem Menschen wieder die durch den Sündenfall verdunkelte Gottheit Gottes sichtbar wird, seine väterliche, kreatorische Allmacht. Noch pointierter: An keinem Menschen kann Gottes Gottheit als Gottheit Gottes noch wahrgenommen werden, weil der Mensch sich wie Gott zu sein angemasst hat und daher Gottheit immer als des Menschen Gottheit erscheint, Röm 1 f. Der Mensch lässt Gott nicht Gott sein, weil er selbst Gott sein will, weil er selbst mächtig sein will wie Gott. Damit es nun einen Menschen gibt, an dem Gott selbst wieder als Gott erkannt werden kann, muss Gott selbst dieser ohnmächtige Mensch werden. Im ohnmächtigen Menschen Jesus Christus wird Gottes Allmacht als κράτος [Kraft/Macht/Gewalt/Herrschaft][42] des Schöpfers, des Vaters, des einen sichtbar. So bringt der Glaube Gottes Allmacht nicht spekulativ, sondern existentiell zur Sprache. Soviel zur Auslegung des Credo.

[6. Gott der Schöpfer]

Fassen wir zusammen über Gott den Schöpfer. Der Schöpfer, Gott, ist nicht die Ursache – *causa*, Ursache, Grund der Schöpfung, sondern der Urheber, der Verursacher. Der Gedanke, dass die Schöpfung, das Seiende im Ganzen aus Gott geboren, gezeugt, geflossen (Emanation) sei, ist mit dem Glauben an den Schöpfer nicht vereinbar. Das ist durch die biblische Sprache klargestellt. In der Schrift wird übrigens vom Schaffen Gottes oft gesprochen, und zwar so, dass das Schaffen immer auch Gegenwart ist; aber die Bezeichnung Gottes als Schöpfers eigentlich nur 1Petr 4,19, κτίστῃ. Aber oft die Wurzel κτίζειν: κτίσμα, κτίσις [schaffen: Geschöpf, Schöpfung]; und für Schaffen auch ποιεῖν [machen, hervorbringen]. Beide Wörter schliessen an sich nicht aus, sondern von ihrem normalen Sprachgebrauch her sogar ein, dass man aus etwas etwas macht, wie Gott aus dem Erdkloss einen Menschen macht und aus der Rippe des einen einen anderen (2. Schöpfungsbericht). Für das Verständnis dessen, was der Schöpfer ist, ist es deshalb wichtig zu sagen, wie das Verhältnis des Schöpfers zur Schöpfung ausgesagt wird. Das geschieht in den beiden folgenden Paragraphen; zuerst wird der Schöpfer als der dreieinige Gott vorgestellt; sodann wird die Schöpfung aus dem Nichts durch das Wort beschrieben.

§ 3: Der dreieinige Gott als Schöpfer der Welt

Im Credo wird die Schöpfung der Welt von Gott dem Vater ausgesagt. Wir sagten vorher, Vater sei im Verhältnis Gottes zur Welt ein Name, der Gottes Gegenwart und Sorge für die Welt bezeichne und daher das Müt-

---

42 [In der griechischen Mythologie die Personifikation der Macht und rohen Gewalt]

terliche durchaus einschliessen könne. Im Unservater lehrt Jesus die Menschen das Vatersagen. Nun hat das Wort Vater aber noch einen anderen theologischen Sinn, nämlich es ist der Name einer der Personen des dreieinigen Gottes. Das lässt sich schon im Joh erkennen, wo πατήρ und υἱός [Vater und Sohn] eine klar unterschiedene, [...] Personalisierung bezeichnen. Dass die Gottesanrede «Vater» Jesus eigen war, ist wohl sicher. In Joh 5,17; 10,29 πατήρ μου [mein Vater]. In der Trinitätslehre ist Gott der Vater der Vater Gottes des Sohnes. Der Sohn Gottes ist nicht Geschöpf des Vaters, sondern aus dem Vater geboren und ihm wesensgleich. Er ist also wie der Vater – und der Heilige Geist – wesensverschieden von allem Geschaffenen. Wenn nun der Glaube sagt, Gott, der Vater, der Schöpfer der Welt, so ist damit nicht verneint, dass auch der Sohn und der Heilige Geist an diesem Schöpfersein Gottes teilnehmen; das ist schon deshalb unmöglich, weil ja die drei Personen Gottes sich ewig gegenwärtig sind. Die kirchliche Dogmatik hat den Satz geformt: *opera trinitatis ad extra sunt indivisibilia*[43]; alle Handlungen nach aussen sind gemeinsam, sie werden nur je bestimmten Personen zugeeignet. Diese etwas spekulative Formulierung hat, wie die ganze Trinitätslehre, ihren Sitz in der genuinen Glaubenssprache, und sie ist ein schöner Hinweis dafür, dass die Schöpfungslehre im Glaubensverhältnis festgehalten ist und sich auf den gegenwärtigen Schöpfer bezieht. So können wir im NT vielfältiges Ineinander von Schöpfungs- und Heilsaussagen beobachten: Röm 4,17; 2Kor 4,6; 1Kor 8,6. Verbindung von christlichem Verhalten und Schöpfungslehre: 1Kor 10,25 f.! Vor allem dann schon theologisch weiterentwickelt: Eph 1,3–14; Kol 1,15–20. Ausdrücklich wird Joh 1,1 ff. gesagt, dass alles durch den Logos geworden ist.

Diese Sätze sind nicht als kosmologische Spekulation zu verstehen, sozusagen als eine trinitätstheologisch aufgeblasene Schöpfungstheologie. Sie verdanken sich vielmehr dem Wesen des christlichen Glaubens selbst, der ja das unmittelbare, durch Christus vermittelte Verhältnis des Sünders und zugleich Gerechten zu Gott ist. Was Gott als Schöpfer ist, das erfährt der Glaubende ursprünglich an sich selbst, als das Schöpfungswunder, dessen sich der Glaubende selbst inne wird. Als dieses Wunder erfährt sich der Glaubende selbst konkret als καινὴ κτίσις [neue Schöpfung], er weiss also konkret, was der Schöpfer ist, und hält so den Schöpferglauben nicht für eine Schöpfungstheorie. Weil das Sein des

---

43 [Die Werke der Dreieinigkeit nach aussen sind ungeteilt (unteilbar)]

Menschen in Christus als καινὴ κτίσις (2Kor 5,17) bezeichnet wird, wird das, was Gott der Schöpfer ist, zugleich sichtbar an der Versöhnung des Sünders mit Gott durch Christus. Das ist für die theologische Sprache über die Schöpfung sehr aufschlussreich. Was Schöpfung ist, das erfahren wir eben nicht bloss an der Weltentstehung, sondern ebenso an der schöpferischen Versöhnung des Sünders mit Gott. So kann denn Christus selbst in eine typologische Beziehung mit Adam gebracht werden, er ist der neue Mensch, den Gott selbst schafft und der seinerseits der schöpferische Versöhner ist. Durch diese Verbindung von Weltschöpfung und Rechtfertigung, Versöhnung des Menschen werden Weltschöpfung und Rechtfertigung keineswegs konfundiert. Aber die Verbindung beider ist hermeneutisch von höchster Bedeutung: Was Weltschöpfung ist, wird durch die Rechtfertigung ausgelegt. Nicht Anfangsgeschehen, sondern schöpferische Gegenwart Gottes. Was Rechtfertigung ist, wird durch die Weltschöpfung ausgelegt: Rechtfertigung ist nicht Zustand des Menschen, sondern schöpferisches Wirken Gottes am Menschen. Auf der Ebene Gottes wird ebenso die differente Beziehung klar: Vater – Schöpfung; Sohn – Versöhnung – ein Gott, der wirkt. Das Verhältnis Schöpfung – Rechtfertigung verhandelt in der theologischen Dogmatik; Beispiel: Thomas: de iustificatione impii: «[...] *utrum iustificatio impii sit maximum opus Dei.*»[44]

Es ist deshalb in der Trinitätslehre noch an einer dritten Stelle diese schöpferische Tätigkeit festzustellen: πνεῦμα ... τοῦ κυρίου καὶ τοῦ ζῳοποιητοῦ [der Geist ... des Herrn und Lebendigmachers]. In gewisser Weise ist hier der wesentlichste hermeneutische Wink: Der Heilige Geist hält ja unseren Glauben bei Christus fest, der uns mit dem Vater versöhnt. Der dreieinige Gott ist der Gott, der die Welt und den Menschen schöpferisch umgibt. In der schöpferischen Tätigkeit des Heiligen Geistes wird das Wesen von Gottes Schöpfersein offenbar: Es ist schlechthinnige göttliche Gegenwart. Selbst unser Glaube, mit dem wir Christus anhangen, ist Schöpfung Gottes; unsere Rechtfertigung ist Schöpfung Gottes so gut wie der Leib und wie die Welt, in denen wir existieren. Wesentliche Eröffnung der Trinitätslehre: a) Schöpfer ist gegenwärtig. b)

---

44 Thomas von Aquin, STh I–II, q113 pr [Thomas-Zitate wiedergegeben nach: https://bkv.unifr.ch/de/works/sth/compare/summe-der-theologie/668/summa-theologiae; aufgerufen am 20.08.2024]: Von der Rechtfertigung des Sünders – 9: ... ob die Rechtfertigung des Sünders das grösste Werk Gottes sei.

Ausser Gott ist alles Geschöpf. c) Gott ist gerade als Schöpfer der Schöpfung nah.

§ 4: Die Schöpfung durch das Wort und die Schöpfung aus dem Nichts

Auffällig: Der absolute terminus technicus בָּרָא [schaffen] in Gen 1 und Dt-Jes. Die Hervorhebung des Anfangs, womit der Anfang der Welt gemeint ist. Ps 33,9: Wie er gebietet, so steht's da.

Dieselbe Aussage: 2Makk 7,28; Röm 4,17; Hebr 11,3: Verbindung mit dem Glauben als Wandel vor Gott.

Die Wörter κτίζειν, ποιεῖν, θεμελιοῦν [schaffen, machen, gründen auf/festigen], (Hebr 1,10 in Anspielung aufs AT, besonders Psalmen 78,69; 102,26; 104,5 und oft, יָסַד [gründen/schaffen], vor allem von der Erde), καταρτίζειν [bereiten/herstellen/schaffen] (Hebr 11,3).

Die Termini Schaffen, Machen, Grundlegen, Bereiten sind sowohl in der deutschen wie auch in der griechischen und lateinischen Sprache durchaus auch auf Menschen und deren Bewirken beziehbare Begriffe, also anthropomorph. Anthropomorph heisst aber: Machen ist etwas aus etwas Machen. Menschliches Machen ist immer ein Verändern von etwas in etwas anderes. Das gilt nicht nur für das handwerkliche Tun, sondern für alle ποίησις, alles Tun, also auch für die Poesie, Dichten, Denken, Theologietreiben, Verkündigen – das alles verdankt sich der Sprache. Mit der Sprache arbeiten wir dichterisch und denkend. Unsere sogenannte Kreativität ist also auf Verarbeitung des Vorhandenen gegründet. Unser Intellekt, Intuition, Phantasie können kreativ sein, aber nur in Bezug auf Vorhandenes, sei dieser Bezug positiv oder negativ. Wir können aus Strohhalmen Adventssterne machen, aus der Sprache, den Wörtern den Faust oder Wallenstein dichten, wir können der schlechten Realität Utopien entgegensetzen; nie können wir aus dem reinen Nichts wirklich schöpferisch sein. Unser ganzes Leben, bis hin zu unseren Emotionen, Träumen ist keineswegs originell, sondern Verbrauch und Benutzung von Vorhandenem. Und darin liegt immer auch die Möglichkeit des Missbrauchs und der Vernutzung: Wir können mit der Sprache auch lügen, mit dem Kuss verraten. D. h.: Aller unserer Kreativität liegt eine Creatio ganz anderer Art voraus, eine kategorial und ontologisch anders verfasste Wirklichkeit, die wir Schöpfung nennen oder, in der griechischen Terminologie, das Seiende, τὸ ὄν, oder den κόσμος [Welt]. Dieses aber heisst nun: Wirklich anfangen können wir Menschen nicht. Wir kommen jetzt dahinter, was «am Anfang», בְּרֵאשִׁית [hebr. berereschit] – griech. ἐν ἀρχῇ [im Anfang], wirklich heisst. Im strengen Sinn ist Anfangen ein Prädikat, das man nur von Gott aussagen kann: Und zwar so, dass Gott, der ja selbst ewig, also anfangslos ist, in Bezug auf die Schöpfung der absolute Anfang ist. Selbst in der griechischen Philosophie und in deren Frage nach der ἀρχή kann man davon Spuren ausmachen: Nie wird die ἀρχή anders erklärt als aus sich selbst, d. h. sie wird wahrgenommen aus ihrer völligen Gegebenheit. Dieses, was man die Unvorgreiflichkeit nennen könnte, wird uns am hellsten und, wenn man so sagen darf, am schrillsten klar aus unserer Geburt, die ja im Grunde ein ebenso grosses Geheimnis ist wie der Tod. («Als ich noch gestorben war!») An unserer Geburt erfahren wir, dass nichts so sehr uns gegeben ist als wir selbst. Ohne unseren Willen und ohne unsere Erkenntnis sind wir ins Leben gekommen, reine Kontingenz. Unser Denken, Fühlen, Handeln entwickelt sich aus unendlich vorgegebener Natur und Kultur. Unsere Identität, die wir für unsere eigene, durch Ich, Individualität, Subjekt definierte, selbstvollzogene Identität halten, ist doch ohne die Aufnahme des Vorhandenen undenkbar. Der Gedanke, das Ich so von Ort, Zeit, Sprache, Kultur, physischen Gegebenheiten abzulösen, das man sich vorstellt als aztekischen Bauern kurz vor der Zerstörung des aztekischen Reiches durch Cortez: dieser Gedanke ist absurd, denn das wäre ja nicht «Ich». Der Mensch also, der sich so sehr als Subjekt erfährt, als denkendes, handelndes Subjekt, der übersieht – geflissentlich –, dass er an nichts so sehr die Vorgegebenheit erfahren kann wie an sich selbst. Jene metaphysische Grundfrage des deutschen Idealismus, warum ist überhaupt etwas und nicht vielmehr nichts, sie verweist auf die Unheimlichkeit dieses Phänomens. Man kann und muss sich dies immer wieder klar machen an Phänomenen: Die Kraft, mit der ich den Federhalter über das Papier führe, ist nicht die Kraft meines Ich, sondern sie ist meinem Ich gegeben und wird ihm auch wieder genommen. Ja, das Ich selbst ist so sehr mit dieser Kraft verbunden, dass es sich selbst genommen wird, wenn die Lebenskraft erlischt. Selbst in dieser mikrokosmischen Dimension erfahren wir, dass die leichte Kraft, die der schreibenden Hand innewohnt, unserem Ich geschenkt ist – was wir ja spätestens in ihrem Entzug merken. In einer quantitativ ungleich grösseren Hinsicht können wir diese Vorgegeben-

§ 4: Die Schöpfung durch das Wort und die Schöpfung aus dem Nichts

heit weiter beobachten: Der Mensch kann durch Spaltung bestimmter Atomkerne ungeheure [Energie] freisetzen, ja, er kann sogar durch Fusion zweier Atomkerne noch ungeheurere Energie freisetzen, und er kann sich doch nicht darüber täuschen, dass er hier im wahren Sinn schöpferisch ist; denn er entbindet nur Vorgegebenes zu in ihm selbst liegender Wirkung, und er erfährt die Macht des scheinbar von ihm Bewirkten als dessen eigene Wirkmächtigkeit.

Die Unheimlichkeit dieser Erfahrung liegt offenbart in dem Bogen, den wir von Geburt zu Tod gespannt sehen. Der Tod ist die Niederlage, die uns alle erwartet, die totale Verweigerung des selbstbestimmten Lebens. In der Geburt ist diese Verweigerung des selbstbestimmten Lebens ebenso sichtbar, aber durchaus als Möglichkeit, als Chance, nämlich so zu leben, dass wir nicht unserem Ich und aus unserem Ich leben, sondern der Vorgegebenheit der Wirklichkeit unserer selbst und der Welt. In dem Zeitraum zwischen Geburt und Tod ist uns der καιρός [Zeit/Zeitpunkt] gegeben, angesichts der Niederlage des Ich im Tod an der Geburt zu lernen, zu erkennen, dass in der Wahrnehmung des Sich-selbst-Vorgegebenseins, dass gerade das Ich nur als sich empfangendes Ich wahres Ich ist, die Chance gelingenden Lebens liegt; aber dieses Gelingen ist mit dem Ende des Traumes selbstbestimmten Lebens identisch. Röm 14,8: «leben wir, so leben wir dem Herrn»; 2Kor 5,15: «damit, die da leben, hinfort nicht sich selbst leben».[45]

Was ich sagte, hat den Sinn, Schöpfung durch das Wort und aus dem Nichts negativ zu konturieren. Schöpfung im strengen Sinn besagt: Der Schöpfer selbst ist der Schöpfung voraus, er ist nicht, wie der Mensch, so evidentermassen sich selbst gegeben, geschenkt. Und sodann: Schöpfung ist nicht das Herstellen von etwas aus etwas, sondern das Ins-Sein-Rufen des Seienden aus dem Nichts. Mehr kann man über die *creatio ex nihilo* nicht definitorisch sagen, man kann aber den Gedanken noch ausführen.

[1. Der Schöpfungsbericht Genesis 1]

In der späten Schöpfungsgeschichte von Gen 1 wird der Schöpfungsterminus בָּרָא [hebr. bara = schaffen] gebraucht im absoluten Sinn. Das besagt: Himmel und Erde, also die Welt als das Seiende im Ganzen, wer-

---

45 Odil Hannes Steck, Der Schöpfungsbericht der Priesterschrift, Göttingen 1981².

den von Gott ins Sein gesetzt. Das, was geschaffen wird, ist etwas ausser Gott, nichts Göttliches. Die Schöpfung ist gut, nicht weil sie selbst göttlich, heilig, sakral wäre, sondern weil Gott sie geschaffen hat. Und weil sie Gottes Schöpfung ist, muss sie gepflegt, gehütet werden – Ehrfurcht vor der Schöpfung. (Das ist genügende Grundlage für ökologisches Denken.) Im Rahmen des ins Sein gerufenen Kosmos Himmel – Erde wird nun Gott schöpferisch-ordnend-bauend tätig. Die Schöpfungsgeschichte in Gen 1 öffnet uns den Blick in den Bau, die Tiefe der Welt. Sie ist nicht einfach Kosmogonie, sondern Durchleuchtung des Kosmos als Phänomen. Darin ist sie von der griechischen Kosmologie und der modernen Naturwissenschaft gar nicht so weit entfernt: Denn auch die wollen ja den Kosmos als Phänomen erforschen. Die Schöpfungsgeschichte Gen 1 ist also durchaus in Analogie zur (metaphysischen) Kosmologie zu sehen: Der Glaube an den Schöpfer schliesst die Erkenntnis des Kosmos in seiner Phänomenalität ein. Der Glaube an den Schöpfer unterscheidet sich freilich von einer blossen metaphysischen Kosmologie dadurch, dass er die Schöpfung als Werk des Schöpfers sieht und auslegt: nicht Mensch → Welt, sondern Gott → Welt, Mensch → Welt, Mensch → Gott. Deshalb steht der Glaube nicht im Gegensatz zur Kosmologie, sei sie antik oder modern. Er unterscheidet sich von aller Kosmologie durch die Art der Betrachtung. Das ist heute zu sagen ausserordentlich wichtig: Der Glaube ist als Gottesglaube weltbezogen, d. h.: Der postmoderne Rückzug aus dem Denken ins Fühlen, in Nischen, ins Innerliche, ins Basteln ist durchaus widerchristlich. Das Denken des Glaubens ist nicht metaphysisch, aber es lässt nichts aus dem Blick, das Gegenstand der Metaphysik, der Wissenschaft ist. Die Frage nach dem Sein und dem Seienden im Ganzen, also die Frage der klassischen Ontologie, ist in der Theologie nach wie vor gestellt. Der Rückzug in naturgemässen Gartenbau, in die praktische Alltagswirklichkeit, in Sekten, Gurus, Geistheiler, Psychagogen usw., das ist erstens selbst die Krankheit, für deren Therapie sie sich hält, und zweitens ist das nun ganz sicher nicht glaubensanalog. Das spezifisch Biblische ist, dass dieser Kosmos von Gott geschaffen ist und geordnet. Diese Ordnung, den Bau der Schöpfung nun beschreibt Gen 1 mit dem Verb אמר [hebr. amar], sprechen. Innerhalb des von Gott ausser sich gesetzten Kosmos vollzieht sich die schöpferisch-ordnende Tätigkeit Gottes durch das Sprechen Gottes. Dem wohnen zwei Hauptmomente inne: Zunächst ist das Sprechen natürlich auch ein Anthropomorphismus, wie Schaffen, Herstellen

§ 4: Die Schöpfung durch das Wort und die Schöpfung aus dem Nichts

usw. Wir können ja gar nicht anders reden. Aber das Sprechen setzt doch die denkbar grösste Distanz zwischen Schöpfer und Geschöpf. (Unterschied zum zweiten Schöpfungsbericht.) Die einzige Bewegung des Schöpfers – anthropomorph dargestellt – ist das Bewegen der Lippen. (Darstellung in der Kunst als ausgestreckte, aber nicht arbeitende Hand!) Trotzdem ist der Vorgang des Sprechens höchst aufschlussreich: Der Gedanke, dass durch blosses Sprechen etwa das Manuskript gefüllt wird, weist darauf hin. Das Sprechen hat also enorme metaphorische Aussagekraft für den Schöpfungsgedanken: Denkt man sich die Schöpfung aus Gottes Sprechen hervorgegangen, so ist die Distanz des Schöpfers zum Geschaffenen unendlich viel grösser als die des Handwerkers etwa. Gleichzeitig kommt darin die Macht, also das Pantokratorsein Gottes zum Vorschein: Wer durch blosses Sprechen das Seiende setzt, der hat offenbar unendlich mehr Macht als der handelnde Handwerker. Und schliesslich wird sichtbar, was ja die ganze Bibel auszeichnet, nämlich der ontologische Rang der Sprache. (Davon später).

Damit sind wir beim zweiten Aspekt. Setzt die Sprache die Distanz des Geschöpfs zum Schöpfer, so konstituiert sie in dieser Distanz auch Nähe. Der Schöpfer in Gen 1, der die Schöpfung sprechend baut und ordnet, ist und bleibt der Schöpfung ja nahe. Das zeigt der Schluss der Geschichte. Wenn Gott alles ansieht, ist er nahe. Ruhe: Nicht Abwischen des Schweisses, sondern Bestätigung der Vollkommenheit, der Güte der Schöpfung. Ruhe = Nähe, 7. Tag, Sabbat: Die Schöpfung, der Mensch, versammelt sich in der Nähe des der Schöpfung nahen Schöpfers. Die ontologische Distanz zwischen Schöpfer und Geschöpf ist der Raum für die göttliche personale Nähe des Schöpfers zur Schöpfung. Darum [ist] Nähe noch anders aussagbar: Die Schöpfungsgeschichte Gen 1 ist nicht nur unmythologisch, wahrscheinlich wehrt sie auch alle Mythen ausdrücklich ab. Wenn Sonne und Mond offenbar ganz bewusst als Laternen bezeichnet werden, gegen die göttliche Verehrung, werden sie funktionalisiert: Sie sind Lichtquellen für das Leben auf der Erde, besonders für die Menschen. Dieser antimythologische Duktus ist höchst wichtig: Die Theologen der Priesterschrift haben durchschaut, dass alle Mythologie der Welt oder welthafter Dinge einer Selbstvergöttlichung des Menschen entspringt, also ein Werk des Sünders ist. Aber die Kehrseite davon ist eben nicht die Behandlung der Welt als purer Materie und Reserve für die Menschen. Der Schöpfer hat der Welt vielmehr durch sein Sprechen die dem Sprechen Gottes inhärente Güte mitgeteilt. Wie Gen 1 zeigt, ist die Welt nicht תֹהוּ וָבֹהוּ tohuwabohu, nicht reine Finsternis und Chaos, sondern das genaue Gegenteil davon: Gut und logisch. Damit hängt das gleichsam wissenschaftliche Interesse zusammen, das im Schöpfungsbericht waltet, und daher kann die Schöpfungsgeschichte auch nicht im Kontrast zur modernen Naturerkenntnis gesehen werden. Wichtig ist aber vor allem der Gedanke, dass Gott es selbst ist, der den Kosmos baut und ordnet. Dahinter steht die Erfahrung des Chaos, des Tohuwabohus, gegen dessen Bedrohung Gott die Welt im Sein und in der Ordnung hält.

Dieser Gedanke der Güte, der Harmonie, eben des «Kosmischen» der Schöpfung muss immer auch im Zusammenhang mit dem Gedanken des Chaos gedacht werden. Dann wird klar: Harmonie und Chaos sind distinkte Gedanken nur in Bezug auf den Menschen, allenfalls auf das Leben, als dessen Ordnung oder Störung. Wo es kein Empfinden, Bewusstsein davon gibt, ist die Begrifflichkeit Kosmos – Chaos irrelevant.

Kosmos, Bau der Schöpfung durch den sprechenden Gott, heisst aber nun noch: Gott ruft, anfangs, das Seiende in die Existenz. Aber das Bauen Gottes durch Sprechen besagt noch mehr: Gott gibt allem auch das Sosein, das Wesen, die Essenz. Die Essenz ist kein Werk des Geschöpfes, sondern sie ist Werk des Schöpfers, vor allem beim Menschen!

Diese Güte wird als Ordnung, als Harmonie dargestellt; das 6-Tage-Werk – als Woche im Jahreszyklus – ist ein Bild für die Ordnung. Die Güte der Schöpfung ist die Logik der Schöpfung – ihr mitgegeben von dem sprechenden Schöpfer. Wiederum liegt hier eine Analogie zur griechischen späteren Kosmologie, auch die Priesterschrift ist spät: Der stoische Logosbegriff! Aber zugleich tiefe Differenz: Der stoische, den Kosmos durchwaltende Logos ist der Gott selbst, der kosmische Logos und der menschliche Logos sind identisch. Anders in der Schöpfungslehre: Alles geschaffen.[46] Johanneischer Logos in Joh 1!

Auf dem Hintergrund dieser Schöpfungslehre ist klar: a) Die Schöpfung ist nicht göttlich, nichts in der Schöpfung ist göttlich. b) Der Schöpfer ist der Schöpfung nicht fern, sondern nahe. c) Der Schöpfer ist gerade einer vergöttlichten Schöpfung fern, weil sich diese Schöpfung von ihm selbst entfernt, indem sie als Schöpfung selbst das sein will, was nur Gott ist: Schöpfer. d) Alle Verderbnis der Schöpfung kommt durch

---

46 Georg Wilhelm Friedrich Hegel, Grundlinien der Philosophie des Rechts (1820), Vorrede.

den Menschen, denn die Schöpfung und auch der ursprüngliche Mensch ist gut. e) Darum muss alle Schöpfungslehre und alle Ökologie und alle ökologische Ethik verankert werden in der Lehre vom Menschen als gefallenem Geschöpf, also des Sünders. f) D. h., die Schöpfungslehre darf nicht zu einer handlungsorientierten Ideologie und Theorie werden; vielmehr muss die Rede von Gott als Schöpfer konkret gegen den Sünder zum Zuge gebracht werden. Das ist die Essenz der ganzen Schöpfungslehre der Bibel: Hiob 38 ff.; Dt-Jes; Röm 1 f.: In all diesen Stellen bringt sich Gott gegen das durch den Menschen angerichtete Chaos als Schöpfer zur Sprache, aber nicht als Offenbarer einer neuen Schöpfungstheorie, sondern als der Gott, der in das Chaos schöpferisch eingreift[47]: «52. Die *Seinsverlassenheit* ist am stärksten dort, wo sie sich am entschiedensten versteckt. Das geschieht da, wo das Seiende das Gewöhnlichste und Gewohnteste geworden ist und werden musste. Das geschah zuerst im *Christentum* und seiner Dogmatik, wonach alles Seiende in seinem Ursprung *erklärt* ist als ens creatum und wo der Schöpfer das Gewisseste ist, alles Seiende die Wirkung dieser seiendsten Ursache. Das Ursache-Wirkung-Verhältnis aber ist das Gemeinste und Gröbste und Nächste, was alle menschliche Berechnung und Verlorenheit an das Seiende sich zuhilfe nimmt, um etwas zu erklären, d. h. in die Klarheit des Gemeinen und Gewohnten zu rücken. Hier, wo das Seiende das Gewohnteste sein muss, ist notwendig das Seyn das *erst recht* Gewöhnliche und Gewöhnlichste.» Demgegenüber dies: *continua creatio*, das Im-Sein-Halten der Schöpfung, das Licht, das in die Schöpfung leuchtet usw.

[2. Schöpfung aus dem Nichts – Schöpfung durch das Wort]

Der Gedanke der Schöpfung aus dem Nichts ist also wesentlich an den Gedanken der Schöpfung durch das Wort gebunden. In gewisser Weise ist die Entwicklung der Lehre der Schöpfung aus dem Nichts eines der schwierigsten theologischen Probleme, auch philosophisch. Denn über das Nichts kann man nur mit Vokabeln sprechen, die das Nichts des Nicht [...] mit Verneinungen der Seinsaussage zu formulieren suchen: Das Nichts ist das, was nicht ist. Aber als das Wort Nichts ist das Nichts in der Sprache vorhanden. Das Nichts ist gerade in dem Satz: Gott hat

---

47 Martin Heidegger, Beiträge zur Philosophie (Vom Ereignis), Gesamtausgabe, III. Abt., Bd. 65, Frankfurt/M. 1989, 110 [Hervorhebungen vom Verf.].

die Welt aus Nichts geschaffen, ja anwesend. Schon in der griechischen Philosophie wurde darüber nachgedacht, ob das Nichts, das μὴ ὄν [Nicht-Seiende], denn sei. Das wirft die Frage auf: Wie kommt denn das Nichts überhaupt ins Denken? Oder umgekehrt die oben zitierte Frage: Warum ist überhaupt Seiendes und nicht vielmehr nichts? Wenn das Nichts überhaupt nichts wäre, wie könnte man es dann überhaupt denken? Kann man Nichtseiendes denken? Also bestand immer das Problem, dass man zwar die Schöpfung als Gestaltung von etwas zu etwas ablehnen konnte, den Gedanken einer Urmaterie etwa, einer ὕλη [Baustoff], eines ewig seienden, sich selbst organisierenden und desorganisierenden Stoffes. Aber war nicht das Nichts doch so etwas wie ein Etwas, aus dem, *ex nihilo*, Gott etwas machte?

Diese Probleme sind nur lösbar, wenn man sie aus der metaphysischen in die theologische Ebene überträgt. Die Frage, ob der Kosmos etwas Seiendes, sich selbst Organisierendes und Desorganisierendes ist, ist metaphysisch, also wissenschaftlich offenbar schwer oder nicht zu entscheiden, und das, weil das Nichts offenbar kaum denkbar ist. Das Nichts ist deshalb kein metaphysisches Nichts, sondern ein theologisches: es hat seinen Ursprung in der Erfahrung des uns selbst Vorgegeben-Seins, einer Erfahrung freilich, die vom Menschen immer wieder von der Herrschaft des Subjekts verschüttet wird und darum eigens freigelegt werden muss. Darum erscheint das Nichts von uns aus gesehen, vom Ich aus gesehen, als Nichts: Wir sind von uns aus gesehen nicht aus uns und nicht durch uns und nicht von uns und nicht auf uns hin: Alles das, woraus und wodurch und wovon und woraufhin wir sind, wir und alles, das ist unser Nichts. Das gilt für das Subjekt, für die Sicht von uns aus. Wenn wir unser Ich betrachten, sind wir aus, durch, von, für Nichts. Aber in diesem unserem Nichts, dem existentiellen Nichts, verbirgt sich nicht das metaphysische Nichts, sondern Gott. In unserem Nichts, wenn wir es denn existentiell interpretieren, begegnet uns nicht das Nichts des Nihilismus, die Leere, die Sinnlosigkeit. Sondern begegnet uns Gott. Wer aufmerksam zugehört hat, wird bemerkt haben, dass ich mit den Worten, mit denen ich die existentiale Interpretation vollzog – nicht aus, durch, von, auf uns hin –, einen berühmten paulinischen Gedanken – vielleicht vorpaulinisch – zitierte: Röm 11,36; vgl. 1Kor 8,6; auch Joh 1,3. In dem als «Nicht-von-uns-Sein» interpretierten Nichts wird das von Gott-Sein als Gegenwart freigelegt. Umgekehrt gesagt: Das metaphysische Nichts kann selbst vernichtet werden, wenn *creatio ex* nihilo und *per verbum Dei* zusammen verstanden werden. Der Gedanke, dass das Nichts das Bodenlose, Sinnlose, alles Seiende Verschlingende und Bedrohende ist, entpuppt sich also als Pendant zum abendländischen Subjektivismus, also zu einem immer mehr sich durchsetzenden Denken, in dem das Ich, das Subjekt, sich als ein Subjekt aus sich und durch sich [...] versteht. In diesem Denken hat der göttliche Gott keinen Platz und mit ihm verliert das Seiende, die Seiendheit, der Kosmos seine Wirklichkeit. Umgekehrt: Glaubt der Mensch sich und die Welt als nicht von sich [geschaffen], so gibt dieser Glaube Gott als den Schöpfer frei und zugleich die Schöpfung in ihrer ganzen konkreten, sinnlichen Wirklichkeit. Diesen Zusammenhang von unserem Nichts und Gott hat immer wieder Luther gesehen, beschrieben, gepriesen, am schönsten in den Operationes in Psalmos [1519/21] zu Ps 5.[48] Deshalb haben wir die Schöpfung aus dem Nichts und die Schöpfung durch das Wort gleichzeitig behandelt; denn der Schritt, der Denkschritt, aus dem Seienden ins Nichts ist sachgemässer als der umgekehrte. Unser Denken, so sagte ich ja vorhin, ist wie alles, das wir sind und zu uns gehört, uns vorgegeben, und mit dem Denken das Seiende, das wir denken, wir selbst und also alle Mitkreaturen und das Denken selbst. Unser Denken des Seienden und des Nichts findet immer im Seienden, also in der Schöpfung statt. Jeder, der das Nichts oder über das Nichts denkt, ist ein Seiendes. Deshalb müssen wir vom Seienden, vom Gegebenen aus denken, von der Schöpfung aus. Wenn wir sagen: die Schöpfung ist aus Nichts geworden, so scheint das umgekehrt zu sein: Aus dem Nichts zum Seienden. Aber das ist nur Schein: Der Gedanke der Schöpfung aus dem Nichts ist an Seiendes gebunden. Daher müssen wir vom Seienden ausgehen, wenn wir das Nichts bedenken. Und damit stossen wir auf das Nichts als das Nichtsein des Denkenden, also unserer selbst. Die Wahrheit aber, dass wir uns selbst vorgegeben sind, Geburt, also geschenkt sind, ist unumstösslich; dass wir sind, ist vollkommen ohne unseren Willen, unser Tun, unsere Erkenntnis geschehen. Unser Ich, wir selbst, kommen aus dem Nichts. In dieser Interpretation, die man eine theologisch-existentielle Interpretation nennen kann, liegt eine Präzisierung des Nichts: Schöpfung aus dem Nichts heisst, dass wir nicht aus uns selbst, *ex nobis*, durch uns selbst sind, weil wir unsere konkrete Existenz nicht aus uns haben. Das Nichts sagt also nichts aus über einen negativ-metaphysi-

---

48 WA 5, 125 ff.

schen Urgrund unserer selbst; sondern es sagt, dass wir nichts aus uns und durch uns und von uns sind. Nichts, d. h. ins Nichtseiende, in die Nicht-Existenz und Nicht-Essenz, die Wesenlosigkeit. Das Nichts kommt sozusagen in den Rang, der Ursprung des Seienden zu sein, das, aus dem das Seiende entstanden ist. Da aber nichts aus Nichts entstehen kann, gewinnt das Nichts einen hohen ontologischen Rang. Wenn nicht Gott als der *creator ex nihilo* [Schöpfer aus dem Nichts] gedacht werden kann. Die Lehre von der Schöpfung aus dem Nichts wurzelt also im Glauben, im Gottesverhältnis, und sie ist nicht theoretisierbar. Wenn der Glaube diese Aussage vom Kosmos im Ganzen macht, so ist diese Aussage für den Glaubenden auch mit der allermodernsten Kosmologie vereinbar, während gewisse Naturwissenschaften vielleicht irgendwie an dem Gedanken der Ewigkeit des Kosmos festhalten müssen, weil sie das Nichts metaphysisch denken.

Man kann sagen: Der Satz von der Schöpfung aus dem Nichts und der Schöpfung durch das Wort, also durch Gott, sind komplementäre Sätze: Sie besagen, dass nichts, was ist, von sich aus ist, sondern alles Seiende existiert allein aus Gottes Wort. Aber nicht als Ursache, sondern als anwesender Grund: Gott hält das Seiende unablässig im Sein. Man kann ebenso sagen: Die Lehre «Schöpfung aus dem Nichts» ist eine Exegese des Satzes der Schöpfung aus dem Wort: Exegese holt aus einem Satz heraus, ausdrücklich, was in ihm enthalten ist.

Verdeutlichen wir das noch: Auf dem Grabstein des Dichters Fritz Reuter[49] steht der Satz: «Der Anfang, das Ende, o Herr, sie sind Dein; die Spanne dazwischen, das Leben, war mein.» Spielt an auf das, was ich über Geburt und Tod sagte: Ich komme aus dem Nichts, gehe ins Nichts, aber das ist beides «Dein». Mein Nichts ist kein metaphysisches, sondern ein existentielles oder theologisches. Aber nun ist das Entscheidende: gerade weil meine Herkunft kein metaphysisches Nichts ist und der Tod kein Übergang ins metaphysische Nichts ist (christlich wird die *Existenz* nach dem Tode existentiell interpretiert), darum stimmt der zweite Teil des Grabspruchs nicht: auch die Spanne dazwischen ist nicht mein, gerade sie ist nicht mein, da mein eigenes Nichts, also Gott, jetzt zum Zuge kommen will: Gerade im Leben des Menschen soll wahr werden, dass er

---

49 [bei Werner Elert, Der christliche Glaube: Grundlinien der lutherischen Dogmatik, Hamburg 1956, 91]

§ 4: Die Schöpfung durch das Wort und die Schöpfung aus dem Nichts

nichts ist aus sich selbst. Damit sind wir mitten in dem, wovon die Theologie spricht: Gerade im Leben, in der Spanne zwischen Geburt und Tod, will Gott unser Schöpfer aus dem Nichts sein. Es steht auf dem Spiel, ob wir dein oder mein sind – dies auf dem Spiel Stehen meint Joh mit dem Begriff κρίνειν – κρίσις [entscheiden/scheiden/richten – Gericht].

Wir können nun noch einen weiteren Schritt in der Interpretation des Nichts tun. Versteht man das Nichts, wie wir sagten, theologisch, nicht metaphysisch, so ist das Nichts zwar die Vernichtung unseres Ex-nobis-Seins, aber diese Vernichtung ist in der Nähe des guten Schöpfers aufgehoben. Für die Spanne zwischen Anfang und Ende heisst das: Die Nichtung des Ex-nobis-Seins des Menschen befreit den Menschen aus einer Existenz des Sorgens, in der das Ich das Zentralgestirn ist, in eine Existenz des Denkens und Dankens, nämlich gegenüber dem Schöpfer.

Freilich haben die Überlegungen in die Mitte der theologischen Denkaufgabe geführt: Denn man könnte ja sagen: Der Reuter-Vers beschreibt den Normalfall, gerade auch den christlichen. Die Faktizität des Lebens offenbart in der Tat die zentrale Rolle des Ich, verborgen oft unter religiösem Schein. Denn der Übergang aus der Existenz, die um das Subjekt versammelt ist, zu einer Existenz, die faktisch-konkret dem Schöpfer entspricht – das ist ja die Mitte der Theologie, die Rechtfertigung des Sünders. Deshalb können wir auch sagen: Eine strenge Schöpfungslehre ist erst in der christlichen Glaubenserfahrung möglich geworden; denn erst der Mensch, der sich als Sünder begreift, kann das Wesen des christlichen Schöpfungsglaubens erkennen. Es ist deshalb nicht zum Verwundern, wenn heute, da die Sünden- und Rechtfertigungslehre eine so geringe Rolle spielt, auch der Sinn der christlichen Schöpfungslehre nicht mehr verstanden wird.

Die Lehre von der *creatio ex nihilo* hat einen positiven Sinn:

a) Sie entsteht am Menschen, der sich selbst als der sich selbst Geschenkte erfährt. Der Mensch erfährt sich so, dass er nicht aus dem metaphysischen Nichts zu sich selbst kommt, durch Selbstsetzung, sondern aus dem existentiellen Nichts seiner selbst durch Gottes Wort kommt er zu sich selbst.

b) Die Schöpfung aus dem Nichts entzündet sich also am Menschen: Der Mensch erfährt sich als [das] dem Nichts seiner selbst entstammende Wesen. Nichts ist so sehr aus Nichts wie der Mensch: Das ist der theologische Zentralsatz (Röm 1,17).

c) Hintergrund der Sündenlehre (dazu später).

d) Da der Mensch sein eigenes Nichts als Dank gegen Gott existiert, ist die Ehrfurcht gegen alle Kreatur, deren Herkunft aus dem Nichts, also aus Gott, ihm an sich selbst klar wird, in diesem konkreten Glauben eingeschlossen.

e) Die Sache von der Schöpfung aus dem Nichts ist also Grundlage für ökologisches Denken.

Martin Luther, Operationes in psalmos, zu Psalm 5, WA 5, S. 167–168:

«Iam videre licet, quid illa sententia valeat Ciceroniana, quae celebris est: Conscientia bene actae vitae recordatio iucundissima est. Verum quidem, sed simul perditissima, quo iucundissima. Non hoc Christianus sapiat, cui potius conscientia vitae bene passae (idest ad nihilum redactae) iucundissima est, ut qui gloriatur, in domino glorietur. Non sic Iob, qui cum dixisset ‹nec enim reprehendit me cor meum in omni vita mea›, tamen non audet gloriari, sed timens iudicem suum deprecatur. Nec Paulus i. Cor. iiij. ‹Nihil mihi conscius sum, sed non in hoc iustificatus sum›. Non Hiere. ix. ‹Non glorietur sapiens in sapientia sua, et non glorietur fortis in fortitudine sua, et non glorietur dives in divitiis suis, sed in hoc glorietur, qui gloriatur, scire et nosse me, quia ego sum dominus, qui facio misericordiam et iuditium et iustitiam in terra, haec enim placent mihi, ait dominus›. Non ergo in dona dei quaecunque (ne cum eis fornicemur, sicut in prophetis dicitur), sed in ipsum deum donatorem credendum, sperandum, haerendum. Hoc voluit ps. cxv. ‹Ego dixi in excessu meo: Omnis homo mendax›. Excessus iste tribulatio fuit, in qua homo eruditur, quam vanus mendaxque sit omnis homo, qui non in solum deum sperat. Homo enim homo est, donec fiat deus, qui solus est verax, cuius participatione et ipse verax efficitur, dum illi vera fide et spe adhaeret, redactus hoc excessu in nihilum. Quo enim perveniat, qui sperat in deum, nisi in sui nihilum? Quo autem abeat, qui abit in nihilum, nisi eo, unde venit? Venit autem ex deo et suo nihilo, quare in deum redit, qui redit in nihilum. Neque enim extra manum dei quoque cadere potest, qui extra seipsum omnemque creaturam cadit, quam dei manus undique complectitur. ‹Mundum enim pugillo continet›, ut Isaias dicit. Per mundum ergo rue, quo rues? utique in manum et sinum dei. Sic iustorum animae in manu dei sunt, quia extra mundum sunt, visi oculis insipientium perire sicut lapillus, si per aërem aut aquam ruat, non etiam per terram ruet. Operosi vero et speciosi iustitiarii, qui suis opinionibus illusi id tantum quaerunt universis iustitiis suis, ut sint crescentes et pingues ac magni, sint nullo modo volentes nihil, sed magnum aliquid fieri, quo venient? nempe in suum nihil redacti nec tamen in deum perducti inaeternum peribunt.»

[«Man kann bereits sehen, was jener berühmte Ausspruch Ciceros taugt: ‹Das Bewusstsein eines gut geführten Lebens ist die schönste Erinnerung›. Wahr ist das zwar, aber zugleich äusserst unsinnig genau deswegen, wodurch die Erinnerung so sehr angenehm ist. Nicht dies soll ein Christ wissen, für den eher das Bewusstsein eines gut verbrachten Lebens (das heisst eines zu Ende gebrachten) sehr erfreulich ist, so dass, wer sich rühmt, sich Gottes rühmt. Hiob denkt nicht so, der, nachdem er gesagt hat ‹Denn mein Herz tadelt mich für nichts in meinem ganzen Leben›, sich dennoch nicht zu rühmen wagt, sondern in Furcht vor seinem Richter um Gnade bittet. Auch nicht Paulus 1Kor 4: ‹Ich bin mir keiner Schuld bewusst, aber nicht dadurch bin ich gerechtfertigt›. Ebenso nicht Jeremia 9: ‹Nicht soll sich der Weise seiner Weisheit rühmen, und nicht der Tapfere seiner Tapferkeit, und nicht der Reiche seines Reichtums, sondern dessen soll der sich rühmen, welcher sich denn rühmen will, dass er von mir weiss und mich kennt, weil ich der Herr bin, der Erbarmen und Recht und Gerechtigkeit auf Erden übt, denn dies ist mein Wille, spricht der Herr›. Also sollen wir nicht auf irgendwelche Gaben Gottes vertrauen, (damit wir nicht mit ihnen zusammen zu Schanden werden, wie es bei den Propheten heisst), sondern auf Gott selbst, der diese Gaben schenkt, soll man vertrauen, auf ihn hoffen, ihm anhangen. Dies meinte Ps. 115 [sic!] : ‹Ich sagte in meinem Tod: Alle Menschen sind Lügner›. Dieses Ende war eine Not, in welcher der Mensch belehrt wird, wie eitel und trügerisch ein jeder Mensch ist, der nicht einzig auf Gott hofft. Der Mensch ist nämlich ein Mensch, bis er Gott wird [und dadurch nicht mehr Mensch ist], der allein wahrhaft ist und der erst durch die Teilhabe an sich selbst wahrhaftig macht, wenn der Mensch ihm nur in wahrem Glauben und echter Hoffnung anhängt, in das Nichts verwandelt durch diesen Tod. Wohin nämlich sollte gelangen, wer auf Gott hofft, wenn nicht in das Nichts seiner selbst? Wohin aber sollte der weggehen, der ins Nichts geht, wenn nicht dorthin, woher er gekommen ist? Er kam aber von Gott und aus seinem Nichts, weshalb der zu Gott zurückkehrt, welcher ins Nichts zurückkehrt. Denn der kann auch nicht aus der Hand Gottes fallen, der aus sich selbst und der ganzen Schöpfung fällt, welche Gottes Hand von allen Seiten umfängt. ‹Denn Gott hält die Welt in seiner Hand›, wie Jesaja sagt. Lauf also durch die ganze Welt, wohin wirst du laufen? Jedenfalls in die Hand und den Schoss Gottes. So sind die Seelen der Gerechten in der Hand Gottes, weil sie ausserhalb der Welt sind. In den Augen der Törichten scheinen sie zu vergehen wie ein Steinchen, das, wenn es durch die Luft oder das Wasser fliegt, sich auch nicht über die Erde bewegt. Aber die Gebildeten, vielbeschäftigt und von glänzendem Ansehen, die, in die Irre geführt durch ihre Meinung von sich selbst, nur dies anstreben in ihren sämtlichen Geschäften: selbst zu wachsen, fett und gross zu sein, die unter keinen Umständen nichts sein, sondern etwas Grosses werden wollen, wohin werden die gelangen? Natürlich werden sie, wenn sie an ihr Ende gekommen und doch nicht zu Gott geführt worden sind, in Ewigkeit verloren sein.»]

[3. Die Güte der Schöpfung]

Nach den beiden behandelten Gedanken muss nun, gerade angesichts des ökologischen Problems, eine Aussage der Schöpfungslehre eigens hervorgehoben werden: Der Satz, dass die Schöpfung, und also auch der

Mensch als Geschöpf Gottes, gut ist. Angesichts des immer sichtbarer werdenden Herrschens des Menschen als Sünders gerät dieser Satz in Vergessenheit und muss daher eigens hervorgehoben werden. Es ist ein, wie es scheint, irreparabler Schaden der ökologischen Theorie und Strategie, dass sie von der Beobachtung der Naturzerstörung ausgehen, Naturkatastrophen zeichnen, die Technikfolgen bekämpfen usw.; und dass dabei einige Gesichtspunkte unberücksichtigt bleiben, die doch eine Fehlerquelle sind, ohne deren Wahrnehmung alle Ökologie umsonst ist (Heidegger).

[a) *Gut, weil sie Gott geschaffen hat*]
Theologisch ist unabdingbar, auf Gen 1 zu beharren: Die Schöpfung ist gut, sie ist deshalb gut, weil sie von Gott stammt. Dieser Satz ist von dogmatisch und hermeneutisch entscheidender Bedeutung.

Denn er erlaubt die Erfahrung, dass die irdische Wirklichkeit, die sozialen, geschichtlichen, persönlichen Verhältnisse nicht gut sind, klar anzusprechen, ohne manichäisch zu werden. Denn die schlechte Wirklichkeit in der guten Schöpfung ist nicht Gottes Werk, aber auch nicht des Demiurgen Werk, sondern des Menschen Werk. Und also das Werk des sich selbst zum Sünder pervertierenden guten Geschöpfs Gottes. Der Mensch, der selbst sein will wie Gott (Gen 3,5), existiert nun selbst wie Gott, der Schöpfer. Vom Schöpfer-Gott heisst es aber Gen 1+2, er habe die Schöpfung gut gemacht, und in Gen 2,1 f., zweimal, er habe sie vollendet: כלה [hebr. klh/griech. συντελεῖν], d. h. er hat sie ganz gemacht, es fehlt nichts. Demgegenüber behandelt der sich selbst vergöttlichende Mensch die Welt als *perfectible* [zu vollendende], noch unfertige, weil er sich für ihren Schöpfer hält, und so zerstört er sie. D. h. der Sünder existiert nicht der Güte der Schöpfung entsprechend, sondern konträr. Er hält Gott für einen schlechten Schöpfer, dessen Werk vollendet werden muss. Dadurch ist der Mensch mit seinem Denken und Handeln auf das Negative, Defizitäre fixiert, und er selbst sieht sich nun in der Rolle, dieses Negative zu beheben, also kreatorisch tätig zu sein. Hierin verbirgt sich die Selbstsetzung des Menschen, also das ‹Nicht *ex nihilo et per verbum* sein wollen›, das wir vorher beschrieben haben. Demgegenüber ist festzuhalten, dass die Schöpfung gut ist und alles Negative Werk des Menschen. Aber alle Hoffnung für die Schöpfung ist darin begründet, dass der Mensch so existiert, wie es einer guten Schöpfung entspricht. Die Zukunft der Schöpfung entscheidet sich im Menschen, und zwar in

§ 4: Die Schöpfung durch das Wort und die Schöpfung aus dem Nichts 65

seinem konkreten Existieren. Und hier tut sich eine kategoriale und
existentielle Differenz im Existieren auf: Der Mensch, der glaubt, die
Schöpfung retten zu können, existiert ebenso wenig entsprechend der
Güte der Schöpfung wie der, der sie zerstört. Denn auch er lebt nicht,
existiert nicht in der guten Schöpfung, sondern sieht die gute Schöpfung als Ziel seines Tuns.

[b] *Die Restriktion der Ökologie auf die Natur*]
Das andere Problem ist die Restriktion der Ökologie auf die Natur. Es ist
schon immer darauf hingewiesen worden, dass wir, zumindest in unseren Breiten, Natur nur als Kultur kennen, also verbunden mit menschlichem Geist, als gepflegte Natur. Was zerstört wird, ist also zugleich
Geist, Tradition, Kultur, Denken, [...]. Viele besonnene Ökologen sehen
das; aber viele unbesonnene sehen das nicht. Hier kommen wir in ein
gigantisches Geflecht von Problemen, daher einige wichtige Hinweise.
Die Konzentration des ökologischen Problems auf die Natur führt dazu,
unter verschiedenen Aspekten die abendländische Tradition schlicht zu
verabschieden. Zuerst das Recht, das in der Unterscheidung von Natur
und Geist liegt. Die pseudo-romantische, besser: romantoide Verabsolutierung der Natur ist eine grosse Gefahr. So wie die Menschen sinnlos
Wälder abholzen und Ressourcen ausbeuten um des Profits willen, so
werden ganze geistige, hochsensible Traditionen von gewissen Ökologen entsorgt wie Müll: in einem völlig undifferenzierten Furor, der dem
Furor materialis et oeconomicus bis aufs Haar gleicht, werden uralte Traditionen, die so alt sind wie die gewachsene Natur, über Bord geschmissen. Dieselben Grünen, die in Deutschland alle chemischen Industrien
am liebsten in die Luft sprengen wollen, sie fordern die Freigabe der
Abtreibungspille, also eines reinen Produkts der chemischen Industrie,
wenn es sich um die Freiheit und Emanzipation handelt. Das heisst, das
Ich, das Subjekt, ist hier genauso allein entscheidend wie in der Verschwendungs- und Profitwirtschaft. Und der hier vorliegende Freiheitsbegriff ist derselbe degenerierte Freiheitsbegriff wie der der Autofahrer,
die Freiheit in der immer absurder werdenden Mobilität sehen. Die
Geschichte der Grünen im deutschen Bundestag war eine Geschichte
der Selbstzerfleischung, auch des menschlichen Gegeneinanders, die die
Frage aufkommen lässt, wieso von denen ökologische Hoffnung ausgehen soll, die sich selbst offenbar die elementarste ökologische [Scheu,
Scham] vorenthalten. Wie soll man jenen als Denker oder Politiker ernst

nehmen, der schreit, mit Recht schreit, wenn die Wälder sterben, vom Gebot der Nächstenliebe für sich selbst aber keinen Gebrauch macht? Unter der Devise, das abendländische Denken trage die Schuld an der ökologischen Krise, wird es ökologisch rücksichtslos destruiert. Aber schon Brecht hat gesagt: «Wenn die Irrtümer verbraucht sind, sitzt als letzter Gesellschafter uns das Nichts gegenüber.»[50] Aus Kreisen radikaler amerikanischer Feministinnen kommt, nicht eben originell, wiederum der Ruf nach Zerstörung der Familie als Quelle allen Übels.

Das Problem, das sich hier zeigt, ist folgendes: Die Restriktion auf die Bedrohung der Natur ist eine partielle Blindheit, die zu einer totalen wird, wenn nicht gesehen wird, dass der Mensch das ökologische Problem ist. Und die totale Menschenfinsternis besteht darin, dass dieser ökologische Mensch, der glaubt, alle Traditionen über Bord werfen zu können, haargenau der gleiche hybride, absurde Mensch ist wie der, der glaubt, die natürlichen Ressourcen für seinen Profit ausbeuten zu können. Man kann sich die Tragweite des Problems klar machen, wenn man sich einmal der Frage widmet, mit welchen Mitteln die politische ökologische Bewegung auf die Probleme reagiert: Die Grundgedanken sind folgende: Ständiges Fixiertsein auf die ökologischen Globalkatastrophen in apokalyptischer Tradition. Dabei wird übersehen, dass das wahre Problem des Bösen in der Gemeinheit des Alltags besteht, ohne welche das ökologische Übel undenkbar wäre. Wenn ein Autofahrer sagt, er habe zwei Stunden im Stau gestanden, dann ist das ja Camouflage des wahren Sachverhalts: Er hat nicht im Stau gestanden, er war zusammen mit anderen Autofahrern der Stau. Deshalb ist die Fixierung auf das Phänomen Stau unergiebig, solange nicht die anthropologische Wurzel gesehen wird. Ein anderes Phänomen der Bedeutung ist neben der Verhüllung des anthropologischen Problems das Ideologische – man kann die Herrschaft der Ideologie vielleicht als die grösste ökologische Katastrophe bezeichnen: Sie besteht darin, dass die Meinung entsteht, es könne durch eine schöne, humane Ideologie das Negative der Welt behoben werden. Dabei wird übersehen, dass das Neue nur in der Konkretion, also im neuen Menschen liegen kann. Der Sozialismus hat geglaubt, mit Gewalt, durch rücksichtsloses Verbrauch von Materie, Zerstörung des Individuums und damit jeglicher Gemeinschaft seine Ideale verwirklichen zu können; er hat sich also konkret genau so verhalten wie seine

---

50 Den Nachgeborenen, 1920, aus: Bertolt Brecht, Die Gedichte, Frankfurt a. M. [7]1993.

§ 4: Die Schöpfung durch das Wort und die Schöpfung aus dem Nichts   67

Gegner. Aber es ist das konkrete Verhalten, das die Welt gestaltet, nicht die utopischen Ziele. Die Differenz zwischen Utopie, Ziel und Mittel, das ist die Katastrophe. Ein diffuses Phänomen einer ökologischen Katastrophe ist die Selbstanklage und Selbstbezichtigung. Es ist ganz richtig: ohne Einsicht in die Schuld und die Sünde gibt es keinen Neuanfang. Aber es ist eines, ob man die Schuld erkennt und aus der Sündenvergebung lebt, oder ob man die Selbstanklage und Selbstbezichtigung zur dauernden Ich-Aufblähung missbraucht, zumal man ja in bestimmten Gruppen habituell Betroffener immer die Schuld der anderen übernimmt und sich damit eine Sündenbockrolle anmasst, die nach christlichem Verständnis Gott selbst übernommen hat. D. h., jenes Ich-Subjekt, das die Schuld der Welt zu tragen sich anmasst und die Welt zu retten versucht, ist exakt genau das hybride Subjekt, das die Welt so hemmungslos vernutzt und vernichtet.

Eine weitere ökologische Katastrophe ist das Spiel mit der Angst. Die Angst ist eine Schutzfunktion vor einer drohenden Gefahr, sie macht hellwach. Aber sie ist nicht der Urgrund und Ort für neues Leben, für neue Konzepte. Die Hypostasierung der Angst ist zutiefst unchristlich, Unglaube, das Spiel mit der Angst und der daraus entstehenden Drohung in der Kirche und Theologie ist ein paradigmatischer Fall von Häresie: Grundformel des Christentums Joh 16,33. Fassen wir zusammen: Das Grundproblem der ökologischen Debatte ist, dass erstens der menschliche Faktor unterschätzt wird und darum 2. fast die ganze ökologische Bewegung eine falsche Alternative ist, sofern sie selbst unter die Umweltbelastungen zählt. Die gemeinsame Wurzel aber der Umweltzerstörung und der Umweltretter ist der Glaube, dass dasselbe Subjekt, das die Welt zerstört, sie nun auch wieder retten könne. Gemeinsam ist also der Subjektivismus, die Rolle des Ich als Zentralgestirn und das letztlich manichäische Denken: Der schlechten Welt stellt sich das Subjekt Mensch als Verbesserer und Retter gegenüber.

Demgegenüber ist aber daran festzuhalten, dass die Welt gut ist und die Güte der Welt niemals zum Ziel menschlicher Handlungen gemacht werden darf. Der Mensch kann die Welt nur schlechter, nicht gut machen. Zwischen dem Subjekt Mensch und Gott dem Schöpfer bleibt die ontologische Differenz, die Asymmetrie bestehen. Deshalb wird vom Christen erwartet, dass er jetzt so existiert, dass die Welt gut ist, angesichts der illusionslosen Wahrnehmung der durch den Menschen verursachten Schrecken und Gräuel. Dieses Existieren inmitten der Welt und in der Güte der Schöpfung: das sehen wir an Jesus Christus, diese Existenz war er, und das ist das Wesen des Glaubens.

Innerhalb der ganzen ökologischen Diskussion, die ich hier sehr kritisch behandelt habe, gibt es natürlich viele besonnene Stimmen. Aber sie lassen sich natürlich nicht so gut mediengerecht zubereiten, und damit stossen wir auf ein letztes sehr zentrales Problem, das ich hier nur kurz andeuten kann, das aber, soll Hoffnung sein, uns in Zukunft sehr beschäftigen muss. Meine Kritik an der ökologischen Bewegung, besonders an «Gerechtigkeit, Friede und Bewahrung der Schöpfung», kommt ja nicht aus Parteinahme für Individualismus und Konsumgesellschaft, sie kommt ja aus einer, wie ich mir zu sagen anmasse, etwas scharfsichtigeren Wahrnehmung des Wesens der ökologischen Katastrophe, nämlich deren verborgenen Ursprungs im menschlichen Wesen. Dieser Ursprung der ökologischen Katastrophe ist bei den hemmungslosen Fortschrittsfanatikern genauso verborgen wie bei den meisten ökologischen Strategen und Taktikern: das zerfahrene, zerfallene Wesen des Menschen. Darum kann der so oft inkriminierte Anthropozentrismus auch nur im Menschen, und zwar als Wesenswandel des Menschen, vollzogen werden. Solange wir nicht hierhin zurückkehren mit dem Denken, ist alle Arbeit ökologisch-ethisch umsonst. D. h., wir müssen die Ebene wiederum erreichen, auf der Paulus in Röm 8, Joh, Luther und Heidegger das Problem angesiedelt haben, nämlich in der Notwendigkeit, den Menschen wieder in die rückhaltlose, d. h. nicht sentimentale Wahrnehmung seiner selbst zu bringen. Diese denkerische Kehre, theologisch müsste ich sagen: die Kehre des Menschen aus der Subjektzentrierung in den Glauben, sie ist selbst die Tat, das Handeln, die Geschichte, auf die alles ankommt, d. h. sie findet statt diesseits alles Fragens nach neuen Strategien, Konzeptionen, Theorien, die ja alle für ihre Durchführung auf das menschliche Subjekt angewiesen sind. Dieser Existenzwandel nun ist innerhalb der uns verfügbaren wissenschaftlichen Denkmittel und medialen Informationsmittel wohl kaum noch vollziehbar. Der ganze wissenschaftliche, methodische, instrumentelle, mediale Informations- und Verständigungsapparat ist so von der Zentralgestirn-Rolle des Subjekts her konzipiert und konstruiert, dass in ihm ein Denken in der Kehre, Glauben gar nicht mehr sichtbar werden, also erscheinen, zum Phänomen werden kann. Eine nicht vom Sprechen und Handeln, also vom Gesetz, sondern vom Hören, also vom

Evangelium, normierte Hermeneutik, Anthropologie, Theologie ist innerhalb des gegebenen Wissenschafts- und Informationsbetriebs kaum noch möglich. D. h., die Methoden unserer Verständigung, die wir alle für neutral und harmlos halten, sind nicht nur selbst auf ihre ökologische Problematisierung zu betrachten, sondern auf ihre menschliche Verwendbarkeit. Daraus aber folgt nicht, dass sich das Denken aus der Kehre und das Denken im Glauben etwa zurückzieht in das Sentiment, in den partikularen Ichkult, die Liturgie der Betroffenheit und Enttäuschung. Sondern es durchleuchtet gerade die Defizienz der Wissenschaft und Information, deren weites Zurückbleiben hinter der Welt, die es doch zu erkennen und zu verwalten vorgibt. Aus der Kehre und dem Glauben erwächst deshalb eine ungeheure Denkaufgabe, jene Denkaufgabe, die man so beschreiben kann: Wie kann der Mensch sich so erkennen, dass er Distanz gewinnt zu einem Denken, das die Welt erkennend, erklärend, handelnd seiner Macht unterwirft; wie kann er zu einem wesentlichen Denken gelangen, in dem er seines eigenen Wesens als eines Geschöpfs wieder ansichtig wird? Oder: Wie kann es zu einem Denken kommen, in welchem Denken nicht Handlungstheorie zur Erreichung eines Ziels ist, sondern Dank für die Anwesenheit des ‹Ziels›? Also ein Denken, das zurückkehrt aus einer hemmungslosen, geradezu süchtigen Selbstfinalisierung und Selbsteschatologisierung in die Anerkennung der Güte der Schöpfung. Und dieses Denken müsste ja nur zurückkehren nicht bloss in die Nähe der Güte der Schöpfung, sondern in Sprache, klare, schöne Sprache, in der diese Güte der Schöpfung längst schon erschienen, ausgelegt und verkündigt ist, Gen 1+2 z. B. und am Ende die ganze Bibel. Jenes Denken aber, das den Menschen und sein Verhältnis zur Schöpfung aus der ökologischen Diskussion ausblendet, blendet die ontologische und existentielle Grundlage aus.

«Creator enim est qui de nihilo aliquid facit. Et creare proprie est de nihilo aliquid facere; facere vero non modo de nihilo aliquid operari, sed etiam de materia. Unde et homo et angelus dicitur aliqua facere, sed non creare; vocaturque factor sive artifex, sed non creator. Hoc enim nomen soli Deo proprie congruit, qui de nihilo quaedam, et de aliquo aliqua facit.»[51] Petrus Lombardus [notiert auf einem separaten Zettel].

---

51 [Der Schöpfer nämlich ist es, der aus dem Nichts etwas macht. Und wirklich zu erschaffen bedeutet, aus dem Nichts etwas zu machen; aber Machen bedeutet nicht nur, etwas aus dem Nichts heraus herzustellen, sondern auch aus der Materie her-

[c) Schöpfung aus dem Wort – Güte der Schöpfung]
In einem letzten Abschnitt komme ich nun noch nach dem bisher Gesagten nochmals auf den Zusammenhang zwischen Schöpfung aus dem Wort und Güte der Schöpfung zurück. Ich erinnere nochmals daran, dass ich immer den konkreten Glauben an den Schöpfer als das Existentialverhältnis Mensch – Gott zum eigentlichen Thema machte und alle Schöpfungserkenntnis darin ansiedelte. In dieser Glaubenserkenntnis, die ja zum Explizieren drängt, ist die Schöpfung aus dem Nichts auf Hermeneutik und Erkenntnis bezogen, und innerhalb dieses Rohbaus schafft Gott sprechend, indem er alles nach und nach ordnet. Die Welt hat also eine der Güte und dem Geist Gottes entsprechende Struktur. (Auch hier Analogie im Griechischen: z. B. die platonische Idee des Guten. Das Gute als Idee der sichtbaren Welt. Timaios.) Diese Struktur, also das, was die Griechen κόσμος [Welt] nannten, die scholastische *ordo*, die Kette des Seienden, aber auch das Schema dieser Welt, Himmel und Erde, die vergehen werden, also dieses Sein im Zusammenhang der Distanz, das ist nicht etwas Sekundäres.[52] Sondern Gott schafft und ordnet, da kann das eine nicht ohne das andere sein. Gott, so könnte man sagen, schafft einen differenzierten, keinen chaotischen Kosmos, eine Welt, in der alles wegen der geordneten Distanz Luft zum Atmen und Raum hat. D. h.: Die Welt, der Kosmos, ist schon von Gott her nicht bloss Masse, die verfügbar wäre, sie hat vielmehr Form, Gestalt, und diese gehören zu ihrem Kreatur-Sein. Im Joh-Prolog wird es noch deutlicher, ja überdeutlich gegen irgendwelche gnostisch-demiurgischen Welt- und Kosmostheorien gesagt: Alles ist durch den Logos geworden, und nichts, was geworden ist, ist ohne ihn geworden. [...] Die Welt ist also logisch, geistgeformt, aber nicht in einem metaphysischen Sinn, sondern theologisch: Sie hat ihren logischen Charakter, ihre Form durch Hinordnung auf den Logos. Das wird durch die Lichtmetapher gesagt. Und wenn Gen 1,2 gesagt wird, dass der Geist Gottes über den Wassern schwebt, so heisst das doch, dass Gottes Lebenskraft formend und

---

aus. Daher wird gesagt, dass sowohl der Mensch als auch der Engel Dinge machen, aber nicht erschaffen; und er wird Macher oder Künstler genannt, aber nicht Schöpfer. Denn dieser Name ist allein Gott eigen, der bestimmte Dinge aus dem Nichts und bestimmte Dinge aus etwas erschafft.] – Petrus Lombardus, Sent., lib. II, dist. 1 (PL 192, 651).

52 Arthur O. Lovejoy, The Great Chain of Being, 1936, 60, dt. Die grosse Kette der Wesen, Frankfurt a. M. 1985: «Vast chain of being, which from God began».

gestaltend auf die Schöpfung einwirken will.

Hat nun der Kosmos eine durch den Schöpfer gestiftete Form, Gestalt, also eine Wahrheit, so kann man einige wesentliche Aussagen über den Kosmos machen. Zunächst, der Kosmos ist erkennbar, beschreibbar, vielleicht nicht im letzten erklärbar. Das antike Bild dieses geformten Kosmos hat in Renaissance und Humanismus (Pansophie) nochmals neue Gestalt gewonnen. Dass es immer auch möglich war, kosmische Katastrophen, Rückkehr ins Chaos, zu denken, zeigt ebenso die Antike, AT, NT, griechische Mythologie. Katastrophe ursprünglich: Umpflügen des Ackers, damit neue Saat wachsen kann, Katastrophe: Rückkehr zum Ursprung. Gott, AT-NT, kann die Welt auch wieder vernichten. Die Chaos-Beobachtung widerspricht also nicht dem Kosmos, auch nicht in der modernen Naturwissenschaft: Super-Nova, Zusammenbruch der Sonne usw. Vor allem: Die Theologie der Schöpfung ist ja vor allem an der durch die Menschen bewohnten Schöpfung, also dem Kosmos im johanneischen Sinn, orientiert.

Ist nun der Kosmos erkennbar, so ist, und das ist nun entscheidend, mit dem Erkennen die Wahrheitsfrage gestellt. Mit dem christlichen Glauben an den Schöpfer ist die Wahrheitsfrage unabdingbar gestellt, und zwar im Zusammenhang mit der Gestaltetheit, Differenziertheit, Form der Schöpfung. Auf diesen Zusammenhang möchte ich nun noch angesichts der postmodernen Dispensierung der Wahrheitsfrage, der Entdifferenzierung des Denkens, der Vergleichgültigung von allem und dem damit ja parallelen Spiel mit dem Chaos, dem Ungeformten, dem Urteig, dem doch total unchristlichen Begriff des schöpferischen Chaos – Gott ordnet ja das Chaos und das ist Schöpfung – eingehen. Ich tue das, weil solche Thesen ja zur Folge haben, dass das, was technische und kommerzielle Vernutzung von der Welt allenfalls noch übrig lassen, vollends zerstört wird.

Durch die Schöpfungs-Lehre, nach welcher die Schöpfung nicht nur Existenz, sondern auch ihre Essenz, ihre Form, ihr Wesen vom Schöpfer hat, ist die Wahrheitsfrage selbst vom Schöpfer – und nicht vom Menschen – gestellt. Die von Gott geschaffene und geformte Welt und alles, was darin ist, kann nicht beliebig betrachtet und in ihr kann auch nicht beliebig existiert werden, ohne die Essenz der Schöpfung zu tangieren und den Schöpfer zu beleidigen. Die Wahrheitsfrage ist also in doppelter Weise aufgeworfen: als Frage nach der Erkenntnis der in der Schöpfung der Welt eingestifteten Wahrheit und als Frage nach der Wahrheit des

Erkennenden, also des Menschen. Dies ist die zweifache Gestalt der einen Wahrheitsfrage. Die Einheit dieser Aspekte kann man sich daran klar machen, dass der Mensch niemals nur ein erkennendes Verhältnis zur Schöpfung hat, sondern dass er sein Verhältnis zur Schöpfung existieren muss. Die Geschöpflichkeit des Menschen kommt darin am deutlichsten zum Vorschein, dass er zur Welt, d. h. zum Kosmos, in dem er lebt, nicht das distanzierte Verhältnis des erkennenden und sprechenden Schöpfers haben kann. Der Mensch muss wie jedes andere Geschöpf vom Gebrauch anderer Geschöpfe leben. Und er ist darüber hinaus als Individuum auch dann nicht lebensfähig, wenn er z. B. imstande wäre, sich physisch zu erhalten. Aber das Sprechen und Denken ist als solches ein geschöpfliches Phänomen, als man nur aus dem Hören sprechen und für das Hören sprechen kann. D. h.: Der Mensch, der die Welt erkennt, ist zugleich so in der Welt, dass er von der Schöpfung lebt und er anderseits für die Schöpfung lebt. Darum gibt es nun wahres und falsches Verhältnis des Menschen zur Schöpfung und die Notwendigkeit, wahre und falsche Erkenntnis der Schöpfung zu unterscheiden. Die Wahrheitsfrage ist also nicht nur nicht suspendierbar, sondern sie ist die Fundamentalfrage; und sie wird umso dringlicher, je mehr man sich ihrer entledigen zu können glaubt. Sie gipfelt in der Frage nach der wahren oder falschen Existenz des Menschen. Und ihr Grund ist der, dass Gott der Schöpfung ein Sosein gegeben hat, dem nur eine bestimmte Existenz entsprechen kann.

Dann kann man sagen: Die Krise der Schöpfung wurzelt im Menschen, der sich der Wahrheit seiner Existenz entzieht und darum die Schöpfung nicht wahrhaft erkennt, nämlich im Schöpfer. Dieses ist sozusagen die grundlegende Diagnose, die man stellen muss, wenn man den Zustand der Schöpfung und der Geschichte betrachtet. Der Mensch, der nicht in seiner existentiellen Wahrheit existiert, entspricht nicht der Wahrheit der Schöpfung, und daher zerstört er alles, sich selbst, die Gesellschaft, die Natur. Die Gefährdung der Schöpfung in ihrer Güte und Wahrheit wurzelt also im unwahren Existieren des Menschen. Man könnte sagen: In der Zentralgestirnrolle, die sich der Mensch anmasst, in seiner Selbstvergöttlichung, und in diesem Sinne kann man sehr wohl von einer Anthropozentrik im negativen Sinn reden. Nun aber entsteht die Notwendigkeit, dass diese Anthropozentrik des Denkens nur im und am Menschen überwunden werden kann, denn es kommt ja darauf an, dass der Mensch wieder in einer der Wahrheit und Güte der

Schöpfung analogen Existenz lebt. Die Anthropozentrik kann also nur anthropozentrisch überwunden werden, und zwar dadurch, dass der Mensch konkret, existentiell der Wahrheit der Schöpfung entspricht. Da es der Mensch ist, der sich in die Zentralrolle gesetzt hat, muss die Aufhebung dieser Zentralrolle sich am Menschen vollziehen. Der Kern und Stern der Schöpfungslehre ist also die Rechtfertigungslehre, und auf die Parallelität, ja Identität der Schöpfungslehre und Rechtfertigungslehre habe ich ja immer wieder hingewiesen. Das aber geschieht keineswegs durch einen Austausch irgendwelcher Ideologien oder Theorien, sondern durch einen Existenzwandel des Menschen. Auf präziseste Weise finden wir diese Aufhebung der negativen Anthropozentrik im Menschen und am Menschen selbst in der paulinischen Adam-Christus-Typologie, Röm 5,12 ff.; 1Kor 15,45 ff. Es muss an die Stelle des alten Adam ein neuer Adam, eine καινὴ κτίσις [neue Schöpfung] treten. Der alte Adam kann nicht bleiben, etwa bloss mit einem neuen Bewusstsein, einer neuen Theorie der Schöpfung, sondern das Sein des alten Adam muss verschwinden. Darum wird die Taufe (Röm 6) als Tod des Menschen interpretiert, der dem neuen Leben vorausgehen muss. Sprechen wir von der Wahrheit der Schöpfung, die schlicht daraus resultiert, dass Gott der Schöpfer ist, der das Chaos geordnet hat, und dass die Welt nicht aus einem blinden, unbewussten, zufälligen und beliebigen Spiel hervorgegangen ist, so ist es also absolut einleuchtend, dass die Existenz des Menschen auf die Wahrheitsfrage festgelegt ist. Und diese Frage ist nicht die Frage des Menschen, die Pilatusfrage: Was ist Wahrheit? (Joh 18,37f.) Sondern es ist die durch den Schöpfer an den Menschen gestellte Frage: Bist du in der Wahrheit? Bist du in der Güte und Wahrheit der Schöpfung? Die Wahrheitsfrage ist längst, bevor sie von uns gestellt wird, an uns gestellt! Dann können wir uns der Wahrheitsfrage nicht mit blosser Philosophie, Theorie und Ideologie stellen; sondern wir müssen uns ihr mit unserer Existenz stellen. Und dann lautet die Frage: Wo bist du eigentlich? Bist du in deinem Denken, deiner Selbstauslegung, deinen Träumen, Ideen usw.; oder bist du in der Schöpfung und beim Schöpfer? Die Wahrheitsfrage ist diese Frage, in die wir gestellt sind, bevor wir sie stellen. Bevor wir eine Antwort auf die von uns gestellte Wahrheitsfrage erhalten, sind wir Antwort auf die uns gestellte Wahrheitsfrage, existieren wir als Antwort, so oder so. Wir können, subjektiv, die Wahrheitsfrage – postmodern oder traditionell – als gegenstandslos oder, wenn nicht gegenstandslos, so doch unbeantwortbar deklarieren. Was wir nicht können, ist, nicht Antwort zu sein auf die uns gestellte Wahrheitsfrage. Antwort sind wir auf jeden Fall – denn wir können unsere Geschöpflichkeit ideell, im Selbstentwurf, überwinden, im Sein-Wollen-wie-Gott; aber wir können es nicht faktisch, existentiell. Denn wir sind auf jeden Fall in der Schöpfung. Darum steht in der Schrift die Wahrheitsfrage als doppelte Wo-Frage am Anfang. In Gen 3,9 fragt Gott den Menschen nach der Übertretung: Wo bist du? Das heisst doch: Bist du noch bei mir und bei den Mitgeschöpfen? Oder bist du nur noch bei dir und damit nicht bei mir und den Mitgeschöpfen? Bist du also noch ‹bei›, oder bist du ohne ‹bei›, ortlos, beziehungslos? Zum zweiten Mal erscheint die Wo-Frage Gen 4,9: Wo ist dein Bruder Abel?, nachdem Kain nämlich seinen Bruder totgeschlagen hatte. Die Frage Gottes an den gefallenen Adam lautete: Wo bist du, d. h. bist du noch bei mir und den Mitgeschöpfen? An Kain wird dieselbe Frage gestellt in einer Umkehr-Formulierung: Ist dein Mitgeschöpf noch bei dir? Lässt du deinen Bruder, dein Mitgeschöpf, noch bei dir sein? Beide Fragen beleuchten in grossartiger Reziprozität den Menschen: Bist du allein, bist du das Zentrum? Bist du bei dem andern, und lässt du das andere bei dir sein – oder eben nicht? Das ist die Wahrheitsfrage, in die hinein wir gestellt sind, ob wir wollen oder nicht, ob wir sie wahrnehmen oder nicht. Und unausweichlich, unumgehbar ist jede menschliche Existenz eine Antwort auf diese Frage. Sie ist es, weil die Schöpfung wahr ist.

Noch eine wesentliche Anmerkung. In vielen ökologischen Theorien und Strategien wird der heutige Weltzustand global und fundamental als negativ empfunden. Welt-Kosmos, das empfinden viele als bedrohlich. Aber die Konsequenz, die viele daraus ziehen, ist nicht weniger bedrohlich, weil sie nur die Gegenposition ist, die auf das, wogegen sie sich richtet, rettungslos fixiert ist. Viele nämlich ziehen sich, wie weiland die Gnostiker, aus der Welt zurück, und zwar in irgendwelche Nischen, in das also, worin jeder irgendwie in der als widrig empfundenen Welt noch so etwas wie das Gefühl des Angenehmen erfährt. Das ist die postmoderne Beliebigkeit und Unverbindlichkeit, der Pluralismus und wie man immer das nennt. Angesichts der gigantischen Falschheit unserer gesellschaftlichen Zustände und der Ideologie ist das verständlich, zumal sich auch der sogenannte Sozialismus als der bisher grösste Pfusch der Weltgeschichte erwiesen hat. Aber Hoffnung ist darin nicht begründet, und zwar deshalb, weil das Nicht-bei-der-Schöpfung-Sein

§ 4: Die Schöpfung durch das Wort und die Schöpfung aus dem Nichts

und das Nicht-beim-Schöpfer-Sein hier repetiert wird, sofern man annimmt, dass man selbst eine Ausnahme ist vom allgemeinen Zustand der Falschheit. In dieser Selbstgerechtigkeit kehrte der alte Adam und der alte Kain wieder. Die Selbstgerechtigkeit bestimmter ökologischer Gruppen, die sich als die Guten den bösen Weltvernichtern entgegensetzen, sie ist ja die Wiederholung des Elends, gegen das sie sich richtet. Die in bestimmten ideologischen Ausformungen des Feminismus verbreitete Idee, das Weibliche sei als solches Gegenentwurf gegen das Männliche, diese Idee wiederholt ja exakt die Arroganz des Männlichen, diese Verabsolutierung von etwas Geschöpflichem. Die Zerstörung der Schöpfung und die Selbstzerstörung des Menschen resultiert doch nicht aus dem Männlichen, sondern aus der Selbstvergöttlichung des Menschen, und davon sind die Frauen nicht ausgenommen, wie ja gerade dieser ideologische Feminismus zeigt. Es ist ja nicht nur ein Ursatz des Glaubens, dass wir allzumal Sünder sind (Röm 3,23), sondern das ist eine Erfahrungstatsache: Ich bin nicht besser als mein Gegner. Der Moralismus, der das nicht mehr durchschaut und wahrhaben will, ist die wahre Wurzel allen Übels.

Nun kann es natürlich nicht übersehen werden, dass die Zustände der Welt falsch sind. Und so wenig der Rückzug in die Nischen der Selbstgerechtigkeit eine Alternative ist, so wenig natürlich der Versuch zu sagen, es sei alles nicht so schlimm. Aber die Dramatisierung des Schlimmen, die geradezu liturgisch-rituelle Zelebration des Schlimmen, das schmatzende Begeistertsein beim Entwurf von Horror-Szenarien, das ist nicht weniger schlimm. Was dabei nämlich vergessen wird, ist die Notwendigkeit, zwischen Geschichte und Schöpfung scharf zu unterscheiden. Die menschliche Geschichte, also das, was der Mensch anrichtet, ist katastrophal; die Schöpfung aber ist gut, sehr gut und wahr. Die Wahrnehmung der Unterscheidung zwischen Schöpfung und Geschichte ist von fundamentaler Bedeutung. Denn sie bewahrt uns vor allen Gefahren des Manichäismus und des ebenso [unseriösen?] Antimanichäismus. Nämlich wir müssen nicht sagen, die Schöpfung ist schlecht, sondern die Geschichte, die Welt, die die Menschen konstituieren. Wir müssen deswegen auch diese ja im Grunde, im eigentlichen Sinn furchtbare Konsequenz des Manichäismus nicht ziehen, nämlich dass wir der schlechten Welt unsere eigene, selbstgerechte und selbstgemachte Güte entgegensetzen. Wir als Christen setzen gegen die schlechte Welt, die durch den Menschen, alle Menschen, einschließlich unserer selbst, bedroht ist, die Güte und Wahrheit des Schöpfers und der Schöpfung. Und der Glaube ist jene Existenzweise, die dieser Wahrheit entspricht. Der Glaube ist die Bereitschaft, den Schöpfer sein zu lassen.

§ 5: Kurzer Überblick über traditionelle Elemente der Schöpfungslehre

Ich habe versucht, Schöpfungslehre als Glaube an den Schöpfer auszulegen, und habe das in ziemlicher Breite und Dichte zu tun versucht. Ich möchte Ihnen nun, überblicksweise, noch ein paar interessante Hinweise auf bestimmte Lehraussagen der Schöpfungslehre geben.

a) Warum und zu welchem Zwecke hat Gott die Welt geschaffen?

Man muss sich bei dieser Frage klar sein, dass sie in Spekulationen verleiten kann. Die Schöpfungsberichte der Schrift sagen dazu nichts. Und das ist vielleicht das Beste: Sie sagen nüchtern, dass Gott die Welt geschaffen hat. Darin liegt allerdings eine ganz entscheidende Auslegung der Welt: Die Welt ist nicht von sich her, sie ist kein Unglücksfall und sie ist kein Produkt eines bösen Dämons. Die Antwort auf die Warum-Frage ist nun nichts anderes als ein menschlicher Denkversuch *a posteriori*, also aus der Gegebenheit der Schöpfung nach dem Grund ihrer Erschaffung zu fragen. Alles folgende sind also keine metaphysischen, sondern Glaubensaussagen.

Sap. Salomonis 11,24–26: «Denn du liebst alles, was ist, und verabscheust nichts von dem, was du gemacht hast. Denn du hast ja nichts bereitet, gegen das du Hass gehabt hättest. Wie könnte etwas bleiben, wenn du nicht wolltest? Oder wie könnte erhalten werden, was du nicht gerufen hättest? Du schonst aber alles, denn es ist dein, Herr, du Liebhaber des Lebens.» Der letzte Satz heisst griech.: φείδῃ δὲ πάντων, ὅτι σά ἐστιν, δέσποτα φιλόψυχε·

Ps 115,3; 135,6. Die Akklamation Apk 4,11:
Auf die Warum-Frage gibt es eine doppelstufige Antwort: aus seinem Willen, weil er wollte, hat Gott die Welt geschaffen; und dieser Wille ist seine Liebe. Man muss aber diese zweistufige Antwort festhalten: Gottes Liebe ist nicht Liebe zu etwas Vorhandenem, also Partnerliebe. Sondern Gott schafft das, was er liebt; Gottes Liebe ist also freier

Wille, nicht etwa Leidenschaft, Passion. Martin Luther: «Amor Dei non invenit sed creat suum diligibile, Amor hominis fit a suo diligibili.»[53] Ist der schöpferische Grund für die Schöpfung die Liebe Gottes, so ist die Liebe auch der Zweck: Gott liebt die Schöpfung, die Geschöpfe selbst sind zur Liebe geschaffen worden. Sofern die Liebe der Geschöpfe sich auf Gott richtet, ist sie zugleich Gottesfurcht, Gottesverehrung und -anbetung, Vertrauen auf Gott, Glaube. Daher der Satz, dass Gott die Schöpfung zu seiner Ehre geschaffen habe: Ps 19,2; Röm 11,36; Hebr 2,10. Der Zweck der Schöpfung nimmt für das gefallene und erlöste Geschöpf die Gestalt des Glaubens an: Glaube heisst, Gott die Ehre geben und ihm vertrauen. Die Liebe Gottes als Grund der Schöpfung wird in der alten Dogmatik mit der Allmacht verbunden: Die Liebe Gottes wirkt in und durch seine Allmacht.

[B) WAR DIE SCHÖPFUNG NOTWENDIG?]

War die Schöpfung der Welt durch Gott notwendig? Diese Frage führt sehr in die Weite und erforderte viel Zeit. Aber sie führt eigentlich in die Gotteslehre, und zwar mehr in die metaphysische Gotteslehre als in die theologische, die ja Lehre vom gegenwärtigen Schöpfer ist. Daher nur eine Skizze zur Dimension der Frage. Die Schöpfung ist ja irgendwann zu einem Zeitpunkt entstanden. Nach christlicher Lehre ist die Zeit selbst ein Geschöpf wie auch der Raum. Gott existiert nicht in der Zeit, sondern in der Ewigkeit. Die Ewigkeit ist aber nicht unendliche Zeit, sondern qualitativ etwas anderes. Mit der Schöpfung ist auch die Zeit und der Raum geschaffen, in denen die Kreaturen sind. Nun entsteht die aus der Gotteslehre resultierende Frage: Da in Gott nichts Kontingentes sein kann und auch keine blossen Möglichkeiten, so kann es nicht sein, dass die Schöpfung Gott irgendwann einmal eingefallen, in den Sinn gekommen ist. Das würde ja bedeuten, dass Gott doch irgendwie zeitlich existiert. Die Schöpfung muss Gott also von Ewigkeit her ideell wirklich gewesen sein. Als Gedanke, als Idee ist die Schöpfung in Gott ewig; als *creatio ex nihilo* hat sie für sich, die Schöpfung, einen Anfang und ein Ende. Der Anfang der Schöpfung ist also eine Wahrnehmung

---

53 Martin Luther, Heidelberger Disputation, These 28; WA 1, 354,35 f.: [Gottes Liebe findet, was der Liebe würdig ist, nicht vor, sondern sie erschafft es. Die Liebe des Menschen entsteht aus dem für ihn schon Liebenswürdigen.]

inmitten der Schöpfung selbst. Gott hat nun in der Tat einmal der im Intellekt Gottes als Idee existierenden Schöpfung kreatürliche Gestalt gegeben, indem er die sichtbaren und unsichtbaren Dinge erschuf. Hier stösst nun, wie wir sehen, das metaphysische Denken doch auf eine unüberwindliche Schwierigkeit: Selbst wenn man Gott vor den Kontingenzen schützt, indem man die Ewigkeit der Idee der Schöpfung lehrt, hat Gott ja doch irgend einmal diese in seinem Intellekt wirkliche Schöpfung nach aussen versetzt durch die *creatio ex nihilo*. Man darf auf keinen Fall sagen, die Schöpfung *ex nihilo* sei die Verwirklichung der Idee Gottes – die Schöpfung ist als Idee Gottes absolut aktuell, also verwirklicht. Dieses Problem ist im Grunde nicht lösbar. Das zeigt die Art der «Lösung» überhaupt: Nämlich dass man lehrt, den Anfang der Schöpfung als *creatio ex nihilo* nicht von Gott aus, sondern aus der *creatio ex nihilo* zu sehen; d. h., man trägt ein Argument aus einer theologischen Theologie in die metaphysische Gotteslehre ein. Der Anfang wird nicht vom Schöpfer, sondern vom Geschöpf her gedacht. Anfang ist das In-die-Zeit-Treten der Zeit und alles Zeitlichen, also alles Geschaffenen. Vor dem Zeitpunkt, da die Zeit und alles Zeitliche geschaffen wurde, war ausser Gott nichts. Wohl war die Idee der Schöpfung in Gott, und der Anfang der Zeit und alles Zeitliche beginnt damit, dass Gott die Schöpfung ausser sich heraus setzt, also nun das kreatürliche Seiende schafft, und zwar aus nichts. Trotzdem entsteht nun die Frage: Wenn die Idee der Schöpfung in Gott ewig ist, ist dann nicht die Schöpfung notwendig, hat Gott die Welt dann nicht schaffen müssen? Das ist logisch hoch interessant. Dem folgt: Der Gedanke der Ewigkeit der Schöpfung kommt ja daher, dass man in Gott keine Kontingenzen, Zufälle annehmen kann. Dieser Gedanke hat zur Folge, dass man die Ewigkeit der Schöpfung annimmt, nun aber vor der Frage steht, dass Gott einer sozusagen wesensbedingten Notwendigkeit unterliegt, die Welt zu schaffen. Warum ist das so problematisch? Wenn Gott selbst Zufällen oder Notwendigkeiten unterliegt, dann ist er ja nicht Gott; dann sind ja die Zufälle oder sind die Notwendigkeiten Gott, denen Gott unterliegt. Denn wenn Gott von irgendetwas bestimmt wird, dann ist dieses Bestimmende der wahre Gott, also die Zufälle oder die Notwendigkeiten, τύχη [Glück] oder ἀνάγκη [Notwendigkeit], *contingentia* oder *necessitas*. Sie sehen also: Die wesentliche Eigenschaft Gottes ist die Freiheit, die Freiheit gegenüber allen Kontingenzen und Notwendigkeiten. Deswegen hat man die Frage, ob die ewig ideell in Gott existierende Schöp-

§ 5: Kurzer Überblick über die Schöpfungslehre

fung die Gestalt einer in Zeit und Raum existierenden Schöpfung hat annehmen müssen, negativ beantwortet; aber ebenso die Frage der Kontingenz. Solche Antworten sind in irgendeiner Weise am Ende nie in völliger logischer Klarheit zu geben, weil jedes metaphysische Denken über Gott sich, wie am schärfsten Kant gesehen hat, in unüberwindliche Widersprüche verwickelt. Es ist deswegen kein Zufall, dass in diese theologische Spekulation immer wieder durch Rückgriff auf die biblische Sprache eingegriffen wurde. Als ein spätes Beispiel dieses Verfahrens: Const. Dogm. «Dei Filius» des 1. Vatikanischen Konzils›[54]: «Hic solus verus Deus bonitate sua et ‹omnipotenti virtute› non ad augendam suam beatitudinem ..., sed ad manifestandam perfectionem suam per bona, quae creaturis impertitur, liberrimo consilio ‹... utramque de nihilo condidit creaturam, spiritualem et corporalem ...›.»[55] Angesichts dieses Textes könnte man, nach unserer grundlegenden methodologischen Maxime, alle theologischen Aussagen festzuhalten im Glauben des Geschöpfes an den Schöpfer, sagen: als Formulierung christlicher Glaubensaussagen ist dieser Text vollkommen akzeptabel, sofern er die wesentlichen Elemente des Schöpfungsglaubens formuliert: Schöpfung aus dem Nichts, durch Güte und Atem, die Geschöpfe schauen in der Schöpfung die Güte des Schöpfers. Als Lösung der metaphysischen Probleme können solche Sätze nur gelten, wenn man unter Lösung nicht eine rein denkerische, also logisch-syllogistische Problemlösung versteht, sondern die Lösung von anderswoher, also aus dem Glauben und der Offenbarung bezieht. Die Lehre, dass die Schöpfung nicht aus dem Wesen, sondern aus dem Willen und aus der Freiheit Gottes hervorgeht, anderseits, wie im folgenden zu zeigen sein wird, aus Gottes Erkenntnis, sie wurzelt in einer Problemstellung, die Nikolaus von Kues

---

54 24.4.1870, Cap. I: De Deo rerum omnium creatore, DS, S. 757 = DH 3002.
55 [Dieser alleinige wahre Gott hat in seiner Güte und ‹allmächtigen Kraft› – nicht um seine Seligkeit zu vermehren ..., sondern um seine Vollkommenheit zu offenbaren durch die Güter, die er den Geschöpfen gewährt – aus völlig freiem Entschluss ‹... aus nichts zugleich beide Schöpfungen geschaffen, die geistige und die körperliche ...›.»] Der Satz, dass Gott die Welt nicht zur Vermehrung oder gar zum Erwerb seiner Seligkeit geschaffen hat, lehnt einen Einwand ab, der gelegentlich erhoben wurde, z. B. von Descartes, dass es ja doch ein Zeichen der Selbstsucht wäre, wenn gelehrt wird, dass Gott die Welt zu seiner Ehre erschaffen habe. Darum wird gesagt, dass Gott durch die Schöpfung für seine eigene Seligkeit und Vollkommenheit nichts gewinnt. Alles kommt nur den Geschöpfen zu.

(1401–1464) in De docta ignorantia II, 19 so formuliert: Wer kann schliesslich begreifen, dass Gott die Form des Seins ist und doch nicht sich mit der Schöpfung bemüht?[56] Also: Als Geschöpf muss die Welt irgendwie Gottes Wahrheit selbst entsprechen, ohne doch mit ihr wesensgleich zu sein.

[c) Gottes Idee von Ewigkeit her?]

Ich habe verwiesen auf die Lehre von der Idee der Schöpfung, die in Gott von Ewigkeit her existiert. Dazu noch einige Bemerkungen. Die Lehre von den göttlichen Ideen ist natürlich platonischen Ursprungs, sie rekurriert auf die platonische Ideenlehre. Es ist vor allem Augustin gewesen, der die platonische Ideenlehre in die Gotteslehre aufgenommen hat, indem er den Geist Gottes als den Ort der Ideen annahm. Im strengen Sinn gibt es, da Gottes Wesen absolut einfach ist – also in Gott alles vollkommen gleich und gegenwärtig ist –, nur eine Idee, nämlich die eine Idee von allem. Denn in Gott ist insofern alles einfach, als etwa Gottes Geist nicht vielerlei Ideen hat, sondern die Ideen sind mit Gottes Geist – *intellectio* – und mit seiner Essenz identisch. Nur in zweiter Linie, da Gottes Geist alle aussergöttlichen Dinge umfasst, weil in Gottes Geist alles vorgebildet ist, kann man von einer Vielzahl göttlicher Ideen reden. «Universas autem creaturas suas et spiritales et corporales non quia sunt ideo novit, sed ideo sunt quia novit»[57] (sondern als jene in die Existenz traten, wie sie mussten und als sie mussten, blieb jene in sich *sapientia* – wie sie war). Den Sinn dieser Lehre von der göttlichen Idee kann man sich leicht erschliessen, wenn man daran zurückdenkt, was ich früher über die Wahrheit der Schöpfung sagte: Sie versucht, die Güte und Wahrheit der Schöpfung, die notwendig daraus folgt, dass Gott sie

---

56 [Nikolaus von Kues. De docta ignorantia II, 2, in: Ders., Philosophisch-theologische Werke Lateinisch – deutsch. Mit einer Einleitung von Karl Bormann, Band 1, Hamburg 2002, 14–23, 18 f.: «Quis denique intelligere potest deum esse essendi formam nec tamen immisceri creaturae? / Wer kann schliesslich begreifen, dass Gott die Form des Seins ist und doch nicht sich mit der Schöpfung vermischt?»]

57 Augustinus, De trinitate XV, 13,22 (CChr. SL Bd. 50A, 495): [«Alle seine Geschöpfe insgesamt, die geistigen und die körperlichen, kennt er nicht, weil sie sind, sondern sie sind, weil er sie kennt.» Augustinus-Zitate werden wiedergegeben nach: https://bkv.unifr.ch/de/works/cpl-329/versions/de-trinitate/divisions/ 226; aufgerufen am 20.8.2024]

§ 5: Kurzer Überblick über die Schöpfungslehre   81

geschaffen hat, sich gleichsam innergöttlich verständlich zu machen. Gewiss ist der Wille, die Freiheit und die Liebe Gottes das Motiv der Schöpfung, aber geleitet wird Gott dabei von seiner Erkenntnis, den Ideen seines Geistes. Die Schöpfung erschafft Gott nicht aus einem blinden Affekt, und daher ist der Schöpfung selbst Wahrheit eigen. So sehr der Gedanke über göttliche Ideen natürlich spekulativ ist, so wichtig ist es doch, sich in der Erfahrung der Chaotik und Ungeistigkeit der Welt immer klar zu machen, dass die Schöpfung von ihrem Wesen gut und wahr ist. Und sofern die Lehre von den göttlichen Ideen wiederum so im Glauben festgehalten wird, hat sie zumindest einen metaphysischen Sinn: Nämlich festzuhalten, dass die Schöpfung von Gott her eine Wahrheit hat. Man kann sich diesen Sinn erschliessen, wenn man die Wahrheitsfrage der Schöpfung so entwirft, wie es Paulus tut (Röm 1, 18–25): Paulus also rekurriert hier selbst auf Wahrheit, Erkenntnis, Weisheit, freilich nicht im Rekurs auf göttliche Ideen, sondern auf die Schöpfung selbst, also ganz biblisch wie Gen 1, wo ja Güte und Wahrheit der Schöpfung aus und an der Schöpfung selbst wahrgenommen wird. In der dogmatischen Tradition wird nun die Ideenlehre verbunden mit dem biblischen Begriff der Weisheit als der Schöpfungsmittlerin: Ps 104,24; Prov 3,19; Sap Sal 7,21. Sie haben hier zugleich Beispiele dafür, wie die dogmatische Tradition griechische und biblische Überlieferung miteinander verknüpft. Wenn die religionsgeschichtliche Analyse des Joh-Ev recht hat, so geht ja möglicherweise der joh Logos-Begriff auf diese biblische Weisheitstradition zurück, die ja die Weisheit hypostasiert hat. Und der Logos in Joh 1 ist ja der Logos, die Wahrheit, das Wort Gottes, durch das alles geschaffen worden ist.

[D) Anfang und Ende der Schöpfung]

Ich sagte, dass mit der Welt auch die Zeit aus dem Nichts geschaffen wurde. Das besagt, dass die Schöpfung einen Anfang und ein Ende hat. Die Begrenzung der Welt ist Gott selbst, vgl. Apk 1,8. Ich will hier nur darauf hinweisen, dass Origenes z. B. diese These von der Ewigkeit der Welt bzw. einer Abfolge von Welten vertreten hat. Und Thomas von Aquin lehrt, dass die Endlichkeit der Welt ein Glaubenssatz sei: «mun-

---

58 Thomas von Aquin, STh I q46 a2c: [Dass die Welt nicht immer existiert hat, wird nur kraft des Glaubens festgehalten und kann nicht bewiesen werden.]

dum non semper fuisse, sola fide tenetur, et demonstrative probari non potest.»[58] Das ist auch eine wichtige hermeneutische Anweisung für das Gespräch mit den Naturwissenschaften. Die Aussage, dass die Welt Schöpfung sei, ist eben eine Glaubensaussage: Der Glaube qualifiziert mit dieser Aussage das Seiende als Schöpfung, das die Philosophie oder Naturwissenschaft vielleicht ganz anders sehen.[59]

[E) Der Glaube an den gegenwärtigen Schöpfer]

Ich habe es immer wieder hervorgehoben, dass Schöpfungslehre nicht Theorie über den Anfang des Seienden ist, sondern Glaube an die Gegenwart des Schöpfers. Darum ist die kreatorische Tätigkeit Gottes immer Gegenwart, Schöpfung ist *creatio continua*, und das ist das Zentrum der Schöpfungslehre. Man hat dies immer wieder so zugespitzt, dass die Schöpfung sofort ins Nichts zurückfallen würde, wenn Gott sie nicht unablässig erhielte. Dieses Erhalten der Schöpfung bildet die Lehre von der *conservatio mundi*, der Bewahrung der Schöpfung. Grossartig ein fast definitorischer Satz des Heiligen Thomas: «conservatio rerum a Deo non est per aliquam novam actionem; sed per continuationem actionis qua dat esse.»[60] Es ist ein sehr schöner Gedanke, den Thomas in derselben *quaestio* ausspricht: Ist Gott der Künstler, der die Welt erschafft, so ist er eben auch darin vom irdischen Künstler unterschieden, dass er nicht nur die Welt aus nichts erschafft; vielmehr ist Gott nicht nur der Urheber des Werdens der Welt, sondern auch ihres Seins, also ihres Bestehens, im Unterschied zum Menschen! «Dependet enim esse cuiuslibet creaturae a Deo, ita quod nec ad momentum subsistere possent, sed in nihilum redigerentur, nisi operatione divinae virtutis conservarentur in esse.»[61]

---

59 Martin Luther, Dass diese Wort Christi «Das ist mein Leib» noch fest stehen, 1527, WA 23, 133,19–135,33: «Die schrifft aber leret uns ... weit weit reicht er uber und ausser der wellt uber hymel und erden.»

60 STh I q104 a1 ad4: [Die Bewahrung der Dinge von Seiten Gottes geschieht nicht durch irgendeine neue Tätigkeit, sondern durch die Fortsetzung der Tätigkeit, durch die er das Sein gibt.]

61 STh I q104 a1c: [Denn das Sein jeder beliebigen Kreatur hängt von Gott ab, so zwar, dass letztere auch nicht für einen Augenblick bestehen könnten, sondern zu Nichts werden müssten, wenn sie nicht durch das Wirken göttlicher Kraft im Sein bewahrt würden.]

§ 5: Kurzer Überblick über die Schöpfungslehre

[f) Vernichtung der Welt durch Gott?]

Wenn Gott die Welt geschaffen hat aus Nichts, kann oder wird er sie dann auch wieder vernichten, also an-nihilieren, dem *ex nihilo* das *ad nihilem* entgegensetzen? Hier verbindet sich die Schöpfungslehre am engsten mit der Eschatologie: Wird es so sein, dass Anfang und Ende der Schöpfung streng analog sind, dass also die Schöpfung nur eine Episode in dem Nichts ist? Wird wieder Nichts sein, wie nichts war vor dem Anfang? Hier ist nun klar, dass Schöpfungslehre im Grunde überhaupt nur als Glaubensaussage möglich ist. Denn die christliche Eschatologie lehrt ja, dass der Mensch, einmal geschaffen, nicht mehr vergeht, sondern ewig ist, nach seinem Tode nicht annihiliert wird. Traditionelle Dogmatik hält dies sogar durch bis in die Lehre von der Ewigkeit der Höllenstrafen. Man sieht hier, dass der Glaube in der Tat eine eigene Logik, ein eigenes Denken hat. Einem rationalen Diskurs leuchtet die strenge Symmetrie besser ein: Wenn man schon vom Anfang redet, warum nicht vom Ende. So ja auch beim individuellen Tod: Mit dem Tod ist alles aus, ich bin nur zwischen Empfängnis und Sterben. Die *annihilatio mundi* muss man mit der *consumatio mundi* zusammensehen: Weltvollendung. Bei der *annihilatio* handelt es sich nicht um *annihilatio creationis*, sondern *mundi*, also der Menschenwelt, des Kosmos, das was die Menschen realisiert haben, also das Böse und Negative. Es wird also die Sünde vernichtet, die ja nicht nur eine individuelle Sache ist, sondern aus der alle Schäden kommen, die sich in der Welt finden. Insofern ist die *annihilatio mundi* die Vollendung der Rechtfertigung des Sünders. Vgl. 1Kor 7,31[62]; 1Joh 2,8.17. Dem παράγειν [vergehen] steht das μένειν εἰς τὸν αἰῶνα [in Ewigkeit bleiben] gegenüber.

Dem Glauben ist die Asymmetrie logisch: Wenn Gott etwas ins Dasein ruft, wird er es auch im Sein bewahren. Denkt man daran, dass Gott alles durchs Wort erschafft – das mit seiner Wahrheit, Weisheit, Erkenntnis identisch ist – und dass das Wort, der Logos, der ewige Sohn Gottes ist, so ist alles Geschaffene nicht nur aus dem Nichts gerufen, sondern dauernd vor dem Nichts bewahrt. So erweist sich das Sein der Schöpfung als identisch mit dem Hören auf das Wort Gottes.

---

62 [καὶ οἱ χρώμενοι τὸν κόσμον ὡς μὴ καταχρώμενοι· παράγει γὰρ τὸ σχῆμα τοῦ κόσμου τούτου. und die diese Welt gebrauchen, als brauchten sie sie nicht. Denn das Wesen dieser Welt vergeht.]

Schöpfung durch das Wort: Wenn Gott spricht, entstehen nicht Bezeichnungen und Vokabeln, sondern die Dinge selbst: «Sed monendum hic etiam illud est: Illa verba ‹Fiat Lux› Dei, non Mosi verba esse, hoc est, esse res. Deus enim vocat ea, quae non sunt, ut sint, et loquitur non grammatica vocabula, sed veras et subsistentes res, Ut quod aput nos vox sonat, id apud Deum res est. ... Nos etiam loquimur, sed tantum grammatice, hoc est, iam creatis rebus tribuimus appellationes. Sed Grammatica divina est alia, nempe ut, cum dicit: Sol splende, statim adsit sol et splendeat. Sic verba Dei res sunt, non nuda vocabula.»[63]

[G) Das Sichtbare und das Unsichtbare]

Nach dem Credo hat Gott die *visibilia et invisibilia* geschaffen. Mit den *visibilia* ist klarerweise die sichtbare Schöpfung gemeint, also das mit den Sinnen Erfassbare, die *corporalia*. Mit dem Unsichtbaren sind die geistigen Dinge gemeint, vor allem die Geistwesen, die Engel. Das hängt mit verschiedenen Bedingungen zusammen, vor allem mit Zweien: dem biblischen Reden von den Engeln, die aber dort Boten Gottes sind; und mit der antiken Vorstellung von Zwischenwesen zwischen Erde und dem Himmel, da Gott selbst ist. Zwischen der materiellen Welt und Gott selbst existiert, in grösster Nähe zu Gott selbst, eine Welt reiner, körperloser Geister. Diese beiden Voraussetzungen des Redens von Engeln sind sehr disparat. Der biblische Engel ist eine Manifestation Gottes, er wird ganz von seiner Sendung her verstanden, und daher wird über seine Substanz, dass er etwa reiner Geist im Unterschied zu Körperwesen sei, nichts ausgesagt. Biblisch gesehen können Engel unbehaglich

---

63 WA 42, 17,15 ff. – [Aber an dieser Stelle ist auch jenes in Erinnerung zu rufen, nämlich dass «Fiat Lux!» (es werde Licht!) Gottes Worte sind, nicht Worte von Mose, das bedeutet: dass Worte Dinge sind. Gott nämlich ruft dieses, was nicht ist, damit es ist, und er spricht nicht Worte nach der [menschlichen] Grammatik, sondern Gottes Worte sind wahre und reale Dinge. Das heisst: Was bei uns als Stimme ertönt, das ist bei Gott eine Sache. [...] Wir Menschen sprechen auch, aber nur im grammatischen Sinn, das heisst: Wir geben den bereits geschaffenen Dingen Bezeichnungen. Die göttliche Grammatik ist eine andere. Gott sagt: Sonne, leuchte! Unverzüglich soll dann die Sonne zur Stelle sein und leuchten. so sind Gottes Worte Dinge, nicht blosse Worte.]

oder gar gefährlich sein, wie die Engel, die Abraham besuchen (Gen 18), oder der Jakobs-Engel am Jabbok (Gen 32,23 ff.). Aber auch Gen 28,10 ff.: «Wie furchtbar ist diese Stätte. Hier ist nichts anderes als das Haus Gottes und die Pforte des Himmels.» Auch bei Lk! Also Engel sind Gestalten der Gottesbegegnung, auch mit den unheimlichen Seiten Gottes. Michael als Seelenrichter usw. Engel als Hofstaat Gottes, Elohim, die Gott preisen; die Zebaoth, die Gott umgeben, Seraphim Cherubim. Heute haben die Engel Hochkonjunktur, aber wohl kaum in diesem biblischen Sinn. Es ist ja gegen eine Engellehre nichts zu sagen, wenn das Zentrum des Glaubens und unseres Lebens der dreieinige Gott bildet. Aber die öffentliche Rede in Kirche und Theologie macht nicht den Eindruck, als ob das der Fall wäre. Geredet wird ja wohl quantitativ und qualitativ von Gott nur wenig, dafür von Menschen um so mehr – Theologie. Und in diesem Kontext macht sich das abundante Reden von Engeln entschieden nicht gut.

Darum sei hervorgehoben: auch die Geistwesen, die Engel, sind Geschöpfe. Sie sind von Gottes Geist absolut unterschieden dadurch, dass sie geschaffene Geister sind. Für den Glauben kommen sie nur in Betracht im strengen Sinn als Boten Gottes. Als sie selbst, als Geistwesen, sind sie nichts Göttliches und daher theologisch und für den Glauben irrelevant. Ihre Funktion erklärt sich aus der Nähe zu Gott, nicht aus ihrem Wesen, vgl. Lk 1,19: Gabriel, der vor Gott steht. Da der christliche Glaube sich ausschliesslich auf den dreieinigen Gott bezieht, können Engel im Glauben keine selbständige Rolle spielen, sondern nur insofern sie das Gottesverhältnis des Menschen fördern oder beleben. M. Luther, Morgensegen, Abendsegen.[64] Beide Gebete schliessen mit dem Satz: «... ich befehle mich, mein leib und seele und alles ynn deine hende, Dein heiliger Engel sey mit mir, das der böse feind keine macht an mir finde.»[65]

Die wesentliche Auskunft der Erschaffung des Unsichtbaren besteht darin, dass auch das Geistige, Seelische in der Welt geschaffen ist. Dies ist notwendig zu sagen etwa gegen die Vergöttlichung der Vernunft, der innersten Seelensubstanz, des Männlichen oder des Weiblichen. Wenn

---

64 Kleiner Katechismus, WA 30/1 321,6–20; 323,4–17 [= BSLK 521 f./NA 890; 892]
65 Vgl. Frieder Schulz, Die Gebete Luthers. Edition, Bibliographie und Wirkungsgeschichte, in: Quellen und Forschungen zur Reformationsgeschichte, hg. vom Verein für Reformationsgeschichte, Bd. XLIV, Heidelberg 1976, Nr. 664 und 665.

die Schrift davon redet, dass der Geist Gottes in uns eingeht, dann kann man sich klar machen, was gemeint ist, wenn man an das Bild vom Tempel denkt (1Kor 6,19): Unser Leib als Tempel des Heiligen Geistes, das ist eine Aufforderung, den Leib nicht der Sünde freizugeben, keineswegs aber, dass der Geist, der in uns ist, sich etwa mit uns vermischt, dass er unser Geist wird. Wer in einen Tempel geht, der wird nicht selbst zum Tempel, sondern bleibt, was er ist. In uns und in allem Geschaffenen bleibt in Ewigkeit alles geschaffen. Der Grund ist ja klar: Wenn in uns selbst etwas Göttliches ist, dann ist das Verhältnis zum Göttlichen ein Selbstverhältnis, Selbstanbetung. Insofern muss man die Lehre von der Schöpfung des Unsichtbaren gerade heute sehr ernsthaft betonen: Der Glaube ist ein Verhältnis des Geschaffenen zu Gott, und jede Umgestaltung dieses Verhältnisses zu einem Selbstverhältnis ist Unglaube. So könnte man am Schluss sagen: Der Dienst der Engel ist ein Dienst Gottes an uns. Denn der Engel, wenn denn überhaupt, ist ein Bote des Wortes, das uns von uns selbst löst, die Bande zerreisst, mit denen wir uns an uns selbst ketten, und uns mit dem verbindet, was nie wir selbst sein können, mit Gott.

§ 6: Der Mensch als Geschöpf Gottes

In diesem Paragraphen soll noch kurz eigens vom Menschen gesprochen werden, für den ja alles bisher Gesagte ebenso gilt. Er muss aber eigens thematisiert werden, da er ja faktisch die ihm zugedachte Rolle in der Schöpfung nicht spielt und spielen will, er nicht die ihm von Gott gegebene Würde in der Schöpfung [repräsentiert], wie sie ihm zugedacht ist, sondern er missbraucht sie. Insofern ist dieser Paragraph schon auf den folgenden abgezielt. Man könnte das schon ganz scharf so formulieren: Der Mensch steht in der Schöpfung als Repräsentant der Liebe Gottes zur Schöpfung, so Gen 1; stattdessen verkehrt er dieses Verhältnis, indem die Schöpfung seiner Selbstliebe dienen muss (Gen 3 ff.). Dem 1. Teil dieses Satzes wollen wir uns nun widmen. Dass wir in der Schöpfungslehre über den Menschen gesondert nachdenken müssen, hat also zwei Gründe: Offensichtlich ist dem Menschen in der Schöpfung eine besondere Rolle zugedacht, und offensichtlich spielt der Mensch diese Rolle gegen die Absicht des Schöpfers mit verheerenden Folgen für sich selbst und die Schöpfung, in der er lebt.

§ 6: Der Mensch als Geschöpf Gottes

a) Zur biblischen Auffassung des Menschen[66]

Die Sonderstellung des Menschen zeigt sich schon im Schöpfungsbericht Gen 1 durch bestimmte Hervorhebungen. Zuerst allerdings wird der Mensch am gleichen Tag wie die Landtiere geschaffen, d. h. er ist Geschöpf wie alle anderen. Die Sonderstellung des Menschen ist also nicht an seiner Geschöpflichkeit zu erkennen, sondern an seiner Stellung, Funktion oder Rolle in der Welt. Das ist für das ganze biblische Reden über den Menschen wichtig, dass es den Menschen nicht als Substanz betrachtet, wie wir das tun, also psychologisch, sozial usw., sondern es betrachtet ihn immer im Verhältnis, zu Gott, zur Welt, zu sich selbst. Selbst wenn Paulus gelegentlich vom inneren und äusseren Menschen spricht, so ist das ganz anders gemeint, als wir das verstehen. Es sind verschiedene Beziehungen, Instanzen, Foren gemeint. Darin zeigt sich das Besondere des Menschen, dass er sein Sein in Beziehungen hat und dass sein Sein durch die Art dieser Beziehungen konstituiert ist, positiv oder negativ. Ist der Mensch also, und zwar gerade als dieses besondere Geschöpf, Kreatur wie alle anderen Geschöpfe, so kann man für das Sein des Menschen eine feste Regel aufstellen, wie er sich verhalten soll: Er muss seine besondere Rolle innerhalb seiner Kreatürlichkeit spielen; die Besonderheit der Funktion des Menschen darf seine Kreatürlichkeit nicht transzendieren. Das aber ist genau das Wesen der Sünde: Der Mensch, der sein will wie Gott, übersteigt, oder will es, seine Kreatürlichkeit. Daher ist es wichtig, dass der Mensch zusammen mit den Landtieren geschaffen wird, was ja im übrigen auch der biologischen Tatsache entspricht, dass der Mensch mit den Tieren des Feldes am meisten Ähnlichkeit hat. Nur innerhalb seiner Geschichte kann die Besonderheit des Menschen sachgerecht ausgesagt werden.

Diese Besonderheit besteht darin, dass er als Kreatur unter allen Kreaturen Bild Gottes ist. Die Schaffung des Menschen lautet Gen 1,26–31: «Lasset uns Menschen machen, ein Bild, das uns gleich sei, die da herrschen über die Fische im Meer und über die Vögel unter dem Himmel und über das Vieh und über die ganze Erde und über alles Gewürm, das auf Erden kriecht. Und Gott schuf den Menschen zu seinem Bilde, zum Bilde Gottes schuf er ihn; und schuf sie als Mann und Frau. Und Gott segnete sie und sprach zu ihnen: Seid fruchtbar und mehret euch und

---

66 Odil Hannes Steck, Der Schöpfungsbericht der Priesterschrift, Göttingen ²1981.

füllet die Erde und machet sie euch untertan und herrschet über die Fische im Meer und über die Vögel unter dem Himmel und über alles Getier, das auf Erden kriecht. Und Gott sprach: Sehet da, ich habe euch gegeben alle Pflanzen, die Samen bringen, auf der ganzen Erde, und alle Bäume mit Früchten, die Samen bringen, zu eurer Speise. Aber allen Tieren auf Erden und allen Vögeln unter dem Himmel und allem Gewürm, das auf Erden lebt, habe ich alles grüne Kraut zur Nahrung gegeben. Und es geschah so. Und Gott sah an alles, was er gemacht hatte, und siehe, es war sehr gut.»

Wenn es heisst: «Lasset uns Menschen machen», אָדָם [hebr. adam], so ist damit nicht bloss ein Individuum gemeint, das zeigt ja V. 27b, aber auch nicht einfach die Gattung, sondern, wie Luther gut übersetzt, Menschen. Mit Bild, צֶלֶם [hebr. zelem], ist wie im ganzen Orient eine Vollplastik gemeint. Es gibt solche Plastiken als Zelems von Göttern und Herrschern. Die Rolle dieser Plastiken ist bekannt: Sie repräsentieren die Gottheit oder den König, sie vergegenwärtigen ihn, sie haben die Aufgabe, den fernen Herrscher anwesend sein zu lassen, als Hüter und Hirte der Ordnung oder auch den Gott. So kann auch der König selbst als Repräsentant des Gottes, als Ordnungsgarant, Hüter der Schöpfung und des Staates, erscheinen. Dieser Gedanke ist sehr wichtig, die Plastik ist also keineswegs ein Kunstwerk im modernen Verständnis, sondern Repräsentant des Gottes oder Königs. Lange Geschichte, hervorragendes Beispiel die Rolle des Bildes im Kaiserkult, von Augustus sorgfältig inszeniert.[67] Gesslers Hut! Dieses orientalische Zelem-Verständnis steht hinter Gen 1, nur wird es hier in verschiedener Hinsicht radikal verwandelt: Nicht der König oder ein Bild von ihm sind die Plastik Gottes, sondern der Mensch, jeder Mensch, und zwar Mann und Frau gleichursprünglich, wie sofort gesagt wird. Die orientalische Idee des Königs als Gottesplastik und damit der Götter- und Königsplastik wird also auf den Menschen übertragen. Ist nun der Mensch Zelem Gottes, so kann es keine Götter- oder Königsplastik mehr geben – also hier Wurzel des Bilderverbots, weil es ja von Gott selbst gemachte Zelems Gottes gibt, die Menschen. Und ebenso hier die Vorbehalte gegen das Königtum, das ja altorientalisch als Repräsentant Gottes gedacht war. Bei Zelem ist nun gewiss noch im Hintergrund, dass Gott in Menschengestalt gedacht wurde und dass der Mensch so als Zelem eine leibliche Ähnlichkeit mit

---

67 Paul Zanker, Augustus und die Macht der Bilder, München 1987.

Gott hat. Doch hier nicht mehr wichtig, so wenig wie Bild etwa meint wesensähnlich oder geistig, Persönlichkeit usw. Was gemeint ist, wird durch das folgende klar: «... die da herrschen» usw. (V. 26). D. h. der Mensch ist Zelem Gottes in der genau gleichen Weise und Funktion, die dem altorientalischen König zukam und seiner Plastik oder der Götterplastik selbst: Repräsentant des eigentlichen Herrschers, nämlich Gottes. Das ist für die Auslegung des Herrschens wichtig: Im Zelem-Gedanken, im Abbild-Gedanken, steht ja, dass der eigentliche Herrscher Gott ist; der Mensch herrscht im Auftrag Gottes, gebunden an seine Geschöpflichkeit, die im Zelem-Gedanken nochmals ausgesagt wird: der Zelem-Gedanke hat ja nur Sinn, wenn zwischen Gott und Mensch, Urbild und Abbild, eine Differenz besteht. Die Hinzufügung von דְּמוּת [hebr. demuth], Ähnlichkeit, bedeutet, dass Zelem wirklich dem Urbild entspricht, fehlt V. 27 – d. h.: Der Mensch selbst ist es, der als Repräsentant Gottes dessen Herrschaft über die Schöpfung ausüben soll: das ist entscheidend: Der Mensch soll *Gottes* gute Herrschaft über die gut gemachte Schöpfung ausüben. Der Mensch soll also die Schöpfung in ihrer Güte pflegen und hüten und ein Bild der Liebe Gottes zur Schöpfung sein.

Der Sinn also der Rede von Gottebenbildlichkeit ist ganz funktional und ohne jeden metaphysischen Hintergrund irgendeiner Gottförmigkeit oder Wesensähnlichkeit des Menschen. Ja, es scheint sogar, dass im Text selbst ein Hinweis liegt, der jede Übertreibung der Gottähnlichkeit ablehnt. Man kann sich diesen Hinweis aus Ps 8 erschliessen. Ps 8: Angeredet wird Jahwe. Dann in V. 6 vom Menschen: «Du hast ihn wenig niedriger gemacht als Elohim», also nicht Jahwe. Mensch also auf den Hofstaat Jahwes, nicht auf diesen selbst bezogen. So ist es nun auch in Gen 1,26: Der merkwürdige Plural («Lasset uns») soll verwehren, die Ebenbildlichkeit allzu direkt auf Gott, den Herrn, zu beziehen. «Gott schliesst sich mit den himmlischen Wesen seines Hofstaates zusammen und verbirgt sich damit doch auch wieder in dieser Mehrzahl.»[68] Die Ebenbildlichkeit des Menschen wird also bezogen auf jene Wesen, die Gott selbst dienen, die Elohim oder Engel. Es wird hierdurch nochmals deutlich: Es wird gar nicht gesagt, worin die Ebenbildlichkeit besteht, sondern wozu sie besteht: Wie die Elohim Jahwes Hofstaat sind, um ihm zu dienen, so sind die Menschen gleichsam Glieder dieses erweiterten

---

68 Gerhard von Rad, Das erste Buch Mose (ATD 2), Göttingen 1950, 45 f.

Hofstaates, die Gott dienen, indem sie hier auf der Erde im Auftrag Gottes die Schöpfung hüten. Es wird gelegentlich hervorgehoben, dass in Gen 1,26 ff. die Schaffung des Menschen nicht durch das Wort erfolgt, sondern dass hier zweimal בָּרָא [hebr. bara: schaffen] auftaucht; freilich beginnt das Ganze mit dem Wort: «Lasset uns machen» נַעֲשֶׂה, [hebr. עשׂה asa: machen]. בָּרָא am Anfang heisst ja wohl: Hervorbringung aus dem Nichts, und so bedeutet wohl die Schöpfung des Menschen durch בָּרָא die Betonung der Geschöpflichkeit. Die hohe Würde des Menschen in seiner Funktion hebt nicht auf, dass er geschaffen ist, ja, seine Geschöpflichkeit wird eigens betont. Wenn in V. 27 sehr pathetisch gesagt wird, «Gott schuf den Menschen ihm zum Bilde, zum Bilde Gottes schuf er ihn»: so heisst das: Der Mensch besitzt alles, wessen er bedarf, um Bild Gottes zu sein, d. h. Gottes Repräsentant als Hüter und Pfleger der Schöpfung. Der Ton liegt auf Gott ebenso wie auf Bild: Der Mensch ist und bleibt nichts ohne Gott; auch sein Bild-Sein ist von Gott nicht ablösbar, nicht hypostasierbar, er kann sich von seinem Urbild nicht emanzipieren, nicht verselbständigen. Nur sofern Gott über den Menschen herrscht, kann der Mensch über die Schöpfung herrschen. Ist der Mensch selbst herrenlos, gottlos, beherrscht er sich selbst nicht mehr und also auch nicht mehr die Schöpfung. Die Verselbständigung, Säkularisierung der Gottebenbildlichkeit begann in der Renaissance, wo man die Würde des Menschen als seine Substanz, seinen Besitz ansah, nicht mehr als Funktion. Die Lösung des Menschen aus dem konkreten Gottesverhältnis ging zunächst durchaus religiös vor sich, sie theoretisierte die Lehre von der Gottebenbildlichkeit zu einer Lehre von der psychisch-physischen Ausstattung des Menschen. Der Mensch ist aber Gottes Ebenbild nur dann, wenn er sich selbst als Geschöpf und Gott als seinen Herrn glaubt, wenn er sich also als Abbild auf das Urbild zurückbezieht.

Diese Fassung der Gottebenbildlichkeit wird durch das NT bewährt, das ja Christus als Bild Gottes bezeichnet, εἰκών (Kol 1,15; vgl. 2Kor 4,4). Das ist Christus als der neue Mensch, und neuer Mensch ist Christus darin, dass er ganz Gott hingegeben ist, ganz aus und für Gott lebt. Zum Schöpfungsbericht Gen und der Schaffung des Menschen kann man in einem Kommentar lesen, was Jes Sir 17,1 ff. zu finden ist: «Der Herr hat den Menschen aus Erde geschaffen und ihn wieder zur Erde zurückkehren lassen. Er bestimmte ihnen die Zeit ihres Lebens und gab ihnen Macht über das, was auf Erden ist, und verlieh ihnen Kraft, wie er selber sie hat, und schuf sie nach seinem Bilde.»

Damit haben wir die wesentlichen Elemente der Mensch-Schöpfung skizziert. Die Würde des Menschen, seine Gottebenbildlichkeit, ist also sehr geeignet, ihn bescheiden zu machen: er hat diese Würde nur, sofern er Diener und Beauftragter Gottes bleibt, denn Gott ist der wahre Herr der Schöpfung. Man kann diese Schöpfungslehre unmittelbar vergegenwärtigen, sie ist wahrer und wirklicher als alle metaphysisch-psychologische Spekulation. Im Übrigen denkt sich die Schrift den Menschen, besonders den Menschen Gen 2,7, aber alle Wesen als belebte Körperlichkeit. Dahinter steht eine menschliche Urerfahrung angesichts eines Toten: Der Tote ist ganz da, was seinen Leib angeht, aber ihm fehlt etwas, das Leben, die Seele. Also muss es gewichen sein. Daher der allverbreitete Dichotomismus Leib-Seele, Leib-Odem usw.; und dann natürlich die Frage: Wo ist das geblieben, was vorher da war, wohin ist das Leben, die Seele? Freilich ist in der Schrift diese Beobachtung nie systematisch geworden zu einem Leib-Seele-Dualismus.

Die Funktionalisierung des Menschen auf die Schöpfung hin ist auch am zweiten Schöpfungsbericht erkennbar. Im ersten Schöpfungsbericht erscheint der Mensch als letzter, weil Gott jemanden erschaffen will, der nun all das, was vorher geschaffen ist, hüten und wahren soll. Im zweiten Schöpfungsbericht ist Himmel und Erde da und Naturvorgänge, aber nichts Lebendiges. Und nun wird zuerst der Mensch geschaffen. Und für diesen Menschen wird nun neu die Schöpfung eingerichtet. Es ist wie ein Umkehrbild: Wird in Gen 1 der Mensch für die Schöpfung geschaffen, so hier die Schöpfung für den Menschen. Wobei hier nun noch das Besondere herauskommt, dass die Schöpfung für den Menschen ein Garten, ein Paradies ist. Das ist sehr wichtig, denn hier erscheint Schöpfung nicht bloss als Natur, als Rohstoff oder als reine aussermenschliche Natur, sondern schon als Kultur. Der Mensch, so heisst das, ist ja unbestreitbar ein besonderes Geschöpf, das ist ja empirisch so, und er kann nur leben, wenn er sich und die Natur kultiviert. Die Erde, auf welcher der Mensch lebt, muss Kultur werden, damit der Mensch selbst leben kann. Hier entstehen die Probleme, nämlich nach dem Verhältnis von notwendiger Kultivierung der Welt und Einhaltung der Grenzen der Geschöpflichkeit. Aber auch umgekehrt: Damit der Mensch die Schöpfung hüten kann, bedarf es der Kultur, am meisten der Kultur seiner selbst, eines kultivierten Menschen; vor allem einer Kultur im Umgang mit sich selbst und untereinander. Menschen, die hier versagen, können auch die Schöpfung nicht behüten. Jeder Krieg unter

Menschen als Gipfel der Kulturlosigkeit zerstört auch die Schöpfung. Man könnte sagen: Zeigt uns der erste Schöpfungsbericht die Ordnung und Güte der Schöpfung durch Gott, so zeigt uns der zweite das kulturelle Walten des Menschen in der Schöpfung: Gen 2,4b ff. Beide Schöpfungsberichte setzen voraus, dass der Mensch alles hat, um die Schöpfung zu hüten: die Klugheit und Weisheit, also die Vernunft, die Affekte, also die Liebe, den Willen, um seine Herrschaft über die Schöpfung in Gottes Auftrag anzunehmen. In der ganzen Schrift gibt es demgemäss keine Anthropologie in dem neuzeitlichen Sinn, dass Anthropologie so etwas ist wie die Beschreibung des Seienden Mensch: τί ἐστιν ἄνθρωπος [Was ist der Mensch]; keine theoretischen Aussagen über das Verhältnis von Leib, Seele, Geist usw. Wohl aber unendlich viel über den Menschen, sofern es das Verhältnis des Menschen betrifft, zu Gott, sich selbst, Mensch und Welt. In der Schrift wird das, was der Mensch ist, nicht entschieden an seiner Substanz, sondern an seinen Verhältnissen, Beziehungen. Das bedeutet Existenz. Darum ist alles Wissen praktisch, Weisheit, weil es Beziehungen regelt. Und die anthropologischen und theologischen zentralen Begriffe sind solche, welche diese Beziehungen betreffen.Die Zentralbegriffe sind daher צְדָקָה [hebr. zedaqah] – δικαιοσύνη [griech. Gerechtigkeit] und חֶסֶד [hebr. chäsäd: Gnade/Güte/Barmherzigkeit] – χάρις [Gnade] – dort, im Verhältnis zu Gott, zu sich selbst, zur Welt kommt heraus, erscheint, was der Mensch ist. Dieses Denken manifestiert sich in den Schöpfungsberichten, sofern der Mensch ganz aus seiner Funktion zur Schöpfung und aus seinem Verhältnis zu Gott gedacht wird. Denn das ist ja die Fundamentalfrage: Wenn der Mensch diese Funktion hat, wird er ihr gerecht, nimmt er sie wahr, wie er muss – darum gewinnt in der Bibel die Frage der Gerechtigkeit ontologischen Rang – der Gerechtigkeit des Menschen vor Gott und der Welt.

b) Traditionelle Elemente der Schöpfungslehre des Menschen

[1. Lasset uns Menschen machen]
Der Plural «Lasset uns Menschen machen» (s. o.) wurde in der Dogmatik als Selbst[aufforderung?] des dreieinigen Gottes interpretiert. Historisch natürlich falsch, theologisch insofern richtig, als ja alle Werke Gottes Werke des dreieinigen Gottes sind. Aber für die christliche Dogmatik ist es wichtig, immer vor Augen zu haben, dass Gott immer der dreieinige

§ 6: DER MENSCH ALS GESCHÖPF GOTTES   93

Gott ist. Wenn wir von Gott sprechen, sprechen wir immer von Vater, Sohn und Geist, Schöpfung, Versöhnung, Vollendung usw. Ich habe auf diese Zusammenhänge immer wieder hinzuweisen versucht. In diesem Zusammenhang möchte ich Ihnen einen Hinweis geben auf eines der geistreichsten Stücke der Schöpfungslehre, in dem Schöpfungslehre, Anthropologie, Gotteslehre miteinander verknüpft werden. Ich muss dazu allerdings ein wenig ausholen.

[2. *Das Göttliche am Menschen*]
Schaffung des Menschen bisher biblisch dargestellt, scheint auch ausreichend. Gottesebenbildlichkeit ist funktional. Aber durch die Verbindung mit metaphysischer Gotteslehre auch hier Verbindung. Ausweitung der Frage nach Gott-Ebenbildlichkeit: Irgendeine Wesensverwandtschaft, Vernunft oder Gewissen als das Göttliche im Menschen. Das aber nicht christlich, alles im Menschen geschaffen. Wohl aber wird gefragt, ob nicht das geschaffene Wesen des Menschen etwas vom Wesen Gottes widerspiegle: der Logos im Menschen, das Gewissen, die innerste Essenz der Seele. Solche Versuche, zwischen Gott und Mensch Wesensebenbildlichkeit zu finden, müssen sich ganz auf die geistige Seite des Menschen konzentrieren, da Gott ja reiner Geist ist. Es ist nun Augustin gewesen, der in seiner Trinitätslehre, besonders Bücher IX-XI, solche Wesensebenbildlichkeit zwischen dem Menschen und dem dreieinigen Gott aufspüren zu können meinte. Es handelt sich um das, was man sehr abgekürzt *vestigia trinitatis* [Spuren der Dreieinigkeit] genannt hat. Augustin fand, in Aufnahme natürlich der anthropologischen Tradition, im Geist, also in dem oberen Teil der Seele, die geistige Grundfunktion – das Gedächtnis, das Erkennen und den Willen: *memoria, intellectus, voluntas.* Dieses sind die drei geistigen Grundvollzüge, in denen das ganze Wesen des Geistes ausgesprochen ist. Sie betrachtete er nun als Ebenbild des dreieinigen Gottes, sofern der Vater *mens* [Denkkraft] oder *memoria* ist, also der Fundus, aus dem alle geistigen Akte hervorgehen, der Sohn *notitia* [Kenntnis] oder *intellectus*, der Geist *amor* [Liebe] oder *voluntas* [Wille]. Der eine Geist des Menschen ist in seinen drei Grundfunktionen das Ebenbild des einen Gottes in den drei Personen. Im Menschen also als dem einzigen Wesen spiegelt sich Gottes eigenes Wesen wider. Um diese augustinische Idee richtig zu würdigen, muss man sich zwei für die Interpretation wichtige Voraussetzungen vergegenwärtigen: Auch nach Augustin ist die Dreieinigkeit Gottes ein

Mysterium im absoluten Sinn, d. h. dieses Geheimnis ist der Vernunft von sich aus unerreichbar. Den dreieinigen Gott kann man nur aus der Selbstmitteilung Gottes kennen. Die *vestigia trinitatis* im Menschen sind also nicht als natürliche Theologie der Trinität zu verstehen. Aber innerhalb des geoffenbarten Mysteriums der Trinität können solche *vestigia* oder Analogien aufgespürt werden. Das andere: Wenn Gottes *memoria, intellectus, voluntas* zum Menschen und dessen *memoria* ... in Beziehung gesetzt werden, so ist doch der menschliche Geist vom göttlichen Geist dadurch unterschieden, dass er geschaffen ist. Augustin will keineswegs sagen, dass in menschlicher *memoria, intellectus, voluntas* göttliche *memoria* ... selbst anwesend wäre. Vielmehr spiegelt der geschaffene Geist des Menschen das göttliche Wesen wider.

Innerhalb dieser hermeneutischen Anweisungen muss man Augustins Lehre sehen. Nun ist aber noch ein wesentlicher Aspekt beizufügen. Gott und Mensch stehen ja nicht in Analogie zueinander wie zwei gleichursprüngliche Grössen; und so kann man den Ausdruck Analogie nur uneigentlich gebrauchen. Der Mensch ist ja Gottes Geschöpf, er ist aus Gottes Willen hervorgegangen. Nun sagte ich vorher schon, dass ja nach christlichem Glauben Gott der dreieinige Gott ist, dass also auch die Schöpfung durch den dreieinigen Gott vollbracht wird. So hat Gott, der Vater, die Welt durch den Sohn im Heiligen Geist, d. h. in Güte und Liebe geschaffen, und dieser Schöpfungsakt selbst, der ja, wie wir sahen, kontinuierlich ist, führt dazu, dass die Schöpfung Gottes Wesen widerspiegelt. In einem sehr dichten Satz hat Augustin das einmal formuliert, zugleich aber mit dem Gedanken verbunden, dass die Schöpfung nichts Göttliches ist. Ich lese Ihnen zuerst diesen Satz, dann erläutere ich ihn. Er ist entnommen der Schrift «Contra Secundinum Manichaeum» VIII: «Tu vero si fateri nolueris a Patre per Filium in bonitate Spiritus sancti, quae Trinitas consubstantialis et aeterna et incommutabilis semper manet, de nihilo factam esse creaturam, bonam quidem, sed tamen imparem Creatori atque mutabilem; cogeris utique sacrilegia dicere, ut aliquid Deus de se ipso genuerit quod non sit aequale gignenti.»[69]

---

69 Augustinus, PL 42, 584: [Wenn du dich aber weigerst zu bekennen, dass die Kreatur vom Vater durch den Sohn in der Güte des Heiligen Geistes (der Trinität, die für immer wesensgleich, ewig und unveränderlich bleibt) aus dem Nichts geschaffen worden sei – in gewisser Weise gut, aber dennoch dem Schöpfer nicht gleich und sehr wohl veränderlich, dann wirst du jedenfalls genötigt sein, Frevlerisches zu

Auf einzigartige Weise ist also der Mensch ein Spiegel von Gottes Wesen, aber er ist es nur innerhalb seiner Geschöpflichkeit, seinem *esse creatum ex nihilo* [aus Nichts geschaffen sein], und innerhalb des Glaubens, also der Anbetung Gottes.

[*3. Gottebenbildlichkeit*]

Ich sagte bei der Besprechung der Schöpfung des Menschen in Gen 1, dass die Gottebenbildlichkeit des Menschen rein funktional gemeint ist. Der Mensch als Hüter der Schöpfung ist es nur im Dienst Gottes, selbst als Geschöpf existierend. צֶלֶם [hebr. zelem: Bild] und דְּמוּת [demuth: Ähnlichkeit][70], sagen nicht zweierlei, sondern Ähnlichkeit besagt, dass das Bild Gottes von Gott geschaffen ist,[71] dass der Mensch alles hat, was er braucht, um Gottes Liebe zur Schöpfung zu repräsentieren (umso schlimmer ist dann der Sündenfall!).

Aber der Mensch steht nicht neben Gott, sondern unter Gott, das meint, dass er Bild ist. Und er steht nicht nur unter Gott, sondern vor Gott. Wenn dies die Lehre von der Gottebenbildlichkeit meint, so ist die Gottebenbildlichkeit des Menschen durch den Sündenfall vollkommen verloren gegangen. Denn der Mensch spielt diese Rolle nicht mehr. Von der Verkehrung seines Wesens bleibt nichts ausgenommen, nicht sein Geist, seine Seele, sein Gewissen – da seine Ebenbildlichkeit seine Funktion, nicht seine Substanz ist, ist durch die Existenzverkehrung des Menschen seine Ebenbildlichkeit verloren. Ich will Sie nun auf die Schwierigkeiten der Gottebenbildlichkeit hinweisen, indem ich nur eine kleine Skizze der Problematik zeichne. Man hat, unter dem Einfluss des metaphysischen Denkens, schon sehr früh die Gottebenbildlichkeit beschrieben, als bestehe sie in bestimmten Auszeichnungen der menschlichen Substanz. In der biblisch-funktionalen Gottebenbildlichkeit ist dem Menschen das Denken, der Geist, die Sprache, der Wille verliehen worden, um sein Hüteramt in der Schöpfung versehen zu können. Also alles Geistige, Seelische ist in und aus der Funktion zu interpretieren. Das ändert sich, wenn man das Geistige als Substanz betrachtet, in der die Gottebenbildlichkeit besteht; das Geistige, das Seelische,

---

sagen, dass Gott nämlich etwas aus sich selbst erschaffen hat, was nicht auf der gleichen Stufe steht wie sein Schöpfer.]
70 [Gen 1,26]
71 Einige Exegeten interpretieren דְּמוּת als Abschwächung von Bild.

der Willen usw. Wenn man das so betrachtet, dann ergibt sich natürlich die Schwierigkeit, dass man die Gottebenbildlichkeit durch den Sündenfall als nicht ganz verloren betrachtet. Denn es ist ja eine Tatsache, dass der Mensch auch nach dem Sündenfall noch denken, wollen, hoffen, lieben kann usw. Auf dem Boden dieser Überlegungen haben sich sehr komplizierte Theorien über das Verhältnis des Menschen vor und nach dem Sündenfall ausgebildet, eines antelapsarischen und postlapsarischen Menschen. Ich will Ihnen sozusagen zwei Aspekte solcher Theorien nennen, um Ihnen ein Bild zu geben von der Diskussion dieser Fragen.

Der Mensch des Paradieses, so die erste Theorie, lebte in einem Zustand, in dem sein Geist mühelos seine Triebe beherrschte. Triebe, das ist nicht nur die sexuelle Libido, sondern das Begehren, Streben mit allen positiven und negativen Seiten. Der paradiesische Mensch war also vollkommen geordnet, geistig und moralisch perfekt, weil der *intellectus* in der Seele herrschte. Hinter dieser Theorie steht die letztlich auf Platon zurückgehende Lehre, dass die Seele aus einem geistigen oberen Teil, einem mittleren animalischen und einem unteren vegetativen Teil bestehe. Der geistige Teil ist das ἡγεμονικόν [das Leitende], und wenn dies gegeben ist, dann ist der Mensch in Ordnung. Problematisch wird es, wenn einer der unteren Seelenteile die Herrschaft erlangt, dann gerät der Mensch in Unordnung. Nach der Rezeption dieser Psychologie wird der paradiesische Urmensch beschrieben als Individuum, in dem die Vernunft das Hegemonikon war. Der Sündenfall besteht dann in der Herrschaft unterer Seelenschichten über den Menschen, also etwa das hochmütige [...] Streben oder das neidische Gewinnstreben und der ungeordneten Beherrschung durch den Sexualtrieb. Der Sündenfall besteht also im Herrschaftswechsel der Seelenteile – aber das Geistige geht nicht verloren, es verliert nur seine Herrschaft. Sieht man nun substantiell im Geistigen die Gottebenbildlichkeit, so bleibt sie substantiell nach dem Fall erhalten; aber sie verliert ihre Herrschaft, und es kommt nun darauf an, diese Herrschaft des Geistes, also des Intellekts oder des Willens, im Menschen zu verstärken; diese Theorie liegt allen christlichen theologischen Konzeptionen zugrunde, die man als pelagianisch, semipelagianisch, synergistisch qualifizieren könnte.

Die zweite Theorie – aber auch dies wieder exemplarisch, es gibt viele Varianten – setzt anders an. Sie unterscheidet terminologisch scharf zwischen צֶלֶם [hebr. zelem = Bild] und דְּמוּת [demuth: Ähnlichkeit], was

§ 6: Der Mensch als Geschöpf Gottes

natürlich exegetisch falsch ist; aber diese Unterscheidung findet sich schon bei den frühen Kirchenvätern, z. B. Irenäus von Lyon und Tertullian. Man geht von der Unterscheidung der Begriffe [Bild] *imago* – [hebr.] *zelem* – [griech.] εἰκών und [Ähnlichkeit] *similitudo* – [hebr.] *demuth* – [griech.] ὁμοίωσις aus: natürliches u nd übernatürliches Bild Gottes. Diese Lehre wurde hauptsächlich von Thomas von Aquin vollendet.

Man kann sich dieser Lehre am besten folgendermassen nähern: Die im vorangehenden Abschnitt beschriebene Theorie betrachtete den Menschen gleichsam naturalistisch und unterschied einen Ideal- und Realzustand. Ideal: Hegemonialer Geist, Wille, Freiheit; Real: Störung. Sie blieb mit ihrer Differenzierung zwischen idealen und realen Zuständen innerhalb der Natur. Die zweite Theorie, ich nenne sie jetzt einfach die thomanische, lehrt so: der Mensch des Paradieses lebte nicht einfach in seiner blossen menschlichen Natur. Denn der menschlichen Natur haften Mängel an, die zu ihr gehören: z. B. Krankheit und Tod. Gewiss ist der Mensch nach seiner menschlichen Natur Abbild Gottes, *imago*, er hat ja eine geistige Seele, die im wesentlichen Abbild Gottes ist. Aber Gott hat ihn nun noch mit einer Ähnlichkeit – *similitudo* – ausgestattet, die über seine Natur hinausgeht; diese übernatürliche Ausstattung ist die heiligmachende Gnade, durch welche der Mensch gerecht und heilig ist, ein übernatürliches Ebenbild Gottes, Gottes Kind und Freund. Nach dieser Lehre ist der paradiesische Mensch als Kreatur doch nicht bloss reine Natur, sondern im Unterschied zu allen Geschöpfen durch die Gnade, die nicht zu seiner Natur gehört, spezifisch zu Gott in Beziehung gesetzt: gerade im Gefolge dieser Begabung mit der Gnade stehen nun fünf spezifische Gaben, die *dona integritatis* [präternaturale Gaben]. Diese Gaben geben der menschlichen Natur eine Vollkommenheit, die sie von sich aus, als reine Natur, nicht besessen hätte: *donum rectitudinis* [Freiheit von der ungeordneten Begierlichkeit], *immortalitatis* [leibliche Unsterblichkeit], *impassibilitatis* [Freiheit von Leiden], *scientiae* [Wissen], *perfecte dominium* [vollkommene Herrschaft]: *rectitudo*: Beherrschung jeder *concupiscentia* [Begierde]; *scientia*: vollkommene Weise, die der Mensch braucht, um die anvertraute Welt zu verwalten; *dominium*: Beherrschung der nichtmenschlichen Natur.

Die Ebenbildlichkeit des Menschen im Urzustand war also zweistufig. Von der ersten Theorie unterscheidet sich diese zweite Theorie dadurch, dass seine Triebbeherrschung usw. schon im Paradies nicht der menschlichen Natur entspricht, sondern einer besonderen, über die Natur hinausgehenden Begnadigung durch Gott. Thomas fasst das ganze so zusammen: «Erat haec rectitudo (= das Ganze der Integritätsgaben) secundum hoc, quod ratio subdebatur Deo, rationi vero inferiores vires, et animae corpus. Prima autem subiectio erat causa et secundae et tertiae.»[72] (!) Diese Gaben der Integrität entfernten den Menschen nicht aus seiner Natur und Kreatürlichkeit, aber sie befreiten ihn von Mängeln der Natur und machten ihn daher zum Gottesfreund. Nach dieser Lehre besteht nun der Sündenfall im Verlust der *similitudo*, nicht der *imago* – der Mensch ist Gott nicht mehr angenehm, nicht mehr Gottes Freund, und seine Natur ist nun den Mängeln unterworfen, von denen ihn die *dona integritatis* befreiten.

Die *dona integritatis* gaben dem Menschen die *iustitia originalis* [ursprüngliche Gerechtigkeit], die dann durch den Fall verloren ging – so dass der Wiedergewinn der Gerechtigkeit nun zum Thema der Theologie wird. Es ist noch ein wesentlicher Punkt hervorzuheben bei dieser thomanischen Lehre. Die, wie gesagt, aus der Alten Kirche stammende Unterscheidung zwischen *imago* und *similitudo* hatte gelegentlich sehr starke Tendenz, *imago* als blosses materielles Abbild, *similitudo* dagegen als Wesensverwandtschaft des inneren, geistigen Wesens des Menschen mit Gott zu interpretieren, so z. B. Gnosis; das ist ja auch heute aktuell. Thomas, und das ist diese interpretatorische Leistung, hat das nicht getan, indem er *similitudo* als freies, ungeschuldetes gnädiges Begaben des Menschen durch Gott darstellte.

Die reformatorische Theologie Luthers ging davon aus, dass zwischen *imago* und *similitudo* kein Unterschied ist – was exegetisch richtig ist; und sie ging davon aus, dass die Gottebenbildlichkeit nicht in einer Beschaffenheit des Menschen besteht, sondern in seiner Funktion, im Verhältnis zu Gott und Welt. So betrachtete Luther den kreatürlichen Adam und Eva ohne Unterscheidung – *imago* und *similitudo* als Bild Gottes. Und von diesen Menschen sagte er, er habe als Gottes Ebenbild die *iustitia originalis*. Damit nahm Luther den scholastischen, thomanischen Begriff der *iustitia originalis* auf, aber er verstand ihn

---

72 STh I q95 a1c: [Diese Urgerechtigkeit/Geradheit bestand [...] darin, dass die Vernunft Gott untertan war, die niedrigeren Kräfte aber der Vernunft gehorchten und der Körper der Seele. Die erstgenannte Art Unterwürfigkeit nun ist die Ursache sowohl der zweiten als auch der dritten.]

§ 6: Der Mensch als Geschöpf Gottes

anders, in zweierlei Hinsicht: Imago und iustitia originalis waren dasselbe. Und iustitia originalis war nach Luther nicht eine übernatürliche Begabung und Ausstattung des Menschen mit der gratia infusa, gratia gratum faciens; sondern sie war das rechte, dem Willen Gottes entsprechende Verhältnis des Menschen zu Gott und Welt. Luther interpretierte den Begriff iustitia also vom biblischen Begriff צְדָקָה [zedaqah] und δικαιοσύνη [Gerechtigkeit] her. Der natürliche, kreatürliche Adam war vom Ursprung – origo – her gerecht, weil er gottgerecht lebte. Mit dem Fall, also der Abkehr von Gott und der Selbstvergöttlichung, fällt der Mensch in eine nicht mehr gottgerechte, frevelhafte Existenz, und er existiert diese iustitia originalis nicht mehr und verliert so vollkommen die Gottebenbildlichkeit. Natürlich sieht Luther, dass der Mensch seine Seele, Geist und Willen nicht verliert. Aber er hatte ja die Gottebenbildlichkeit im Gottesverhältnis gesehen, hatte gesehen, dass Geist und Wille dem Menschen gegeben waren, um gerecht zu existieren. Und nun stehen Geist und Willen des Menschen im Dienst einer verfehlten Existenz. Was Gott dem Menschen gegeben hat, um Ebenbild zu sein, das stellt der Mensch nun in Dienst der Selbstvergöttlichung. Vernunft und Willen bleiben erhalten, werden aber nun dem Wirken der Selbstvergöttlichung unterworfen, und so wird die Vernunft allmählich selbst blind.

Der Verlust der Ebenbildlichkeit ist der Verlust seiner Gerechtigkeit; und nun tritt die ganze Substanz des Menschen, Geist, Seele, Leib, in den Dienst der Ungerechtigkeit. Luthers existentielles Denken führt ihn dazu, dass er den eigentlichen Verlust der Ebenbildlichkeit und der Gerechtigkeit als Freiheitsverlust interpretiert. Der Mensch vor dem Fall war frei. Seine Freiheit bestand darin, dass er ganz Gott und der Schöpfung zugewandt war. Er konnte alle seine Gaben und Vorzüge frei betätigen. Seine Freiheit war aber darin eine echte, existentielle, relationale Freiheit, dass das andere zu ihm sein durfte, was es war: Er liess Gott Gott sein, griff nicht in die Gottheit Gottes ein, und darum liess Gott ihn frei walten. Aber auch die Schöpfung durfte frei sein, der Mensch beherrschte sie, missbrauchte [sie] aber nicht. Der Wahn der Selbstvergöttlichung ist das Ende der Freiheit. Der gefallene Mensch ist gezwungen, alles sich selbst, seinem Ich zu unterwerfen; die Herrschaft des Ich über den Menschen ist das Ende der Freiheit für ihn und die ganze Welt. Die Freiheit des Menschen wird also vernichtet, wenn der Mensch glaubt, sein eigener Herr, seine eigene Frau zu sein, sich selbst verwirklichen zu können. Die Unfreiheit des Menschen besteht in der Eindimensionalität, der *incurvatio in seipsum* [Verkrümmung in sich selbst]. Diese Unfreiheit des Menschen führt dazu, dass er auch all den objektiven Mächten unterworfen ist, die aus dieser Selbstvergöttlichung hervorgehen. Und er gewinnt die Freiheit nicht, wenn er die eine Macht durch eine andere Macht ersetzt. Das zeigt die neuzeitliche Geschichte der Machtkritik: Sie setzt bloss immer neue Varianten der Macht an die Stelle der alten: Klassenkampf, Ideologie, Nationalismus, neuerdings Feminismus. Machtkritik ist meistens nicht weit her: Sie dient bloss der Errichtung der Macht meiner selbst und meiner Gruppe. Freiheit, und hier zeigt sich nochmals das Problem des Anthropozentrismus, gibt es nur im konkreten Glauben an Gott, in der Rückkehr zu Gott: Gal 5,1 f. Alle Machtkritik ist und bleibt nichts anderes als eine neue Form der δουλεία [Knechtschaft/Sklaverei], wenn diese Macht und Machtkritik nur der neuerlichen Errichtung der Macht durch das Subjekt des Menschen dient. Wo Machtkritik nicht Selbstkritik ist, bleibt sie im Ansatz verfehlt. Der grassierende Subjektivismus, in dem wir uns jetzt befinden, ist der sichere Weg in eine gegenüber den vergangenen Formen viel subtilere und darum viel mächtigere Versklavung. Heute schon das Klima der Repressivität; Wahrheitsunfähigkeit zugunsten gefühlsmässig gestrickter Ideologie. Die Fürchterlichkeit des unfreien Subjekts zeigt sich darin, dass es sich der Wahrheit entzieht mit dem Argument, die Wahrheit sei eine Macht, die ihm die Freiheit nimmt. Statt der Wahrheit muss es daher seine Meinung, seine Gefühle und Optionen verabsolutieren – das ist Ideologie, die an die Stelle der Wahrheit tritt. Es ist aber gerade die Wahrheit, die uns freimacht (Joh 8,32). Und diese Wahrheit ist Gott selbst, Jesus Christus. Behandeln wir die Wahrheit als eine Macht, gegen die wir meinen kämpfen zu müssen, so kämpfen wir den Kampf des Sünders gegen Gott, des Sünders, der sein will wie Gott.

---

73 De Genesi ad litteram VIII, 12,25 (PL 34, 382 f.), Quelle: https://la.wikisource.org/wiki/De_Genesi_ad_litteram_(ed._Migne)/8; aufgerufen am 22.10.2024: [Denn der Mensch ist nicht irgendetwas, dass er, wenn er als Geschaffener den verlässt, der ihn geschaffen hat, und irgendetwas in guter Weise tun könnte, als ob er aus sich selbst heraus wäre; sondern seine ganze gute Tat besteht darin, sich dem zuzuwenden, von dem er geschaffen worden ist, und durch ihn immer gerecht, fromm, weise und glücklich zu werden: nicht in diesen Zustand zu kommen und sich wieder davon zu entfernen, als ob er von einem Arzt des Körpers geheilt werden und weggehen würde; denn der Arzt des Körpers war ein Arbeiter von aussen; ein Diener (an) der

Ich schliesse mit einem Satz Augustins aus seiner Genesis-Vorlesung[73]:
«25. Neque enim tale aliquid est homo, ut factus, deserente eo qui fecit, possit aliquid agere bene tanquam ex seipso; sed tota ejus actio bona, est converti ad eum a quo factus est, et ab eo justus, pius, sapiens, beatusque semper fieri: non fieri et recedere, sicut a corporis medico sanari et abire: quia medicus corporis operarius fuit extrinsecus, serviens naturae intrinsecus operanti sub Deo, qui operatur omnem salutem gemino illo opere providentiae [...]. Non ergo ita se debet homo ad Dominum convertere, ut cum ab eo factus fuerit justus abscedat, sed ita ut ab illo semper fiat. Eo quippe ipso cum ab illo non discedit, ejus ipse praesentia justificatur, et illuminatur, et beatificatur, operante et custodiente Deo, dum obedienti subjectoque dominatur.»

[4. Monogenismus, Ewigkeit der Seele]
Noch zwei Themen der klassischen Dogmatik seien erwähnt: Das Problem des Monogenismus und dei Ewigkeit der Seele.

Die Menschen stammen alle von einem einzigen Menschenpaar ab – das [meint] Monogenismus. Die Gründe für diesen Monogenismus sind theologischer Natur: biblischer Schöpfungsbericht; aber vor allem Lehre vom Sündenfall, Erbsünde und Erlösung: Wenn Christus für alle Menschen gestorben ist, müssten auch alle im Zusammenhang der Erbsünde stehen. Gegen den Monogenismus gibt es schon alte Einwände mit dem Argument verschiedener Rassen; aber auch dem Argument mit dem zweiten Schöpfungsbericht: Gen 1 präadamitische, Gen 2 adamitische Schöpfung. Heute auch in der Naturwissenschaft, der Anthropologie eher These des Monogenismus: Es spricht viel dafür, dass sich die Menschheit aus dem Hochland von Ostafrika über die ganze Erde verbreitet hat. Heute wird diese These auch von Linguisten unterstützt.

Leib und Seele: Ich habe darauf verwiesen, dass die Frage nach der Seele, Seele als das Leben, angesichts des Leichnams entsteht: Der Körper ist da, es fehlt ihm etwas, das, was ihm Leben, Bewegung gab. So kam es

---

Natur, die unter Gott wirkt, der vollständige Erlösung durch jenes doppelte Werk der Vorsehung bewirkt, [ist ein Arbeiter] von innen [...]. Darum soll sich ein Mensch dem Herrn nicht so zuwenden, dass er, wenn er von ihm gerecht gemacht wurde, weggeht, sondern so, dass er immer von ihm her wird. Denn gerade dadurch wird seine Gegenwart, wenn er sich nicht von jenem abwendet, gerechtfertigt und erleuchtet und gesegnet, indem Gott wirkt und auf ihn Acht gibt, während er Herr über denjenigen ist, der gehorsam ist und sich untergeordnet hat.]

zur Theorie, welche die Seele vom Körper unterschied – nicht trennte – und nach ihr selbst, dem Existieren der Seele fragte, nach dem Tode, aber auch vorher. Damit verbunden ist die Frage, ob die Seele etwas Seiendes ist oder bloss die denkende, fühlende, erlebende Aktivität und Passivität des Körpers in summa. Die klassische Dogmatik lehrt im wesentlichen folgendes: Der Mensch ist eine Komposition aus Körper und Seele, die denkbar eng miteinander verbunden sind, die sich im Tod trennen, aber in der Auferstehung der Toten am Ende der Zeit wieder miteinander verbunden werden. Der Körper des Menschen geht aus der biologischen Fortpflanzung hervor; das berührt keineswegs, dass er wie alles Seiende Gottes Geschöpf ist. Für die Seele ist die Frage nach ihrer Entstehung verschieden. Die zwei Hauptthesen sind der Traduzianismus und der Kreationismus. Traduzianismus: Seele genau wie Leib von den Eltern vererbt; so vor allem Tertullian wegen der Erbsünde. Kreationismus: Jede einzelne Seele wird von Gott aus nichts geschaffen, und zwar im Augenblick der Empfängnis, und wird in diesem Augenblick mit dem Ur-Embryo verbunden. Die Seele existiert nicht vor dieser Vereinigung mit dem Leib, aber nach ihrer Erschaffung existiert sie ewig. Nach dieser Vereinigung bildet die Seele mit dem Leib eine einzige Natur und gerät dadurch in den Zusammenhang der Erbsünde, der von Adam auf das ganze Menschengeschlecht übergeht. Kreationismus ist weitgehend katholische Lehre, aber nicht Dogmatik de fide [vom Glauben]. Daneben noch Emanatismus: Seelen sind Ausflüsse oder Teilchen des göttlichen Seins; mit Schöpfungstheologie und christlichem Glauben nicht vereinbar. Präexistentialismus: Seelen sind präexistent, so Platon. Von Origenes übernommen, allerdings Verbindung mit Schöpfungslehre: Seelen sind geschaffen, aber sie präexistieren vor der Vereinigung mit dem Leib. Hiermit weitere Spekulation verbunden: Seelen sind also präexistent reine Geister. Viele dieser Geister wandten sich aber von Gott ab, das ist der präexistente Sündenfall. Daher schuf Gott die Materie und schloss die Geister, also die Seelen, in die Materie ein, um sie zu strafen und zu läutern. Läuterung deshalb, weil die Seelen nun in der Fremde, angesichts der Materie, ihre wahre geistige Natur erkennen und wieder verwirklichen können. Daran schliesst sich dann die Lehre von Reinkarnation, Metamorphose an. So etwa Origenes, heute sehr aktuell in der Gnosis, Anthroposophie, New Age. Im Deutschen Idealismus wird der vorzeitliche Sündenfall oft angenommen, um die vor jeder Erfahrung sichtbare böse Neigung im Menschen erklären zu können. Eine spezifische Präexistenztheorie vertritt Leibniz: Nach ihm sind alle Seelen in der Seele miterschaffen worden, die Gott Adam gab; und so haben in Adam alle Menschen auch mitgesündigt – dies wohl zur Vermeidung der Erbsündentheorie.

Emanatismus und Präexistentialimus sind nicht oder nur in gewissen Aspekten mit dem christlichen Glauben vereinbar und theologisch aussagbar – starkes Interesse hier auf der Seele, nicht auf Gott.

Versuchen wir eine kurze theologische Klärung: Eine Unterscheidung zwischen Leib und Seele richtet sich nicht gegen die Einheit von Leib und Seele, aber sie kann durchaus der Wahrnehmung der Komplexität der Existenz dienen. Betrachtet man Leib und Seele je für sich und ihren Zusammenhang unter der Kategorie der Substanz, also für sich, so wird man die Wahrnehmung in jedem Fall verkürzen, ob man nun an der klassischen Leib-Seele-Lehre festhält oder ob man sie bestreitet.

Wir haben nun immer darauf hingewiesen, dass wir den Menschen nicht substantiell und subjektivistisch, sondern existentiell und personal wahrnehmen wollen, also in Beziehung zu Gott, Welt und Mensch. Man könnte Leib und Seele als Ganzes dieser Beziehungen bezeichnen, aber verschiedene Aspekte, die der Mensch mit Pflanzen und Tieren gemeinsam hat, aber auch die besonderen und einzigartigen des Menschen. So kann man der alten Leib-Seele-Lehre neue Interpretationen abgewinnen: Leib (vegetativ-animalisch) und geistige Seele sind verschiedene Schichten von Beziehungen. Diese Beziehungen werden nun beim Menschen qualifiziert durch die Differenzierung von wahr und falsch, gut und schlecht, schön und hässlich, gelingend oder misslingend. Was bedeutet das für die Lehre vom Menschen als Geschöpf?

Ich sagte früher, dass die Seele nicht rein aktualistisch als Inbegriff ihrer Aktionen und Passionen verstanden werden darf, wenngleich heute viele psychologische und anthropologische Theorien dahin tendieren. Dann wäre mehr oder weniger das, was sich so zeigt, ein ontologischer, moralisch, theologisch nicht mehr qualifizierbarer Tatbestand. Der Mensch ist eben das, was er ist. Betrachtet man aber den Menschen leib-seelisch als bezogen auf Gott, Mensch, Welt, wie das die Schöpfungstheologie tut, so ist der Mensch gewiss das, was er ist, aber es erscheint auch, dass er nicht ist, was er sein soll. Und hier kommt heraus, dass Leib und Seele mehr sind als die Zusammenfassung des bloss existenten, gelebten Lebens. Leib und Seele sind dem Menschen als von Gott geschaffene, geordnete, wahre Beziehung vorgegeben (vgl. Wahrheit der

Schöpfung); also die existentielle Aktualität ist auf die schöpfungstheologische Gottebenbildlichkeit rückbezogen. Der Mensch ist in die Frage nach der Wahrheit seiner Existenz hineingestellt, er ist also vor eine Frage an sich selbst gestellt, vor die Frage der Wahrheit, oder, was dasselbe ist, vor die Frage der Gerechtigkeit seines Lebens. Die Frage ist an den ganzen Menschen gestellt, auch an den Leib – ich erinnere daran, dass nach Paulus der Leib der Tempel des Heiligen Geistes sein soll. Aber insofern nun der Mensch auf Antwort, Verantwortung befragt ist, also selbst auf dem Spiel steht, in der Frage nach der Wahrheit des Existentiellen er selbst auf sein Verhältnis zu sich selbst befragt ist, so ist innerhalb der Einheit von Leib und Seele die Seele des Menschen vor allem der Ort, an dem dieses Verhältnis, diese Beziehung selbst ausgetragen wird. Das Leben, das Gott dem Menschen einhaucht, ist ja die existentielle Bezogenheit, Leben ist ja Beziehung; und so ist die Seele nicht so sehr eine Substanz, aber auch nicht bloss die Summe der Lebensereignisse; sondern die Seele ist der Mensch selbst als Hören auf den Schöpfer. Der klassische Substanzbegriff, nach welchem die Seele die Form des Leibes ist und so der Mensch ist, hat daran sein grosses Recht, dass er ein Schutz gegen puren Aktualismus ist: Dem Existieren des Menschen liegt etwas zu Grunde. Das, was der Mensch ist, ist gewiss das, was er aktualisiert, aber auch das, was er nicht aktualisiert, aber sein soll. Dies sucht der Substanzbegriff auszusagen. Aber er orientiert, und das ist sein Mangel, das Denken am Subjekt des Menschen, und deshalb ist er zur Wurzel des neuzeitlichen Subjektivismus geworden; also des Menschen, der die Beziehungen zu Gott, Welt und sich selbst von sich aus entwirft und klärt.

Ich habe nun so zu denken versucht, dass ich Ihnen herauszuarbeiten versuchte: Der Mensch ist in die Wahrheit und Gerechtigkeit hineingestellt, sie wird nicht von ihm, sondern ausser ihm entschieden, und daher ist er gefragt, ob er dieser Wahrheit und Gerechtigkeit entspricht. Der Mensch als auf diese Wahrheit und Gerechtigkeit Angesprochener, Gefragter – das ist in Wahrheit die Seele des Menschen; und daher ist, wie die alte Seelenlehre es wollte, in der Tat die Geistseele das den Menschen Auszeichnende. Aber nicht vom Leib getrennt, sondern Seele als der bewusste Anthropomorphismus. Nun aber Geist radikal theologisch gedacht, also nicht vom Subjekt her als technische Rationalität, sondern existentiell als Hören des Wortes Gottes und der Sprache der Dinge. Also *Intellectus*, Einsicht in das andere, Verstehen; *Intuitus*, θεωρία [Schau/Einsicht] usw. Aber dies kann nur wahr werden im Durchgang durch die schärfste Selbstkritik, die Reflexion der Störung der Beziehung, der Enthüllung des faktischen Unwesens des Menschen, des Subjektivismus. Damit sind wir nun bei der Sündenlehre.

§ 7: Der Mensch als Sünderin und Sünder – Anthropologie der Faktizität

1. Hermeneutische Vorüberlegungen

[a] *Geschichtlich-ontologische Interpretation*]
Was hier zu sagen ist, soll zunächst an Gen 1 gezeigt werden. Gen 1 stammt natürlich nicht aus der Zeit vor dem Sündenfall.[74] Dieser Text ist geschrieben nach dem Auftreten der Propheten, also nach dem öffentlichen Erschallen der Gerichts- und Strafreden der Propheten usw. Dieser Text ist geschrieben im Bewusstsein der Sünde. Es geht also dem Text nicht um eine historische Darstellung, sondern um den Aufweis einer ursprünglichen, d. h. dem menschlichen Dasein originär zugrundeliegenden Beziehung zum Schöpfer, zur Welt, zu sich selbst. Den scholastisch-lutherischen Terminus aufnehmend könnte man sagen: Gen 1 zeigt die *iustitia originalis*, also die das Dasein der Schöpfung und des Menschen auszeichnende Struktur, ihr Sein, ein Sein, das in richtigen Beziehungen besteht. Gen 1 ist also nicht einfach Geschichte im Sinne von Historie. Wäre der Mythos-Begriff nicht so belastet, so könnte man mit einer antiken Definition des Mythos – Mythos ist das, was nie war und immer ist – sagen, Gen 1 ist ein Mythos, Mythos aber nun im schärfsten Gegensatz zu mythologischem Reden als Sprache, theologisches Sprechen vom originalen Gutsein der Schöpfung. D. h., was ich vom Anfang sagte: Gen 1 bezieht den je gegenwärtigen Menschen, also den Sünder, auf Gott und die ontologische *iustitia originalis* der Schöpfung. Ein Text wie Gen 1 ist also nicht nur im Kontext der Erfahrung der Zerstörung der *iustitia originalis* zu lesen – wir können ihn ja gar nicht anders lesen, sondern er ist aus der Erfahrung der Sünde entstanden. Priesterlich-weisheitliche Ordnungstheologie ist ja eine Reaktion auf die Erfahrung der Bedrohtheit der Weltordnung, also der Ursprungsge-

---

74 Vgl. Dietrich Bonhoeffer, Schöpfung und Fall [1933/DBW, Bd. 3 (Sonderausg. 2015)]

rechtigkeit, ein Versuch, sie zu bewahren und wiederherzustellen, vgl. sehr schön Jes Sir 17 (s. o.), Verbindung von weisheitlicher Schöpfungstheologie und Sündenerfahrung (Hochmut), vgl. Jes Sir 10,12-18. Gen 1 stellt also dem Zustand bedrohter, zerstörter Ordnung, *iustitia originalis*, den Zustand der ursprünglichen Ordnung = Gerechtigkeit gegenüber, so wie dem Sünder der Mensch als Ebenbild Gottes entgegengestellt wird. Und nun ist der Nachvollzug des folgenden Gedankens von entscheidender Wichtigkeit: Gen 1 ist nicht historisch die Darstellung eines verlorenen Anfangszustandes. Gen 1 ist, wie die alte Dogmatik immer gelehrt hat, und ich habe das auch getan, die Aussage, dass die Schöpfung gut *ist*, nicht bloss einmal gut war. Die Schöpfung ist jetzt gut. In diesem Sinn ist Gen 1 ein ontologischer Text, d. h. er sagt etwas über das Sein der Schöpfung, nämlich dass sie gut ist, d. h. dass in ihr alles stimmt. Daher ist es auch unmöglich, diesen Text, wie im neuzeitlichen Denken geschehen, zu eschatologisieren, d. h. die Güte der Schöpfung ans Ende der Geschichte, als Utopie, als Zukunftsparadies zu verlegen. Tut man das, so wird die Verwirklichung dieser Utopie zwangsläufig zu einer Sache des Menschen und der Schöpfungsbegriff in Gen 1 zu einer Theorie oder Handlungsanweisung für den Menschen. Aber Gen 1 sagt 1., dass die Schöpfung gut *ist*, und 2., dass sie es ist, weil Gott sie gut geschaffen hat.

Versteht man Gen 1 in dieser Weise nicht historisch-historisierend, sondern geschichtlich-ontologisch, so hat das für die Lehre von der Sünde, aber nicht nur für sie, sondern für die Anthropologie, Geschichte usw. enorme Konsequenzen. Eine historische Auslegung von Gen 1 führt dazu, die Schäden der Schöpfung, die Störung der Ordnung usw., also die Sünde und das Böse, im wesentlichen als Störung von Zuständen, schlechten Verhältnisse zu verstehen, deren Behebung Aufgabe des Menschen sei. Und natürlich ist auch das Böse Störung von Ordnung und schlechten Verhältnissen, das entspricht ja ganz unserer Auslegung der Schöpfungsgeschichte als ontologisches System von Beziehungen, die in Ordnung, also gut sind. Verkannt wird hier aber das Wesen der Sünde. Die Verkehrung der Ordnungen, die schlechten Verhältnisse werden ja durch den Menschen verursacht, der der jetzt wirklichen Güte der Schöpfung nicht entspricht, und am allerwenigsten dann, wenn er sie zuallererst noch herzustellen zu müssen meint; denn dann hält er sie ja für nicht-gegeben. Moderner Nihilismus, am schärfsten von Heidegger analysiert. Die geschichtlich-ontologische Interpretation der Schöpfungsgeschichte lenkt daher den Blick nicht auf die bösen Zustände, sondern unendlich viel radikaler auf den Menschen als Sünder: Der Mensch ist ja der Urheber der schlechten Verhältnisse, und zwar je aktuell. Nicht darin besteht das Böse, dass der Mensch in schlechten Verhältnissen lebt, sondern dass der Mensch sich je aktuell aus der Güte der Schöpfung herausstellt.

[b) Der Sündenfall]
Damit sind wir beim *Sündenfall*, Gen 3. Man muss die Geschichte vom Sündenfall natürlich genauso behandeln wie Gen 1, also als etwas, was immer geschieht. Man darf auch die Geschichte vom Sündenfall nicht historisieren. Adam und Eva, das sind wir selbst – so wie die Welt von Gen 1 die Welt ist, in der wir leben. Dann gewinnt die Geschichte vom Sündenfall eine enorme hermeneutische-dogmatische Bedeutung. Denn sie zeigt uns, was Sünde original ist, d. h., was die Sünde selbst und wirklich ist, in ihrem Wesen ist. Man muss aber, das möchte ich nochmals betonen, dann die Geschichte wie Gen 1 nicht historisch, sondern geschichtlich interpretieren, also von dem her, was jetzt, gegenwärtig wirklich geschieht.

Mitten in einer guten Schöpfung, in den denkbar besten Verhältnissen, ohne Anlass kündigt ein Geschöpf, der Mensch, den Konsensus über die Güte der Schöpfung auf. Gen 3 drückt das so aus, dass er sein will wie Gott. D. h., der Mensch will als Geschöpf sein wie der Schöpfer. Der Mensch will den Unterschied zwischen Schöpfer und Geschöpf, zwischen Gott und Mensch aufheben. Er will, dass alles auf ihn, er selbst aber auf nichts mehr bezogen ist. Das heisst, *en parenthèses*, im Sein-Wollen-wie-Gott lauert das Nichts, aus dem der Mensch herkommt. Ist er nicht mehr auf Gott bezogen, so ist er, in der Meinung, auf sich selbst bezogen zu sein, in Wahrheit auf das Nichts bezogen. Und so ist alles Seiende, das der Mensch als auf sich bezogen betrachtet, mit ihm aufs Nichts bezogen. Das Sein-Wollen-wie-Gott führt zur faktischen Herrschaft des Nichts über den Menschen – Sie erinnern sich an den Lehrsatz der alten Schöpfungsgeschichte, dass nur Gott selbst den Menschen und alle Schöpfung vor dem Nichts bewahrt. Die erste grosse schreckliche Sündentat ist es denn auch, dass der Mensch den Menschen, der sich auf Gott bezieht, ins Nichts befördert; der Tod Abels ist ein Typos auf den Tod Jesu Christi, durch den ja auch der auf Gott bezogene Mensch von den Sünden vernichtet wird.

Die geschichtliche Wahrnehmung also sagt uns: Der Sündenfall ereignet sich in einer guten Schöpfung; will man das Wesen der Sünde wahrnehmen, für uns, für die Gegenwart, so heisst das: Sünde ist auch für uns, jetzt, aktuell, das Sein-Wollen des Menschen wie Gott in einer guten Schöpfung und daher die Beziehung des Menschen auf nichts anderes als sich selbst; und die Beziehung von allem Seienden auf den Menschen, und also Beziehung des Menschen und von allem Seienden auf das Nichts. In dieser Sünde ist die Wurzel alles Bösen zu sehen, aus ihr folgen alle bösen Zustände, alle schlechten Verhältnisse, die böse Geschichte des Alltags, welche die guten Sitten verderben, die Besitzgier, die Zerstörung von Kultur und Natur, die Kriege usw. Es ist also für die Wahrnehmung des Bösen von äusserster Wichtigkeit zu erkennen, was die Sünde ist und dass die Sünde des Adam die aktuelle Sünde ist, das Sein-Wollen-wie-Gott. Denn weil die Sünde der Ursprung des Bösen ist, aller schlechten Verhältnisse, so können diese schlechten Verhältnisse nur beseitigt werden, wenn der Quell versiegt, aus dem das Böse stammt, die Sünde. Und alle Versuche, das Böse, also die schlechten Verhältnisse zu ändern, ohne die Sünde als Ursprung auch nur wahrzunehmen, sind nutzlos und absurd. Man kann vielleicht hier und da das Böse verhindern, besiegen kann man es nicht. Denn das Böse kommt nicht aus der Vergangenheit, sondern aus der Sünde der jeweiligen Menschen. Nur durch sie kann das Böse aus der Vergangenheit überhaupt überdauern. Um Ihnen nun hier gleich die gesamttheologische Perspektive wirklich anzudeuten: Die Sünde als Sein-Wollen-wie-Gott ist darstellbar nur am Sünder und an der Sünderin. Das Sein-Wollen-wie-Gott umfasst den ganzen Menschen existentiell. Es ist nicht etwas am Menschen, sondern es ist der Mensch selbst, das Subjekt. Als Selbstvergöttlichung des Menschen ist Sünde die Verabsolutierung des Subjekts; darum rede ich von Subjektivismus als dem Wesen der Sünde. Sünde ist also *peccatum personale* oder *radicale*, also etwas, was das Sein des Menschen betrifft und daher in die theologische Ontologie gehört. Der Mensch ist also als Ich, als Subjekt, Sünder und Sünderin – und überall, wo dieses Ich das Denken beherrscht, und sei es noch so fromm, religiös, alternativ, newaged, marxistisch, feministisch usf., da herrscht die Sünde. Diese theologische Sündenlehre ist denkbar radikal; denn Sünde ist ja, da der Mensch seine Geschöpflichkeit aufgeben möchte, Störung der Ursprungsgerechtigkeit, in der er als Geschöpf lebt, und daher Verwüstung seiner selbst und des Seienden im Ganzen. Gewiss hat dieser Mensch moralische und

§ 7: Der Mensch als Sünderin und Sünder 109

geistige Kräfte, mit denen er hier und da etwas bessern und verändern kann; aber existentiell ist die Selbstvergöttlichung die Sünde, und die aus ihr resultierende Zerstörung scheint ja unaufhaltsam zu sein. Betont man so sehr diese Tragweite der Sünde, so ist Paulus zu verstehen, der in Röm 5,12 die Sünde aller Menschen nicht von Adam ableitet, sondern sagt: Jeder Mensch ist so wie Adam ein Sünder, so originär, so aus sich selbst heraus und so inmitten einer guten Schöpfung. Diese radikale paulinische Sündenlehre hat immer wieder den Protest hervorgerufen im Namen der Moral und im Namen des Gesetzes. Wie kann der Mensch, der so ganz und radikal ein Sünder ist, überhaupt noch moralisch angesprochen werden. Nun, das kann er; Gesetz AT, Ethik Griechen, Staatsgesetze, Sitte und Moral. Dadurch kann dieses oder jenes Böse verhindert werden, besiegt werden kann es nicht. Denn der Mensch kann das Böse in gewissem Masse eindämmen, beseitigen kann er es nicht, weil er die Sünde nicht beseitigen kann. Und hier erscheint nun die gesamttheologische Perspektive: Der Moralist muss das theologische Reden von der Sünde verabscheuen, weil es ihm auf Moral, Ethik und Gesetz ankommt. Der Preis, den er dafür bezahlt, ist sehr hoch; er sieht nämlich das wesentlichste Stück der Wirklichkeit nicht, die Sünde, bzw. er sieht die Sünde nur moralisch, nicht ontologisch und theologisch. Was das heisst, kann man sich so klar machen: Nur wer den Zusammenhang von Sünde und Tod und damit von Sündenvergebung und Auferweckung sieht, denkt Sünde ontologisch. Und darum sieht er auch die Sündenvergebung nicht, bzw. er verrechnet sie moralisch; er sieht nicht den Zusammenhang von Jesus Christus und Sündenvergebung. Das rigorose Reden vom Sünder dient also nicht nur einem illusionslosen Blick auf den Menschen, sondern der Sündenvergebung – die aber kann ohne das klare theologische Reden vom Menschen als Sünder und Sünderin nicht verstanden werden. Ich weise Sie auf diese theologische Perspektive hin, also den Punkt, auf den sich das Denken richtet; und das ist auch wichtig, weil von der Sündenvergebung, also von Jesus Christus her, ein Licht auf die Sünde und den Sünder fällt. Aber nun sprechen wir, und zwar in diesem Licht, vom Sünder und von der Sünderin. Wir halten aber als hermeneutische Anweisung zur Interpretation von Gen 1–3, also Schöpfung und Sündenfall, fest: Erstens: Diese Texte sind nicht historisch, sondern geschichtlich zu interpretieren, d. h. sie erzählen, was immer ist: dass jeder Adam, jede Eva nach Gottes Bild geschaffen ist und dass jeder Adam und jede Eva das Sein-Wollen-wie-Gott als Sündenfall vollzieht. Zweitens: Dass dies nicht als Theorie über den Menschen, sondern als Geschichte erzählt wird, ist von entscheidender hermeneutischer Bedeutung: Sündenlehre ist Lehre vom Sünder, in genauer Entsprechung zur Schöpfungslehre, die ja, wie ich immer wieder gesagt habe, nicht Lehre und Theorie über den Ursprung der Schöpfung ist, sondern Lehre vom Schöpfer, Lehre von Gott, dem gegenwärtigen Schöpfer.

2. Die biblischen Berichte von der Sünde

Die Geschichte vom Sündenfall in Gen 3 ist jahwistisch, nicht priesterschriftlich. In der Priesterschrift wird aber die Sünde der Menschheit ebenso radikal vorausgesetzt, nämlich vor die Geschichte von der Sintflut: Gen 6,11: Die Erde war verderbt vor Gott und die Erde füllte sich mit Gewalttat. In diesem einen monumentalen Satz wird zunächst die überwältigende Faktizität der Sünde festgestellt, sodann das Wesen der Sünde gezeigt. Zunächst also einige Sätze zur Priesterschrift. Die Faktizität der Sünde – das ist, dass die Sünde nicht irgendwie ein innerlicher, psychisch-physischer Defekt ist, sondern sie ist kosmisch, d. h. von der Erde: sie füllt die Erde, sie bestimmt die Welt, das Geschehen. Die Sünde ist öffentlich, sichtbar, als evidente Zerstörung der Zusammenhänge der guten Schöpfung, wie sie Gen 1 beschrieben sind. Das heisst nicht, dass hier das Böse als Sünde erscheint; es ist der Sünder, dessen Sünde hier beschrieben wird als kosmische und existentielle Faktizität. Neben dieser Feststellung der Faktizität der Sünde – Sünde ist nicht bloss moralisches Versagen, Schuldgefühle, sondern faktische Weltzerstörung – steht ein das Wesen der Sünde beschreibendes Wort: חָמָס [hebr. chamas]. Das heisst Gewalttat, und mit diesem Wort bezeichnet die Priesterschrift das Wesen der Sünde. חָמָס ist der kontradiktorische Gegensatz gegen die in Gen 1 beschriebene Güte der Schöpfung, in welcher der Mensch als Gottes Ebenbild der Pfleger dieser Güte ist. חָמָס ist nämlich der willkürliche Bruch dieser guten Ordnung. חָמָס ist der sinnlose Aufbruch und Ausbruch des Menschen aus dieser Güte der Schöpfung. Was der Jahwist ab Gen 3,1 erzählt, die Geschichte von Sündenfall und Gewalttat, das ist von der Priesterschrift in einem Wort zusammengefasst: חָמָס. Die Bedeutung von חָמָס kann man aus der Entgegensetzung zu Vers 9 erschliessen. Hier erscheint Noah als der letzte aus allem Fleisch, von dem gesagt wird: er war gerecht, צַדִּיק [hebr. zadiq], und

§ 7: Der Mensch als Sünderin und Sünder

ohne Tadel, תָּמִים [hebr. tamim]; und das wird erläutert: er wandelte mit Gott. Die Gerechtigkeit und Tadellosigkeit des Noah bestand also in der Faktizität seiner Existenz als eines Wandels mit Gott. Noah existierte ordnungsgemäss, verhielt sich Gott und der Schöpfung entsprechend – sein Sein ist seine Gerechtigkeit und Tadellosigkeit, Gerechtigkeit und Tadellosigkeit sind also in diesem Sinn ontologische Begriffe. Das Gegenteil davon ist חָמָס. Der Mord Kains an Abel ist also nur der Gipfel von חָמָס. חָמָס, Willkür und Gewalt ist alles, was nicht einer gottentsprechenden, also gerechten und tadellosen Existenz entspricht. Man könnte allgemein sagen: חָמָס geschieht, wenn der Mensch irgendein Seiendes nicht als Geschöpf Gottes, sondern als sein Objekt betrachtet.[75] Gerecht und tadellos ist der Mensch, der alles Seiende, sich selbst, seine Mitmenschen, Tiere und Pflanzen und Erde primär als Geschöpf Gottes betrachtet: Das heisst «mit Gott wandeln».

So wie חָמָס sind auch צַדִּיק und תָּמִים keine Eigenschaften menschlicher Substanz, sondern sie zeigen sich im Wandel, also in der Existenz. Ob der Mensch gerecht und tadellos ist, das entscheidet sich nicht danach, ob er sich dafür hält und sich so auslegt, sondern nach seinem Wandel. Das meint der Begriff Existenz und der Begriff Faktizität. Die Auslegung des Menschen muss sich beziehen auf seine Faktizität, nicht auf Theorien darüber. Gewiss sind Theorien Auslegung der Faktizität des Menschen und seiner Geschichte, sie wollen ja sagen, wie es ist; aber daher stehen sie in ihrer Wahrheit auf dem Spiel. Und die Wahrheit des Menschen ist, wie ich früher sagte, nicht beliebig, sofern der Mensch in eine von Gott selbst geordnete Schöpfung gestellt ist und ihr entsprechend existieren muss. Die Wahrheit des Menschen kommt auf jeden Fall an den Tag, weil der Mensch einer nicht von ihm gesetzten Wahrheit entsprechen muss. Darum spricht die Bibel, wenn sie vom Wesen des Menschen spricht, also von seiner Essenz, von seiner Existenz, seinem Wandel, so wie Gen 6,9, so wie, sehr programmatisch, Gen 17,1 (auch Priesterschrift) vom Wandel Abrahams. Das Sein des Menschen entscheidet sich an seinem Dasein, sein Wesen an seinem Wandel. Die ganze Verkündigung Jesu beruht darauf – z. B. in der Geschichte vom Pharisäer und Zöllner (Lk 18). Wie die Gerechtigkeit und Tadellosigkeit, so kommt auch חָמָס am Wandel heraus. Eingriff in das Recht des anderen, Nichtanerkennung des anderen als Geschöpf Gottes, das kann sich

---

75 Androhung der חָמָס in Mt 5,21 ff.

sehr wohl hinter einem theoretischen Altruismus tarnen. Wenn man bestimmte kirchlich-religiöse Verlautbarungen liest und hört, vor allem in den Medien, da wird eine Sprache gepflegt, die soft ist, von Altruismus, Geschwisterlichkeit, Solidarität trieft und doch schlecht verbergen kann, wie toll sich die Frauen und Männer finden, die so reden – das ist auch חָמָס, Gewalt, nämlich Missbrauch des andern zur Selbstvergötzung. Sich selbst als Geschöpf Gottes zu betrachten, also zu glauben, das erfordert, wie ich denke, eine sehr tief gehende Selbstkritik, ein theologisches Durchmeditieren biblischer Geschichten als meiner eigenen Geschichte, also etwa von Gen 1–11 als einer exemplarischen Geschichte des Menschen schlechthin. Selbstkritik, das ist auch nicht einfach so «nobody is perfect», sondern das ist in der Theologie streng methodisch gemeint: Der Glaube denkt selbstkritisch; d. h. er beobachtet den Wandel in der Sünde in sich selbst. Solche Texte wie die 7 kirchlichen Busspsalmen[76] oder Röm 7 sollten fest in das Meditationsprogramm eines Theologen gehören.

In diesem ganzen Zusammenhang möchte ich Ihnen noch einen m. E. sehr wichtigen Hinweis geben. Die Beunruhigung durch die Sünde, also die Erfahrung von חָמָס, Ordnungszersetzung, die das Denken Israels zunehmend beschäftigt, kann man ja in verblüffender zeitlicher und sachlicher Parallelität auch im Griechentum beobachten. Ähnlich wie die Propheten und theologischen Denker des AT werden die Griechen beunruhigt von der Zerstörung der Ordnung durch Menschen, die sich nicht an sie halten, einer Ordnung, die auch die Griechen göttlich begründet sahen. Wie also im AT, wo die Schöpfung als *tob* [gut] oder als ein kultivierter Garten beschrieben wird, so sehen die Griechen die Welt als einen Kosmos, der durch νόμος [Gesetz] geordnet ist; und beide Male wird die Ordnung gestört. Dabei entspricht dem alttestamentlichen Begriff חָמָס derjenige griechische Begriff, der diese Ordnungszersetzung bezeichnet, auf frappierende Weise: חָמָס – willkürliche Gewalttat; Hybris, willkürliche, frevelhafte Verletzung des νόμος aus Eigeninteresse; oder auch des rechten Masses, der σωφροσύνη [Vernünftigkeit]. Volksetymologisch schon bei Homer, von ὑπέρ [über] – über das Mass hinaus;

---

76 Ps 6; 32; 38; 51; 102; 130; 143; vgl. Martin Luthers Schrift «Die sieben Busspsalmen. Erste Bearbeitung. 1517», WA 1, 154–220; ²[1525] WA 18, 467–530, zum Ps 130 sein Lied «Aus tiefer Not schrei ich zu dir»; an diesem Lied, das ja kultisch ein Loblied ist, kann man lernen, dass die Erkenntnis der Sünde heilsam und ein Grund zum Lobe Gottes ist.

§ 7: Der Mensch als Sünderin und Sünder   113

etymologisch falsch, sachlich richtig. ὕβρις [Hybris]: Überheblichkeit und Übergriff, also Gewalttat; Verletzung der εὐνομία [Rechtlichkeit/ gute gesetzliche Ordnung] – ein Wort, das man für das gebrauchen kann, was Gen 1 geschieht. Um im Griechentum das Phänomen wahrzunehmen, muss man sich weniger mit der Philosophie als mit der Dichtung beschäftigen. Dies ist sehr interessant: Dichtung ist ja auch nicht Fiktion, sondern geschichtlich, erzählt, was geschieht. Dichtung kann nicht von der Existenz, vom Wandel absehen – das geschieht eher in der Philosophie. So taucht das Phänomen im Griechentum eher bei und in der Geschichtsschreibung auf, weil es existentiell ist. Vor allem in der Tragödie, auf die ich Sie allgemein verweisen möchte – griechische Tragödie ist sehr wichtig. Aber auch Lyrik, z. B. Pindar, hier ein besonders instruktives Beispiel: [«Mutter der Übersättigung»][77]

Diese Faktizität und dieses Wesen der Sünde aus der Priesterschrift stimmt inhaltlich ganz mit dem Jahwisten überein, nur dass der Jahwist dieses Wesen der Sünde ausführlicher und anschaulicher darstellt, mit z. T. aus der Tradition aufgenommenen Elementen wie der Geschichte von den Engelehen.[78] Doch ist nun noch auf Gen 3 einzugehen, wegen der theologischen Bedeutung des Sündenfalls.

Die Grundvoraussetzung, die uns begegnet, ist die: Dem Menschen fehlte nichts, was er brauchte, für sich selbst und seine Funktion als Gottesbild. Der Sündenfall, also das Begehren, zu sein wie Gott, ist also etwas vollkommen Absurdes. Hatte der Mensch alles, was er brauchte, so ist das Begehren nach mehr faktisch absurd. Daher erreicht auch der Mensch das Gegenteil dieses Mehrs. Die Schrift drückt das so aus, dass sie das Sterben, also den Tod, zum Lohn dieses Mehr macht: Gen 2,17; 3,3f; und als Verlust des Paradieses, ein Leben in Schmerz, Arbeit, Mühen. Für sein Begehren steht also dem Menschen kein vernünftiges Ziel vor Augen, und daher ist es absurd. חָמָס, Hybris als willkürliche, also sinnlose Gewalttat – das sind die treffendsten Begriffe für dieses Phänomen. Diese Absurdität der Sünde – sie gesehen zu haben, ist das Geniale am Jahwisten; denn wenn wir die Geschichte vom Sündenfall nach unserer hermeneutischen Anweisung geschichtlich lesen, so bestätigt sich die

---

77 Allgemeiner Hinweis auf Literatur → Theologisches Wörterbuch zum NT, Art. ὕβρις [Übergriff/Überheblichkeit] in Band 8 (Stuttgart 1966, hg. von G. Friedrich), 295–307, hier: 296, Z. 30 f.
78 Gen 6,1–4.

Geschichte bis auf den heutigen Tag. Es gibt ja nichts Absurderes als die Herrschaft des Faschismus und des Bolschewismus-Sozialismus – aber welche Versuchungen zur Selbstüberhebung in diesen Ideologien lagen, zeigt ja die Tatsache, dass viele Intellektuelle und Christen, auch Theologen, vor diesen Ideologien, besonders vor dem Sozialismus, auf den Knien lagen und liegen. Die Herrschaft des Absurden ist so aktuell wie eh und je, und ihre Schrecklichkeit besteht darin, dass sie konkret ist und dem Menschen verlockende Versprechungen macht. Die Herrschaft des Absurden ist der permanente Vollzug des Sündenfalls. Sie wurzelt eben in der Absurdität des Menschen selbst, der unablässig über sich hinaus will, sein Ich aufbläht – demgegenüber sagt Paulus, dass die Liebe sich nicht bläht.[79] Die Absurdität des Krieges, z. B. Jugoslawien: Alle wollen mehr, und jeder hat am Ende weniger. Aber diese Absurdität auch im individuellen Bereich, ihre Dialektik in Röm 7 schon klassisch geschildert.

Es ist ungeheuer wichtig, sich diese Gedanken der Absurdität klar zu machen: Die Sünde ist etwas Konkretes, nämlich sie ist der Sünder und die Sünderin selbst, aber dieses Konkrete wurzelt in dem Absurden, dass der Sünder, die Sünderin sind. (Hier nun ein theologisch fundamentaler Hinweis: Weil dieses Absurde eben ein Ich ist, darum ist die Sünde so schwer zu erkennen – denn welches Ich wäre bereit, die Sünde als sich selbst zu erkennen. Deswegen gibt es ja selbst im Christentum so kaum Sündenerkenntnis, nämlich als Erkenntnis des eigenen Sünderseins. Deswegen muss der Sünder, die Sünderin sich selbst als Sünder offenbart werden.) Im System dieses Absurden erscheint jedes einzelne als angemessen, so dass das Absurde nur von aussen in seiner ganzen Furchtbarkeit zu erkennen ist.

Diese Absurdität muss man sehen, um das Ganze und Einzelne von Gen 3 zu verstehen. Es handelt sich im wesentlichen um folgende Elemente:

1. Der Ausgang geschieht aus der Versuchung, deren Stimme die Schlange ist. 2. Die Versuchung besteht darin, dass die von Gott gesetzte Schöpfungsordnung in Zweifel gezogen wird: Gen 3,1. 3. Nachdem die Frau nachdrücklich auf Gottes Ordnung hingewiesen wurde und betont hat, dass die beiden Menschen sich an sie halten, argumentiert die Schlange entschiedener mit einer Hermeneutik des Verdachts: Gott hat

---

79 Vgl. Albert Camus, L´homme révolté; Der Mensch in der Revolte [1951].

§ 7: Der Mensch als Sünderin und Sünder

die Schöpfungsordnung, hier speziell das Verbot, vom Erkenntnisbaum zu essen, aus Neid gegeben – altes Motiv des Götterneides. 4. Der Grund: Gott fürchtet, dass die Menschen so werden wie er und wissen, was gut und böse ist. Darum muss ausdrücklich geleugnet werden, dass die Menschen sterben werden. 5. Die Perfidie des Arguments mit dem Götterneid besteht darin: Wenn die Menschen vom Baum der Erkenntnis essen, so werden sie wirklich in das Sein-Wollen-wie-Gott abstürzen. Das zeigt ja die Sünde als חָמָס-Hybris. Aber Gott verbietet das Essen vom Baum der Erkenntnis nicht aus Neid und aus Furcht um sich selbst, sondern um der Menschen willen. Das Verbot soll also nicht, wie das Motiv des Götterneides suggeriert, Gott schützen vor dem Menschen, sondern es soll den Menschen schützen vor sich selbst und der Strafe Gottes.

Dies die einzelnen Elemente. Die Absurdität, das zeigt das letzte Element, wurzelt in der Versuchung: Diese ist der Ursprung der Absurdität, weil sie selbst absurd ist: Sie unterstellt Gott ein Motiv, das absurd ist, und veranlasst damit den Sturz in das Absurde: Denn es tritt ja genau das ein, was Gott angedroht hat. Das Verbot bzw. der Sinn des Verbots wird klar: Gott wollte die Schöpfungsordnung schützen, weil er wusste, dass sie durch den hybriden Menschen zerstört wird.

Die Schlange – darüber ist viel spekuliert worden. Das Grundproblem ist das folgende: Die Schlange ist schon früh als Satan interpretiert worden. Dann folgendes Problem: Entweder ist das Böse vor dem Menschen da als Teufel, oder die Schlange personifiziert innermenschliche Vorgänge. Im ersten Fall: Ist der Satan ein Gegengott, ist also das Böse gegen Gott selbst? Diese Annahme ist im Christentum unmöglich – sie ist ein wesentlicher Scheidungsgrund von der Gnosis.[80] Nimmt man dennoch die Schlange als Satan an, so kann das nur so geschehen: Satan ist ein von Gott geschaffener Engel, der fällt und zum bösen gefallenen

---

80 Die Theorie, dass das Böse mit dem Gott gleichursprünglich ist, ist mit dem christlichen Glauben nicht vereinbar. Das Böse hat seinen Ursprung in dem guten Geschöpf Gottes, sei es ein Engel, sei es ein Mensch. Die Ablehnung eines Eigenstandes des Bösen hat die christliche Kirche am schärfsten gegen den Manichäismus ausgesprochen – vgl. Augustins antimanichäische Schriften. Vgl. die Anathematismen bei Augustin: Sammelband «Die Gnosis» III: Der Manichäismus (hg. von Carl Andresen u. a.; Reihe Antike und Christentum, Zürich 1980, 293 ff.) [Abschwörungsformeln gegenüber dem Manichäismus]; Epiphanius von Salamis: Die Frage «unde malum?» ist Entstehungsgrund der Gnosis.

Engel wird. Dann muss dem menschlichen Sündenfall der Engelfall vorangehen.

In Gen 3 ist von Satan nicht die Rede. Schlange als Repräsentantin von Klugheit und List, also die Schlange ist sophisticated, sie muss irgendwie das Anstellen absurder Überlegungen repräsentieren. Daran, dass die Sünde aus dem Menschen allein kommt, in ihm ihre Herkunft hat, lässt ja die Geschichte keinen Zweifel. So fehlt eine eigentliche Aufforderung der Schlange zu essen; sie versucht, aber der Mensch entscheidet frei. Sehr wichtig, denn jede Verlagerung des Bösen aus dem Menschen heraus ist nicht christlich. Sie versucht ja, den Menschen vom Bösen zu entlasten – Gnosis. Aber eine Entlastung vom Bösen liegt der Bibel völlig fern, das Gegenteil ist der Fall. Man kann sich die Funktion der Schlange klar machen so: Alle Versuchung entzündet sich an etwas, hat ein Motiv. Der Mensch wird versucht angesichts einer verlockenden Möglichkeit (vgl. Mt 4). Der Ausgangsort der Versuchung ist nicht die Schlange, sondern der «Apfelbaum». Damit wird deutlich gemacht: Die Sünde des Menschen ist in ihrer Absurdität, in ihrem Über-sich-hinaus-Wollen schon Zerstörung der Schöpfungsordnung, indem sie sich an etwas vergreift, das der Schöpfer dem Zugriff entzogen hat. Was heisst nun: «Ihr werdet sein wie Gott, wissend Gut und Böse?» Wir können dies am besten entfalten in Beziehung zur Gottebenbildlichkeit. Zwar hat der Jahwist keine ausdrückliche Ebenbild-Lehre, aber die Schöpfungsgeschichte Gen 2 gibt dem Menschen faktisch die gleiche Stellung wie Gen 1: Als Hüter der Schöpfung in Gottes Namen.

Zunächst: Gen 2 = Jahwist, gebraucht für Gott den Namen Jahwe. Bei «ihr werdet sein wie Gott» steht Elohim. Wir sahen in Gen 1, was Elohim bedeutet, eine gewisse Abschwächung purer Gott-Ebenbildlichkeit. So auch hier: Der Mensch will über sich hinaus. Die Logik: Der Mensch will nicht sein, wie er ist, sondern er will sein wie Gott-Elohim. Er wird aus der Identität mit sich selbst heraustreten: Er will nicht sein wie ein Mensch, sondern wie ein Elohim. Diesem Übersichhinaus könnte man folgende logische Form geben: Der Mensch als Gottes Ebenbild existiert zugleich in Übereinstimmung mit Gott und mit sich selbst. Der Mensch, der im Übersichhinaus, als Hybride existiert, existiert weder in Übereinstimmung mit sich selbst noch mit Gott. Im Sein wie Gott steckt ja die Aufhebung der Differenz: Der Mensch will nicht sein wie er selbst, sondern wie Gott, also wie ein anderer. Er will im Sein wie Gott die Differenz zwischen Gott und Mensch aufheben. Und nun geht in der

Aufhebung der Differenz zwischen Gott und Mensch die Übereinstimmung mit Gott und sich selbst verloren. Denn die Differenz ist die Voraussetzung zu einer Beziehung zu Gott und sich selbst, die durch die Aufhebung der Differenz verloren geht. Der Text in Gen 3 besagt in dieser Hinsicht ein Doppeltes: Die Sünde des Menschen besteht im Übersichhinausgehen. Dass er dabei nicht wirklich wird wie Jahwe selbst, wird durch Elohim hervorgehoben. Die Sünde des Menschen besteht nicht im Untersichgehen. Deshalb kann der Mensch, wenn er nicht in Übereinstimmung mit sich selbst bleiben will, nichts anderes sein wollen wie Gott. Er kann also nicht sein wollen wie ein Tier. Faktisch aber ist der Griff nach oben ein Absturz, wie ja der Fluch über den Menschen zeigt – nicht zuletzt auch, dass der Vergleich mit Tieren eine Lieblingsbeschäftigung der gegenseitigen Beurteilung der Menschen ist. D. h., zwischen dem Sein wie Gott als Projekt und der Faktizität des Daseins klafft eine tiefe Differenz. Und nun können wir sagen: Die vom Schöpfer in der Güte der Schöpfung als Voraussetzung der Übereinstimmung, der εὐνομία, des Kosmos gestiftete Differenz zwischen Gott und Mensch kehrt in der Sünde pervertiert wieder: Da der Sünder die Differenz ja nicht wirklich aufheben kann, kehrt sie als Bruch, als Diastase in der eigenen Existenz wieder.

Der biblische Bericht drückt das aus mit der Androhung des Sterbens. Dazu muss einiges gesagt werden; Hauptfrage: Was ist der Tod, als was erscheint der Tod in diesem Zusammenhang? Sodann: Die Asymmetrie. Es wird ja gesagt: «An dem Tage, da du von dem Baum issest, wirst du des Todes sterben» (Gen 3,17). Nun kommt zwar der Tod über den Menschen, aber eben nicht an dem Tag dieses Essens. Er wird vielmehr aus dem Paradies vertrieben, stirbt auch, aber erst später. Was steckt in dieser Asymmetrie? Zunächst: Der Tod, das Sterben. Wir beziehen den Tod, wenn wir ihn zu verstehen versuchen, wieder auf den Urstand. Der Tod erscheint in der Schrift nahezu ausschliesslich im Zusammenhang mit der Existenz des Sünders, nicht mit dem Menschen als Lebewesen. D. h., der Tod erscheint nicht als biologisches Phänomen, sondern als existentielles, mit der Sünde des Menschen verknüpftes. Tod nicht als natürliches Lebensende betrachtet – am schärfsten Paulus: Tod ist Sold der Sünde (Röm 6,23; 5,12): διὰ τῆς ἁμαρτίας ὁ θάνατος [durch die Sünde der Tod]. So erscheint auch der Tod hier in der Sündenfallgeschichte von vornherein im Zusammenhang mit der Übertretung des Verbotes zu essen; was diese Übertretung bedeutet, ist uns an dem Über-sich-hinaus klar geworden: Übertretung ist kein harmloser Einzelfall, sondern Einleitung und Konstitution eines Schicksals, einer gesamten Existenz. Bringen wir nun unsere Interpretation des Sündenfalls als Aufhebung der guten Differenz zwischen Gott und Mensch und Etablierung der Differenz als Diastase in der eigenen Existenz zu Ende, so können wir sagen: Der Mensch, der die Übereinstimmung mit sich selbst aufhebt, um zu sein wie Gott, der wird in der Aufhebung dieser Übereinstimmung bestätigt, aber nicht durch das Sein wie Gott, sondern durch den Tod. Der Tod ist ja der absolute Selbstentzug, er ist genau die Aufhebung der Übereinstimmung mit sich selbst, die der Sünder im Sein-Wollen-wie-Gott wollte. Der Tod also, und das ist für das Verständnis des Wesens der Sünde wichtig, ist nicht einfach Strafe für die Sünde; das meint auch Paulus nicht mit der Rede vom Sold. Sondern im faktischen Tod vollzieht sich, vollendet sich das faktische Wesen der Sünde: Der Sünder will nicht in der Übereinstimmung mit Gott und sich selbst bleiben, und der Tod vollstreckt diesen Willen. Der Tod tut genau das, was der Sünder will, er trennt den Menschen von Gott und sich selbst, versetzt ihn in die absolute Beziehungslosigkeit, also dahin, wohin der Sünder im Sein-Wollen-wie-Gott will. Denn dieses ist ja die Aufhebung der Beziehung. Bringt man so Sünde und Tod in einen existentiellen Zusammenhang, so ist der Tod von vornherein nicht blosses Ende; er ist ja in der Herrschaft der Sünde präsent.

Kommen wir zum zweiten, dem Moratorium, dem nicht unmittelbaren Sterben. Was hat dieses Moratorium zu bedeuten? Man kann ihm eine ganz naheliegende Erklärung geben: Wenn Adam und Eva sofort gestorben wären, so gäbe es ja keine Menschen, denn Nachkommen haben sie ja erst nach der Vertreibung aus dem Paradies gezeugt. Nun sahen wir ja, dass wir dies nicht als historische Berichte lesen dürfen, sondern als Darstellung der geschichtlichen Existenz des Menschen. Und hier sehen wir: Mit der absoluten Gewissheit und Unausweichlichkeit des Todes koinzidiert eine Lebenszeit, eine Frist, eine zeitliche Existenz. Wir müssen das so formulieren, um auch hier das rein Biologische zu vermeiden: Das Leben ist, theologisch gesehen, jene Zeit, in der die Menschen zur Unausweichlichkeit des Todes und der Sünde und zum Tod und zur Sünde sich verhalten können. Über diese Bedeutung des Moratoriums möchte ich nun etwas sagen.

Der Tod und die Sünde bestimmen das Dasein unausweichlich. Für die Analytik des Daseins, also eine Interpretation dessen, was Dasein ausmacht, ist die Heilige Schrift ein unerschöpflich reiches und unentbehrliches Buch – wenn man sie schriftgemäss liest, also theologisch. Dann erscheint das Dasein des Menschen in einem unerbittlichen Ernst. In ganz anderer Weise erscheint dieser Ernst in Heideggers «Sein und Zeit», einer Daseinsanalytik strenger Systematik. Dasein als Sein zum Tode – das ist ein wesentlicher Aspekt dieses Buches. Das hat, und darum komme ich darauf zu sprechen, dazu geführt, dieses Buch als Todesphilosophie zu verdächtigen. Unsinn. Jeder Denker, der dem Anspruch des Denkens genügen will, muss allein aus Gründen der Verantwortung der alles beherrschenden Präsenz des Todes Genüge tun. Und darin ist er ganz biblisch, denn die Verknüpfung des Todes mit der Existenz, also nicht bloss mit dem biologischen Leben, ist biblisch eindeutig. Der Tod aber ist nun für alle Menschen unausweichlich. Aus dieser Beobachtung hat man nun einen falschen Schluss gezogen, nämlich dass der Tod als Unausweichliches und als absolut Allgemeines – nichts ist so allgemein wie der Tod – unbedacht bleiben müsse – eine Unbedenklichkeit des Denkens, die heute grassiert und höchst bedenklich ist. Radikal anders denkt die Bibel, Theologie, Heidegger. Die Allgemeinheit des Todes schliesst dieses Verstehen des Todes als Sache der je eigenen Existenz nicht aus, sondern ein. Darum wird der Tod in der Schöpfung zwei einzelnen Menschen angekündigt, die ihre Existenz und deren Grenzen überschreiten. Die Betonung des Todes und der Sünde und ihre existentielle Interpretation dient also zugleich dem Aufweis der Verantwortung des Individuums.

Von hier aus gewinnen wir eine Brücke ins Moratorium. Obwohl jedes Individuum, jeder Mensch, unausweichlich von der Sünde beherrscht wird und dem Tod entgegengeht, so ist in dieser vom Menschen immer wieder neu konstituierten Sündenwelt und Todeswelt dem Leben eine Möglichkeit geblieben – Leben auch hier als Existenz, nicht rein naturalistisch verstanden. Zwar existieren wir alle hybrid und auf den Tod als absolute Beziehungslosigkeit hin, aber in dieser Existenz kann von anderswoher – nämlich von Gott her – der ursprüngliche Bezug erscheinen. Das ist der Sinn des Moratoriums. Der Mensch verlässt Gott, aber Gott nicht den Menschen. Zwar herrscht der Tod seit Adam, weil alle gesündigt haben, aber in der Todes- und Sündenwelt ist Gott nicht abwesend. Wenn Gott also den Menschen nicht sogleich sterben lässt, so wird damit gesagt, dass von Gott her die Möglichkeit – Wirklichkeit des Bezuges bestehen bleibt – allerdings so, dass der Tod unausweichlich bleibt. Ein diesem Moratorium analoges Phänomen beobachten wir in der Sintflutgeschichte. Auch hier ist die Vernichtung entworfen von der Verderbtheit der Erde her, und doch rettet Gott selbst einige Menschen und verpflichtet sich sogar, hinfort keine solche Vernichtung über die Erde zu bringen – freilich im Zusammenhang mit der Feststellung: Das Herz des Menschen ist böse von Jugend auf.

Was also ist an diesem Moratorium? Es ist, so wäre zu sagen, eine Gewährung von Zeit an den Sünder, von qualifizierter Zeit, nämlich das schöpferische Wort Gottes zu hören. Gewährung von Nähe Gottes, vom Bestand der Schöpfung – es soll nicht aufhören – Gewährung und Verheissung, Bund, Gesetz. Sie sehen, das Moratorium hat darin seine fundamentale Bedeutung, dass es ein Typos der Gnade ist, ein Typos des καιρός [bestimmter, günstiger Zeitpunkt]. Im Moratorium, dadurch also, dass Gott den Menschen nicht sofort sterben lässt, gibt Gott dem Menschen Zeit, Gewährung, nämlich Zeit zum Bezug des Menschen zu Gott. Das Todesurteil wird nicht aufgehoben, aber es wird nicht sogleich vollzogen, weil Gott dem Menschen καιρός, occasio gibt zum Bezug zu Gott. Und das ist ja nun das Thema der ganzen Bibel, auch des AT: Ein unendliches Ringen Gottes um den Bezug der Menschen, zunächst des Volkes Israel, zu sich, Gott. Die Bibel ist ein Buch des καιρός. Die Welt ist, und das zeigt ja die Erfahrung, durch den Menschen als Sündenwelt und Todeswelt konstituiert. Aber in diese Welt ist durch die Gegenwart des Schöpfers der καιρός für den Bezug des Sünders zu Gott gegeben. Die Wahrnehmung dieses καιρός fordert nun den einzelnen als einzelnen heraus. Weil jeder Mensch als diese individuelle Person, die er ist, Sünder ist, so ist der Bezug zu Gott an die je eigene Existenz gebunden. Das ist nicht individualistisch, sondern konkret gedacht.

Ich versuche, das Gesagte in einigen Aspekten zusammenzufassen und weiterzuführen:

1. Erscheint in dem Moratorium Gottes Gnade, so kann nur der den καιρός ergreifen, der sich selbst als Sünder erkennt. Die christlich radikale Sündenlehre dient also nicht der moralischen Desavouierung des Menschen, sondern der Möglichkeit, die Gnade des καιρός zu ergreifen. Wer nicht weiss, was ein Sünder ist und es von sich selbst nicht wahrhaben will, der wird auch nicht wissen können, was die Gewährung des Lebens in der Zeit zum Tode bedeutet.

2. In der Frage des Todes und der Wahrnehmung des καιρός steht jeder einzelne für sich vor Gott. Diese äusserste Personalisierung des

§ 7: Der Mensch als Sünderin und Sünder

Gottesverhältnisses ist für den Sünder ein Schrecken und für den Glaubenden eine Freude. Das Sein des Menschen entscheidet sich im je eigenen Dasein. Wer das als Individualismus verdächtigt, hat den Ernst der Sünde nicht begriffen und nicht den Ernst des Todes.[81] Aber so wie Gott, wie wir sahen, jeden einzelnen Menschen – und nicht nur den König – zu seinem Ebenbild gemacht hat, so spiegelt sich die Würde des Menschen noch am Sünder wider, indem jeder einzelne vor Gott steht und jedem einzelnen der καιρός gewährt wird.

3. Immer wieder muss gegen jede Schwärmerei gesagt werden: Der Tod und die Sünde herrschen ja, sie sind real, progressiv sogar; jedes Reden von Gnade und καιρός, das dies übersieht, ist unrealistisch und damit nicht christlich-theologisch. Alle Sätze der Gnadenlehre müssen mit dieser schlechterdings nicht diskutablen Erfahrung zusammengehen. Wenn es bei Ezechiel 18,23 heisst, dass Gott keinen Gefallen am Tode des Gottlosen hat, sondern dass er sich bekehre und lebe, so ist hier gewiss wieder das Moratorium, der καιρός, anwesend: Gott gibt Zeit zur Bekehrung. Aber der Tod wird auch beim Bekehrten nicht aufgehoben, der grösste Heilige muss sterben und den Tod als Sold seiner Sünde empfangen. Das also ist das Wesen des καιρός, der Gnade: dass Gott selbst bei dem Sünder bleibt und dem Sünder die Möglichkeit gewährt, den Blick von sich selbst abzuwenden, das Sein-Wollen-wie-Gott in der Nähe Gottes als Sünde zu erkennen und den Bezug zu Gott zu gewinnen. Denn in der Verheissung, dem Gesetz, der prophetischen Verkündigung sucht Gott ja unablässig das abtrünnige Volk in diese seine Nähe zu bringen und in ihr zu halten.

4. Dass auch der Heilige sterben muss, ist der Beweis für die Schwere der Sünde. Dass Gott selbst den Tod erleiden muss, ist der Beweis, dass die Sünde von Seiten des Menschen unübersteigbar ist. Aber mit diesem Hinweis deutet sich zugleich ein Umschlag an. Der Sünder, der aus dem Sein als Mensch in das Sein-Wollen-wie-Gott ausbricht, kann diese Sünde nicht rückgängig machen, da diese Sünde ja nicht etwas an ihm ist, sondern er ist sie selbst. Aber Gott kann sich diesem Sünder zeigen – das ist die Grundlage der christlichen Versöhnungslehre. Gott kann den verlorenen Bezug zu sich wieder herstellen.[82] Und so sehr alle Menschen

---

81 Vgl. Martin Luthers Invocavit-Predigt 1522, 1. Predigt, in: Luthers Werke in Auswahl, hg. von Emanuel Hirsch (= BoA), Berlin ³1962, Bd. 7, 363–367, hier: 363.
82 Die Einzelheiten gehören in die Versöhnungslehre.

den Tod erleiden müssen, so erscheint hier, dass der Tod zwar der Sünde Sold ist, dass aber die Sünde nicht die letzte Instanz und Zahlmeisterin ist. Und so gewinnt der Tod einen neuen Aspekt. Er ist und bleibt der absolute Selbstentzug – der Tod ist das Ende jeder Selbstverwaltung, Selbstverwirklichung des Menschen, jeder Macht des Menschen über sich und die Dinge und Welt. D. h. der Tod vernichtet den Sünder, so wie der Sünder sich selbst und die Welt vernichtet. Das ist und bleibt so. Aber der andere Aspekt des Todes, der theologische, ist der: Dass der Tod den Selbstbezug vernichtet, aber nicht in die endgültige Beziehungslosigkeit führt; die Vernichtung des Sünders als des im echten Sinne Gottlosen ist die Voraussetzung zur Heimkehr des Menschen zu Gott. Diese Heilsbedeutung des Todes kann aber nur christologisch begründet und verstanden werden, damit die Gravitas, das Gewicht der Sünde nicht abgeschwächt wird. Dieser Wandel mit Gott, also das Wandeln im Schauen, ist aber streng eschatologisch zu verstehen, d. h. dazu ist der physische Tod des Menschen erforderlich. Das reine Sein zu Gott ist dem irdischen Wandel entzogen. Denn nicht im Schauen, sondern im Glauben wandeln wir. In der Taufe werden wir als Sünder getötet, und der Glaube ist der lebenslange Vollzug der Taufe. Ist die Taufe aber Tod des Sünders als des Gottlosen, so ist auch dieser Tod Schritt zum Leben mit Gott.

5. Zum Verhältnis von Personsünde und Sündenmacht. Die Sünde, so sagten wir, ist der Sünder als der wie Gott existierende Mensch, und darum der Gottlose. Darum wird der Mensch sowohl in der Sündenlehre als auch in der Versöhnungslehre als einzelner bedacht. Ich habe immer wieder darauf hingewiesen, dass dies nicht individualistisch, sondern konkret gedacht ist. Denn es ist ja diese Personsünde, *peccatum personale*, also diese Abwendung von Gott ist ja unmittelbar Beeinträchtigung des Nächsten, der Welt. Also in der Abwendung von Gott zeitigt sich sogleich die Zerstörung der Welt. Das heisst: Das gottlose Existieren ist zugleich Zerstörung der Weltbezüge. Das Böse, die schlechten Verhältnisse, wurzeln also in der Sünde. Man hat, im Zusammenhang mit der Politisierung und Soziologisierung des Denkens auch in der Theologie, oft die Aufmerksamkeit auf das sogenannte strukturelle Böse gelenkt, im Wahn, damit konkret zu reden. Und hat, selbst in der christlichen Kirche, aus den Augen verloren, dass das Böse in der Gottlosigkeit wurzelt. Es ist aber je meine Gottlosigkeit als solche schon die Bedrohung des Menschen und der Schöpfung. Die Gottlosigkeit des Sünders

ist also als solche ein politischer, sozialer Tatbestand. Denn, um es ganz scharf zuzuspitzen: Das, was ich der Welt, dem Menschen, der Schöpfung schulde, also meine Liebe, das besteht in meinem Gottesverhältnis, also meinem Glauben. Wenn also alles Böse überhaupt in der Gottlosigkeit, also der Sünde wurzelt, dann ist die Zuwendung des Denkens zu den strukturellen Übeln eine grauenhafte Verharmlosung des Problems des Bösen. Ist die Gottlosigkeit des Sünders die Wurzel des Bösen, dann kann das Böse nur in der Gottlosigkeit überwunden werden. Das heisst aber: Im Gottesverhältnis jedes einzelnen ist eine Verantwortung für die Welt impliziert. Jeder einzelne Mensch ist daher für seine Gottlosigkeit nicht nur Gott, sondern auch den Mitgeschöpfen Rechenschaft schuldig (Röm 8!). Denn die Gottlosigkeit des Menschen *ist* die Beschädigung, *ist* der Schaden der Schöpfung.

Aus der Personsünde erwächst also das Netz der sozialen, strukturellen Übel, die schlechten Verhältnisse. Deren Macht gewinnt als soziale Ungerechtigkeit ungeheure Dimensionen. Und daher kommt es, dass sich, mehr und mehr in der Geschichte, immer wieder die Sehnsucht nach Erlösung, nach Freiheit und Befreiung von der Entfremdung nicht in der Befreiung von der Sünde, sondern von den bösen Verhältnissen manifestiert. Hier stossen wir auf das Grundproblem der Sündenlehre, dem wir den folgenden Abschnitt widmen.

3. Dogmatische Meditation über die Sünde, das Böse und ihre Überwindung

Im vorigen im wesentlichen biblischer Ausgangspunkt mit systematischer Erweiterung. Jetzt systematisch, gehen aber nochmals auf Bibel ein.

[a) *Elemente der Sündenlehre*]
Sünde kann man die dogmatische Tradition zusammenfassend etwa mit folgenden Elementen darstellen:
– Sünde ist die Sünde der menschlichen Person, sofern der Sündenfall mit der Sünde identisch ist.
– Sünde ist der Versuch des Menschen, wie Gott zu sein, d. h. aus der Rolle des Geschöpfs in die des Schöpfers überzusetzen.
– Sünde ist völlige Willkür, sie ist ohne Gründe, sie entspringt dem reinen Mutwillen. Die dogmatische Tradition hat diese Unableitbarkeit

der Sünde – sie ist eben allein ableitbar aus der Person – ausgedrückt, indem sie das Wesen der Sünde entweder als *superbia* [Hochmut, Stolz] oder als *invidia* [Neid, Missgunst] formulierte. Man könnte sagen, dies sei die *essentia* [Wesen] der Sünde.

– Existentiell ist die Sünde definiert als *aversio a Deo* [Abwendung von Gott] und *conversio ad bonum commutabile* [Hinwendung zum austauschbaren Guten][83].

– Als *conversio ad bonum commutabile* ist Sünde *concupiscentia*, nicht bloss sexuell, sondern Begehren schlechthin. Aber: *Solo deo homo saturari potest*.[84]

Die Pointe liegt darin: Das Wie-Gott-Sein-Wollen ist nicht etwa Hinwendung zu, sondern Abwendung von Gott. Man könnte sagen: Es ist der Versuch, Gott die Gottheit zu rauben und sie an den Menschen zu bringen – weswegen der Glaube nichts anderes ist als Rückgabe der Gottheit an Gott, Erfüllung des ersten Gebots. Die Hinwendung zu den *bona commutabilia* aber wird für diese zum Grund der Zerstörung, sofern es ein seine Stellung missbrauchendes Mitgeschöpf ist, das seine Mitgeschöpfe missbraucht.

– Die Sünde ist als solche zugleich Schuld, *culpa*. Denn der Sünder, der sich von Gott abwendet und den Dingen zuwendet, schuldet Gott ja eben dieses Zugewendetsein zu Gott. Die Schuld des Menschen besteht aber nicht etwa darin, dass der Mensch Gott *etwas* schuldig ist. Der Mensch schuldet Gott vielmehr sich selbst. Wenn man z. B. sagt: Mensch ist Gott Gehorsam schuldig, so ist Gehorsam nicht etwas am Menschen, sondern er selbst, das Hören auf Gott.

– Sünde ist Übertretung – *praevaricatio* [Pflichtverletzung], *transgressio* [Überschreitung] – des Gesetzes. Gesetz = Gen 1 = Schöpfungsordnung. Sünde ist als Ausbruch aus der Schöpfungsordnung Gesetzesübertretung. Wohl einzelne Übertretungen = Sünden, aber in jeder Übertretung erscheint immer die Sünde. Aufhebung des Unterschieds von Todsünde und lässlicher Sünde.

– Sünde ist Existieren im Stande des Angeklagten, *reus*, daher Sünder = *reatus* [Anklagestand]. An der Sünde kommt heraus, dass nicht der

---

83 Thomas von Aquin, STh II-II q162 a6 im Artikel über superbia: materialiter: conversio ad commutabile bonum; formal: aversio a bono incommutabili. II-II q10 a3c: aversio a Deo.

84 [Allein durch Gott kann der Mensch befriedigt werden.]

Staatsanwalt es ist, der den Sünder in den Anklagestatus versetzt, sondern es ist der Sünder selbst. Daher ist die Sünde selbst der *reatus*.
 – Sünde ist zugleich nicht nur *reatus*, sondern auch *poena* [Strafe]. Denken wir zurück an das, was wir über den Tod sagten. Der Tod wird ja oft als die Strafe für die Sünde dargestellt. Wir sahen aber, dass der Tod als Trennung von Gott sozusagen die krasseste Erscheinung der Sünde ist, die ja Trennung von Gott ist. Daran kommt das seinsbestimmende, ontologische Wesen der Sünde heraus. Sünde ist die faktische Existenz selbst, und daher ist sie mit der Strafe identisch. Auch Beispiel Hölle: Hölle ist die Trennung von Gott. Die Erscheinung der Sünde als Strafe der Sünde selbst ist der Ansatz für das Verständnis des moralischen Bösen: Das Böse, die schlechten sozialen, politischen, ökologischen Verhältnisse: das sind im strengen Sinn nicht Sündenfolgen, sondern so erscheint die Sünde, als das ist sie wirklich, nämlich das ist *aversio a Deo*.
 – Die Sünde ist allgemein menschlich. Dies wurde, vor allem durch Augustin, durch die Erbsünde erklärt: *peccatum hereditarium*. Aber die Erbsündenlehre ist so etwas wie eine Rationalisierung. Sie will die Allgemeinheit der Sünde erklären, und bedient sich dazu einer biologischen Kategorie. Theologisch ist die Allgemeinheit der Sünde zwar unbestritten, aber sie wird nicht biologisch, also rationalistisch, erklärt, sondern theologisch verstanden: Die Sünde ist in jedem Menschen ebenso wie in Adam als willkürliche, mutwillige Abwendung von Gott und Hinwendung zum *bonum commutabile*. Daher besser: *peccatum radicale* bzw. *personale*.

Dies sind die wesentlichen Aspekte der Sünde. Die Sünde bzw. der Sünder ist etwa so umschrieben. Das Band um alle diese Aspekte ist der Sünder, daher Oberbegriff *peccatum personale* = *peccator* [Sünder], *peccatrix* [Sünderin]. Mit Martin Luther kann man alle Aspekte und Facetten darin zusammenfassen: Sünde ist Unglaube. «Der Unglaube und die Abwendung von Gott (*aversio a Deo*) sind Wurzel (*radix*) und Ursprung (*fons*) aller Sünden, wie umgekehrt der Glaube Wurzel und Ursprung aller Gerechtigkeit ist.»[85] Der existentielle Charakter des Sünders: *aversio a Deo* – scholastisch. Die scholastische *conversio ad bonum commutabile* wird bei Luther noch aufs äusserste verschärft zu: *incurvatio in seipsum* [Verdrehtsein in sich selbst]. Also das *bonum commutabile*, dem der Mensch sich zuwendet, ist er selbst. Unglaube ist also konkrete, d. h.

---

85 WA 42, 122,12 f.

gelebte, gehandelte, getane, existierte Gottesferne und Selbstvergöttlichung. Mit dem Wort *incurvatio in seipsum* zeigt Luther aber zugleich auch das Furchtbare dieser Selbstverehrung. Der Gegenbegriff zu Sünde ist Gerechtigkeit. Und Gerechtigkeit ist ja, wie wir immer wieder sagten, die richtige Stellung des Menschen vor Gott und in der Schöpfung. Gerechtigkeit ist die Begradigung der Kurve, das Aufheben der Verformung. Man könnte auch sagen: Der verkrümmte Mensch sieht nur sich selbst, unterwirft alles dem Eigendienst, selbst noch den Gottesdienst, den er als seelisches Erlebnis erfährt. Der *homo incurvatus* [in sich selbst verdrehte Mensch] begehrt alles für sich, und das ist ja das Wesen des Begehrens, der *concupiscentia*, von dem abhängig zu werden, was es begehrt. Das meint übrigens Paulus, wenn er Röm 1 f. sagt, die Sünde bestehe in der Anbetung der Geschöpfe statt des Schöpfers. Demgegenüber besteht die Begradigung der Kurve, *homo incurvatus* gegen den *homo rectus* (aufrecht!), darin, dass Gott selbst und damit die Geschöpfe als Gottes Besitz überhaupt wieder in die Sicht kommen. Ist der Unglaube also Verkrümmung, so ist der Glaube wieder Wandel vor Gott und Gottes Geschöpfen. Unglaube: Nabelschau, Glaube: die antike Orantenhaltung.

Martin Luther: Der Unglaube ist in allen diesen Menschen die Hauptsünde (= das Sündenhaupt), ist im Paradies der Anfang gewesen und bleibt die letzte aller Sünden.[86] Eine jegliche Sünde verletzt Gott am allerersten, ja, es wäre keine Sünde, wenn sie Gott nicht verletzte.[87]

[b) *Verantwortliche Rede von Sünde*]
Ich möchte nun den Versuch machen, unter Anleitung dieser dogmatischen Zusammenfassungen und im Rückgriff auf das biblische Reden von Sünde etwas zum theologisch verantwortlichen Reden von der Sünde zu sagen. Dabei nochmals ein hermeneutischer Hinweis: Man darf die biblischen Aussagen, vor allem des AT, nicht historisch, man muss sie geschichtlich lesen. In diesen Geschichten spricht das Volk Israel über sein eigenes Gottesverhältnis, seine eigene Sünde. Es stellt sich sein eigenes Gottesverhältnis dar. Wenn wir deshalb so über den Menschen als Sünder sprechen, dass wir dabei in unser eigenes Gottesverhältnis Einblick nehmen, so tun wir genau das, was jene Texte taten.

---

86 [Dieses Zitat konnte nicht verifiziert werden. Vgl. WA 40/1, 360,35; WA 42, 111,2 u. a.]
87 [Dieses Zitat konnte nicht verifiziert werden. Vgl. WA 40/2, 313-470.]

§ 7: Der Mensch als Sünderin und Sünder

Hinzu kommt, dass wir diese Texte als theologische Reflexion nicht nur parallel oder analog zu unserem eigenen Gottesverhältnis lesen, zu unserem Gottesverhältnis als Sünder, sondern dass wir mit diesen Texten dieses unser Verhältnis zuallererst erschliessen. Wenn wir also von Adam reden, so reden wir, wie auch die Bibel, AT bis Paulus, vom Menschen schlechthin; und zwar so, dass das, was der Mensch schlechthin ist, immer je in uns als Individuum erscheint.

Israel, also die Theologen, die hinter unseren Texten stehen, erfahren den Menschen als einen, welcher der Versuchung erlegen ist, die ihn über sich selbst hinauslockt, die ihn ins Masslose zieht, die ihn auch mit Kräften und Möglichkeiten ausstattet, denen er nicht gewachsen ist. Das Masslose, die ὕβρις, erscheint immer in der Gestalt der Versuchung; deshalb Unser-Vater-Bitte. Dieses Masslose, so sahen wir, war eine elementare Erfahrung nicht nur Israels, sondern auch der Griechen (ὕβρις). Und bei Paulus werden sogar die Christen an das Mass gemahnt, Röm 12,3 ff. Dieses Nicht-Sein-Wollen wie ein Mensch, sondern das Sein-Wollen wie Elohim-Wesen, dies ist die unablässige Versuchung des Menschen, der er unablässig erliegt. Wir sahen, was Gott-Ebenbildlichkeit bedeutet, nämlich Gebundenheit an den Auftrag Gottes, strengste Subordination unter Gott. Sie wird in der Schöpfungsgeschichte des Jahwisten nochmals ausdrücklich gemacht durch das Verbot, vom Baum der Erkenntnis des Guten und Bösen zu essen. Das Verbot erinnert den Menschen als solches an seine Begrenzung. (Nicht gemeint ist Einweisung in sittlichen Gehorsam. Es ist faktisch ein Ausdruck der Begrenzung.) Die Begrenztheit des Menschen gehört mit zur Güte der Schöpfung. Der Mensch ist nur innerhalb der Schöpfungsordnung als gesamter gut.[88] Aber seine Stellung innerhalb der Schöpfung kann der Mensch nur in Bezug zu Gott wahrnehmen – daraus ergibt sich das tiefste und schwerste theologische Problem, dass der Sünder, der ja sein Gottesverhältnis zerstört, auch seine Stellung in der Welt nicht mehr wahrnehmen kann. Das Sein wie Elohim ist also eine konkrete Erfahrung, und man könnte es ja vor allem an der prophetischen Verkündigung unendlich plastisch darstellen.

Mit diesem Sein-Wollen wie Gott ist nun auf seltsame Weise der Gedanke des Wissens von Gut und Böse verknüpft. Gerade bei der Auslegung dieses Satzes kommen wir weiter, wenn wir diesen Text aus der

---

[88] Vgl. Augustinus, Confessiones XIII, 28,43 (PL 32, 864).

Erfahrung der Existenz selbst her interpretieren, also nicht spekulativ, sondern existential. Der Mensch erfährt sich selbst als ein Wesen, das Gut und Böse erkennt, das also fähig ist zu ontologischen und moralischen Urteilen. Nun wissen wir, dass ידע [hebr. jada], erkennen, in der Schrift allermeist auch erfahren bedeutet, ja, etwas kennen heisst, auch etwas können (γινώσκω in 2Kor 5,21 als Lehrbeispiel). D. h.: erkennen heisst: versteht sich in der Erfahrung von Gut und Böse, die existentiellen, sozialen, politischen Gegensätze nicht bloss zu erkennen, sondern sie zugleich auch zu bewirken, herzustellen. Das ist hier gemeint, und das ist etwas Urgewaltiges: Der Mensch, der denkende Erkenntnis des Guten und Bösen im ontologischen und moralischen Urteil immer wieder vollzieht, der schafft doch unablässig existentiell dieses Gemenge von Gut und Böse, das er denkend klären will. Erst wenn wir auf diese Ebene gelangen, erreichen wir das Niveau des Textes und die Wirklichkeit unserer Existenz, des Lebens. Wenn Gen 3 sagt, «erkennend von Gut und Böse», so heisst das also: der Mensch wird in der guten Schöpfung, Gen 1, zu einem Wesen werden, das seine Erfahrung des Bösen, des Widerspruchs zum Guten, der Zerstörung des Guten macht, und zwar faktisch. Der Text reflektiert also die Erfahrung, dass es inmitten der guten Schöpfung und [des in der Nähe seines Volkes bleibenden] Jahwes so viel Grässliches gibt. Und er führt dies zurück auf die Sünde des Menschen. Der Mensch, der wie Gott, Elohim, ist, der schafft eine Welt, die inmitten der guten Schöpfung böse, voll des Bösen ist, und das kommt allein vom Menschen. Und der Mensch kann diese Spannung denkend erkennen, bedenken, aber er ruft sie durch sein hybrides Verhalten unablässig selbst existentiell hervor.

Nun ergibt sich noch ein exegetisches Problem: Der Text lautet: «Ihr werdet sein wie Gott, erkennend Gutes – Böses» (Gen 3,5). Zweierlei Möglichkeiten: sein wie Gott, d. h. erkennend ...; oder: sein wie Gott und (dazu noch) erkennend ... Die erste Möglichkeit scheidet theologisch aus, und aus der zweiten Möglichkeit ergibt sich ein guter Sinn. Der Mensch, der seine Stellung in der Welt verändert, also sich zum Elohim-Wesen aufschwingt, der wird eben dadurch in ein Dasein geführt, in dem er durch sein hybrides Wirken inmitten der Güte der Schöpfung das von ihm gesetzte Böse erfährt – d. h. setzt, macht, tut und erkennt. Der hybride Mensch kann nun etwas in dem Sinn, dass er es tut. Aber die Wurzel des Ganzen ist natürlich sein absurdes, mutwilliges, willkürliches Hinaustreten über sich selbst. Dann heisst Gen 3,5.22: Weil der

§ 7: Der Mensch als Sünderin und Sünder

Nicht-Gott, der Nicht-Elohim, nämlich das Geschöpf Mensch sich die Rolle Gottes anmasst, darum existiert er nun in Gut und Böse. Theologisch müsste man sagen: Im Sinne des Kennens kennt natürlich auch Gott Gut und Böse. Aber hier ist vom hybriden Menschen die Rede. Wir können diese grossartigen Texte ja jederzeit durch unsere Erfahrung interpretieren: 3000 Jahre ethische und moralische Reflexion haben schlechterdings nichts daran geändert, dass wir Gut und Böse ständig existieren, d. h.: dass wir uns in der guten Schöpfung ständig als Produzenten von Problemen betätigen, die wir dann wieder ethisch-moralisch bedenken müssen; ja, um es mit einer Formulierung Wilhelm Herrmanns zu sagen: Die Berge wachsen, die unser Glaube versetzen soll. Denn die Mittel des Menschen, die Instrumente, mit denen er seine Hybris realisiert, werden ja immer machtvoller – Beispiel ist etwa das Problem des Krieges.

Ein nun noch wesentlicher Zusammenhang des Textes will meditiert sein, nämlich Verfluchung und Vertreibung aus dem Paradies. Auch hier ist die Erfahrung des Menschen inmitten seiner Welt gemeint, wie sie jetzt ist: Die Erfahrung der Mühsal, so könnte man sagen, die mit der Weitergabe und Pflege dessen verbunden ist, was ja gut ist: das Leben. Hier tritt uns aus dem Text eine einzigartige Tiefe der Betrachtung des Menschen entgegen. Das Leben, das ist ja das, was das Wesen der Schöpfung ausmacht, das Leben, das ist ja das Gute, das טוֹב [hebr. tov] der Schöpfung. Der Jahwist sagt das sogar bildlich durch das Einblasen des Lebensodems in den Menschen. Und nun wird mit diesem Guten, dem Leben, der Fluch und Mühsal verbunden: Schwangerschaft und Geburt, also die Zeugung neuen Lebens, sind schmerzhaft; und ebenso ist die Fristung, Ernährung des Lebens mit Mühsal, Kampf verbunden; ja, die Schöpfung selbst wird um des Menschen willen verflucht, um ihm das Leben schwer zu machen. Hier sieht man, dass der Jahwist nicht moralisch, sondern im beschriebenen Sinn ontologisch oder existentiell denkt: So ist es, so wird gelebt und existiert, das ist Erkenntnis von Gut und Böse. Diese Existenz besteht zugleich in der Wahrnehmung der Blösse des Menschen. Der gefallene Mensch sieht, dass er, so wie er ist, vor Gott nicht bestehen kann, und sucht sich zu verhüllen und verbergen. Darin zeigt sich die doppelte Urerfahrung von Furcht und Scham, als vormoralischer, eben fundamentaler Existentialien, Scham nicht nur wegen körperlicher Nacktheit, sondern vor allem, um die Seele selbst zu verhüllen, um deren Abgründigkeit wir alle wissen. Weiter noch: Der Mensch erfährt sich so als Gefallener, dass er die Schuld für den Fall auf Gott lenkt: «das Weib, das du mir beigesellt hast». Und somit wird die Störung des Gottesverhältnisses so ausgesagt, dass der Mensch die Schuld für sein völlig willkürliches, mutwilliges Fallen dem Schöpfer zuschiebt. Man muss grosse Bewunderung vor Theologen haben, die so tief in den Menschen Einblick haben – denken Sie an die jahrhundertealten Bemühungen, durch Denken den Menschen davon zu entlasten, Ursache des Bösen zu sein. (Obwohl dies das Dümmste ist, das man tun kann. Denn nur, wenn wir den Menschen als Ursache des Bösen erkennen, gibt es Möglichkeit der Rettung.) Mit der Anschuldigung Gottes aber beschuldigt der Mensch ja auch sein Weib, seine Mitmenschen – und so zerstört er nicht nur die Gemeinschaft mit Gott, auch die menschliche. Auch hier die Erfahrung, elementar, dass das hohe Gut des Menschen, nämlich der Mitmensch, sei es Ehehälfte, Freund usw., also dieses Gut immer verbunden ist mit der Erfahrung des Negativen, das durch die Existenz unablässig in die Welt gebracht wird. All das wird zum Gegenstand der Soziologie, Psychologie, Eheberatung, Ethik usw., aber es liegt auf einer ganz anderen Ebene als der des Denkens, nämlich des ידע [hebr. jada: erkennen] im biblischen Sinn, des Existierens, des Daseins, und wiederholt sich unablässig. Das ist das theologisch so Entscheidende an diesem Text, dass er aus der Erfahrung der Faktizität des Lebens selbst entstanden ist.

Wie ich vorher sagte, steht ja der Ankündigung des Sterbens des Menschen das Moratorium gegenüber, dass er nicht sofort stirbt; und ich sagte, dass sich hier das geheime Übergewicht des Lebens gegenüber dem Tod zeigt. Das gleiche Moratorium auch bei der Sintflut. Ganz analog auch hier: Gott verflucht den Menschen, aber Gen 3,21: er macht ihm auch Röcke aus Fell und zieht sie ihm an. Gott sorgt für den Menschen auch nach seinem Fall – auch dieser eine Vers reflektiert auf wunderbare Weise die Nähe Gottes zu dem Menschen, der sich von ihm abwendet. Hier erscheint Gott wirklich als Vater, hat mit Männlichkeit nichts zu tun.

Wissend Gut und Böse: d. h. also, der Mensch ist es, der lebend, existierend dem Guten das Böse zufügt, es ihm anhaften lässt. Der Ursprung davon ist das Sein-Wollen wie Gott. Der Mensch muss nun den Elohim spielen, ohne doch ein solcher zu sein; er muss mit den Mitteln des Geschöpfs Gott sein. Das ist die Erfahrung, aus der diese Texte stammen (vgl. Griechenland). Darum ist er darauf aus, die Mittel, die Instrumente, mit denen er sein Gott-Sein-Wollen realisieren kann, immer und unablässig zu verbessern. Von der Armbrust zur Atombombe – immer mächtiger, Approximation an Gottes Allmacht. Von der Erfindung des Rades bis zur Rakete: Approximation an Gottes Allgegenwart. Von der Keilschrift zum Computer: Approximation an Gottes Allwissenheit. Und doch zeigt gerade dies die Absurdität des Wie-Gott-Sein-Wollens.

Die Erfahrung mit dem Menschen, die sich in diesem Text Gen 3 ausspricht, ist also in einzigartiger Weise geschichtlich und allgemeingültig zugleich. Wir können unsere eigene Erfahrung bruchlos mit diesem Text zusammenreimen. Und wir können auch noch beim letzten Schritt diese Parallelität verfolgen. Die Gefährlichkeit des Menschen besteht also darin, dass er – Gen 3,22 – geworden ist wie unsereiner und Bewirker des Guten und Bösen geworden ist. Der Mensch, so soll das heissen, kann Dinge verwirklichen, deren er selbst nicht mehr Herr ist. Das Böse, so könnte man sagen, ist zugleich, ontologisch gesehen, das, dessen der Mensch nicht mehr Herr ist. Wie schon früher: Dies hängt damit zusammen, dass der Mensch, der sein eigener Herr sein will, eben darum seiner selbst nicht mehr Herr ist; denn Gott ist ja der wahre Herr des Menschen. Und in dieser Dialektik des Herrseinwollens und nicht Herrseinkönnens wurzelt alles Böse in der Welt. Man könnte den Vers Gen 3,22 so aufdröseln: Gott allein könnte, Gutes und Böses wissend, des Bösen Herr sein. Der Mensch kann es nicht. Diese Erfahrung können ja gerade wir modernen Menschen bestätigen, wenn wir uns keine Illusionen machen: Mit unseren gigantischen [...] und technischen Mitteln, mit denen wir den Traum vom Gottsein verwirklichen, geht direkt parallel die Produktion ebenso gigantischer Probleme. Was das alte Israel schon gesehen hat, steht heute vor unser aller Augen. Das Erfahrungmachen mit dem Gemenge von Gut und Böse ist also progressiv und akkumulativ. Wir dürfen diese Erkenntnis nicht durch moralische Entrüstung entwerten, sondern müssen sie rein phänomenologisch bestätigen: Es ist so. Moralistisches Denken versucht ja ein Urteil über unsere Zustände zu fällen von der idealen Zukunft her, von der Beseitigung des Bösen her. Dabei wird der entscheidende Faktor übersehen, der ja allein die ungebrochene Macht des Bösen erklärt, dass es unablässig von den jeweils lebenden Menschen realisiert wird. Wir haben es hier gar nicht mit moralischen, sondern mit ontologischen und existentiellen Sachverhalten zu tun. Dass dies so ist, geht nun wiederum klar aus unserem Text hervor. Der Mensch ist, wie Vers 22 sagt, nun mächtig, selbständig, gebraucht seine Kräfte ausserhalb der Schöpfungsordnung, und kann nun gut und böse tun, Gutes und Böses ins Werk setzen. Das ist nicht moralisch zu verstehen, dass der Mensch teils gut und teils böse ist. Er ist beides ganz, als Geschöpf gut und als Sünder böse, und so ist auch sein Tun. Dies Zugleich einer ontologischen und moralischen Ebene ist sehr wichtig: Natürlich kann auch der Sünder im moralischen Sinn Gutes tun. Das Problem ist aber nicht dies, sondern das ontologische Problem, dass er des Bösen nicht Herr wird. Er kann weder sich selbst als Sünder aufheben noch das Böse beherrschen. Diese ontologische oder existentielle Ebene erscheint in unserem Text darin, dass dem Menschen, der geworden ist wie unsereiner und Gut und Böse kann, nicht mit dem Gesetz, sondern mit dem Tod, bzw. hier mit der Behaftung mit dem Tod begegnet wird, also nicht moralisch, sondern existentiell. Der gefallene Mensch wird aus dem Paradies vertrieben, nicht einfach als Strafe, sondern um ihm den Zugang zum Baum des Lebens zu verwehren. Denn wenn nun dies gefallene Geschöpf sich auch noch ewiges Leben verschaffte, so wäre des Bösen in der Welt überhaupt kein Mass mehr. Darum muss der Gefahr, dass die Begrenzung des Lebens aufgehoben wird, begegnet werden. Der Mensch muss also von der Möglichkeit ewigen Lebens ausgeschlossen werden. Nichts kann die Denkebene deutlicher machen, auf der sich die Geschichte vom Sündenfall bewegt: Die Begrenzung des Bösen wird nicht moralisch, sondern ontologisch oder existentiell vollzogen, dadurch, dass dem Menschen das Leben durch den Tod absolut begrenzt bleibt. Der Grundgedanke ist wohl der: Da der Mensch des Bösen, das er in die Welt setzt, nicht Herr ist, muss er sterblich bleiben, damit die Produktion des Bösen nicht ins Unermessliche wächst. Erst innerhalb dieses bleibenden Verfallenseins an den Tod kann dann auch das Gesetz wirksam werden. Dessen Bereich ist noch einmal Vers 23 angedeutet: Der Mensch soll die Erde bebauen, von der er genommen ist. Das ist wieder Moratorium, mit zwei Aspekten: Der Mensch soll Kulturarbeit leisten. Aber vor allem: Der Ort des Menschen ist die Erde, von der er genommen ist. Mit diesem schlichten Satz ist der äusserste Gegensatz zu dem Sein-Wollen-wie-Gott ausgesprochen: Geselle dich der Erde zu, von der du genommen bist, mache dich mit dem Geschaffenen gemein – du bist nicht Gott.

Schliessen wir noch einen letzten Gedanken an. Ich sagte, man müsse solche Texte als Auslegung religiöser Erfahrung lesen, eines tiefen und elementaren Nachdenkens Israels über seine Welterfahrung

§ 7: DER MENSCH ALS SÜNDERIN UND SÜNDER

und sein Gottesverhältnis. Zugleich aber sind solche Texte Erzähltexte und Grundlage der Verkündigung. In ihnen wurzelt die prophetische Verkündigung, der Kult und das Gesetz, die ja alle auf verschiedene Weise dem Menschen zeigen wollen, was er ist, ihn mit Gott versöhnen wollen. D. h. die Texte setzen voraus, dass der Mensch nicht einfach Klarheit über sich selbst hat, dass man ihm diese Klarheit zusprechen muss. Der Mensch muss sich selbst offenbart werden. Damit kommen wir auf das Phänomen zu sprechen, dass der Sünder Sünde existiert, verwirklicht, dass er aber eben damit der Einsicht, dass er ein Sünder ist, entgegenarbeitet. Das Sündersein verwirklicht sich so, dass die Selbsterkenntnis des Menschen als Sünders eben dadurch verstellt wird. Zwar hat der Sünder auf der moralischen, erkennenden Ebene die Fähigkeit, Gut und Böse zu unterscheiden. Existentiell, also auf der Ebene der Faktizität seines Daseins produziert er unablässig Gut und Böse. Man könnte sagen: In gewisser Weise hindert die moralische Ebene den Menschen daran, sich als Sünder zu erkennen, weil sie eben die Faktizität des Daseins selbst abblendet. Wenn nun Paulus Röm 3,20 sagt διὰ γὰρ νόμου ἐπίγνωσις ἁμαρτίας [denn durch das Gesetz kommt Erkenntnis der Sünde], so heisst das nicht intellektuelle Erkenntnis, sondern wieder biblisch Begrenzung des Erkennens: Das Gesetz treibt den Menschen dazu, mit der Sünde Erfahrung zu machen. Denn das Gesetz, die Moral verhüllt den existentiellen, faktischen Charakter des Sünderseins. Das liegt nicht am Gesetz oder an der Moral, sondern am Sünder. Der Sünder missbraucht Gesetz und Moral, wie er andere Geschöpfe missbraucht. Dieser Missbrauch besteht darin, dass er mit Hilfe von Gesetz und Moral sich aufteilt in Gutes und Böses. Das führt dazu, dass er das Böse von sich abspaltet; und dadurch verhüllt er sich, dass alles Böse aus ihm selbst hervorkommt. Und da der Sünder nun das Gesetz als moralische Handlungsanweisung versteht, verstrickt das Gesetz den Sünder faktisch immer mehr in die Sünde. So stehen wir vor dem seltsamen Umstand, dass dem Menschen der Kern seiner Faktizität, sein Sündersein, nicht nur verborgen ist, sondern dass er es faktisch selbst immer verbirgt. Der gigantische Apparat menschlichen Denkens ist ein riesiger Verdrängungsmechanismus, mit dem der Mensch die Wirklichkeit seines Daseins als Sünderseins verdrängt (parallel Tod-Verdrängung). Darum kann in diesem Apparat auch die Erkenntnis des wahren Wesens des Menschen gar nicht vollzogen werden. Diese Erkenntnis = Einsicht müsste ja im Gebetsruf bestehen: «Gott, sei mir Sünder gnädig!»

[Lk 18,13], sodass sich die Metamorphose, die Metanoia, der Wesenswandel des Menschen so anbahnt, dass er sagt, was er als Sünder nicht sagen kann: Ich bin ein Sünder. Diese Bewegung kann in dem Daseinsapparat selbst nicht realisiert werden; sie tritt vielmehr von aussen, als die durch Gott selbst realisierte Wirklichkeit des Menschen Jesus Christus in diesen Apparat ein.

«Humanitatis seu (ut Apostolus loquitur) carnis regno, quod in fide agitur, nos sibi conformes facit et crucifigit, faciens ex infoelicibus et superbis diis homines veros, idest miseros et peccatores. Quia enim ascendimus in Adam ad similitudinem dei, ideo descendit ille in similitudinem nostram, ut reduceret nos ad nostri cognitionem. Atque hoc agitur sacramento incarnationis. Hoc est regnum fidei, in quo Crux Christi dominatur, divinitatem perverse petitam deiiciens et humanitatem carnisque contemptam infirmitatem perverse desertam revocans.»[89]

---

89 Martin Luther, Operationes in psalmos, WA 5, 128,36–129,4 [Im Reich der Menschheit oder (wie der Apostel sagt) des Fleisches, das im Glauben geschieht, macht er uns sich gleichförmig und kreuzigt uns, indem er aus unheilvollen und stolzen Göttern wahre Menschen macht, das heisst, Elende und Sünder. Denn weil wir in Adam zum Ebenbild Gottes aufgestiegen sind, ist er zu unserem Ebenbild hinabgestiegen, um uns zur Erkenntnis unserer selbst zurückzuführen. Und dies geschieht durch das Geheimnis der Menschwerdung. – Dies ist das Reich des Glaubens, in dem das Kreuz Christi herrscht, das die töricht angestrebte Gottheit beseitigt und die Menschheit und die verachtete Schwachheit des Fleisches, welche törichterweise verlassen wurde, wiederherstellt.]

II
CHRISTLICHE ANTHROPOLOGIE

AUSSCHREIBUNG DER VORLESUNG

Es handelt sich hier um das Zentrum der christlichen Theologie, der Verkündigung und des kirchlichen Wirkens. Insofern ist die Vorlesung für alle Theologie Studierenden bestimmt. Exegetische und dogmengeschichtliche Kenntnisse sind aber durchaus erwünscht. Innerhalb der Vorlesung sind Diskussionen möglich. Ziel der Vorlesung ist es, die Versöhnung des Menschen mit Gott als Ursprung und Mitte des christlichen Glaubens herauszuarbeiten. Zur Vorbereitung lese man die entsprechenden Abschnitte in einer Dogmatik: Wolfgang Trillhaas, Dogmatik, [4]1980; Otto Weber, Grundlagen der Dogmatik, [7]1987; Handbuch der Dogmen- und Theologiegeschichte, hg. von Carl Andresen u. a., 1980–1984.

§ 1: ZUR EINFÜHRUNG IN DAS THEMA

[A) DIE TITELBEGRIFFE RECHTFERTIGUNG, VERSÖHNUNG, ERLÖSUNG (SOTERIOLOGIE)]

Die Titelbegriffe dieser Vorlesung verstehen wir, um das Thema zu beschreiben, mit dem wir uns befassen, zunächst einmal als Synonyme. Es handelt sich um theologische, teils direkt biblische Begriffe, die das Heilsgeschehen bezeichnen, welches das Zentrum des christlichen Glaubens, des Christentums überhaupt ist. Darum könnte man diese Vorlesung auch mit dem dogmatischen Begriff Soteriologie überschreiben, Lehre von der σωτηρία [Rettung/Heil], dem Heil, das durch den σωτήρ [Retter/Heiland], Jesus Christus, gekommen ist. In dieser Synonymik ist es leicht möglich, die Terminologie durch weitere Synonyme zu erweitern. Der Begriff Rechtfertigung ist auf Grund der paulinischen Sprache gebildet, nach der das den Menschen gebrachte Heil die δικαιοσύνη [Gerechtigkeit] ist; vgl. das Beispiel Röm 1,16 f. Aber Paulus kann, z. B. 2Kor 5,19 f., den Inbegriff des christlichen Glaubens auch als «Wort der Versöhnung», λόγος τῆς καταλλαγῆς, bezeichnen. Derselbe Paulus kann aber das Heil auch als Loskauf, ἐξαγοράζω [loskaufen], vom Gesetz bezeichnen, Gal 3,13; 4,5; oder als Erlösung von sich selbst, Röm 7,24, ῥύομαι [erretten]; dasselbe Wort steht in der letzten Bitte des Vaterunsers, Mt 6,13. Ein drittes Wort für Erlösung ist λυτρόω, z. B. 1Petr 1,18. Wieder kann Paulus etwa Gal 5,1 das Heil mit dem Wort ἐλευθεροῦν [Freiheit] beschreiben und das Heilshandeln Gottes in Christus als ἐλευθεροῦν [befreien]. Und schliesslich ist eins der Worte, die im ganzen NT zentral sind, das Wort χάρις [Gnade], und daher könnte man, wie es vor allem katholische Tradition ist, statt Rechtfertigungslehre, Versöhnungslehre, Erlösungslehre auch Gnadenlehre sagen. Im johanneischen Schrifttum wird das Wort χάρις in der programmatischen Stelle Joh 1,17 durch das Wort Wahrheit, ἀλήθεια ergänzt: Was durch Jesus Christus in die Welt gekommen ist, ist Gnade und Wahrheit; oder: das ist der Zweck des Kommens Jesu Christi in die Welt, Gnade und Wahrheit zu bringen. Aber bei Joh findet sich noch eine weitere Variation, Joh 3,3, im Gespräch: das ἄνωθεν γεννηθῇ, das von neuem und das von oben geboren Werden, aus welchem unser Wort Wiedergeburt abgeleitet wurde. Schliesslich ist der tragende Grundbegriff des NT zu nennen, mit dem das Heil des Menschen bezeichnet wird, πίστις [Glaube], πιστεύειν [glauben]; πίστις ist die neue Existenz des Menschen, die ihm das Heil bringt, etwa die ganz elementare Aussage Joh 3,16[90]: οὕτως γὰρ ἠγάπησεν ὁ θεὸς τὸν κόσμον, ὥστε τὸν υἱὸν τὸν μονογενῆ ἔδωκεν, ἵνα πᾶς ὁ πιστεύων εἰς αὐτὸν μὴ ἀπόληται ἀλλ' ἔχῃ ζωὴν αἰώνιον. [«Denn also hat Gott die Welt geliebt, dass er seinen eingeborenen Sohn gab, auf dass alle, die an ihn glauben, nicht verloren werden, sondern das ewige Leben haben.»] und Joh 3,36: ὁ πιστεύων εἰς τὸν υἱὸν ἔχει ζωὴν αἰώνιον· ὁ δὲ ἀπειθῶν τῷ υἱῷ οὐκ ὄψεται ζωήν, ἀλλ' ἡ ὀργὴ τοῦ θεοῦ μένει ἐπ' αὐτόν. [«Wer an den Sohn glaubt, der hat das ewige Leben. Wer aber dem Sohn nicht gehorsam ist, der wird das Leben nicht sehen, sondern der Zorn Gottes bleibt über ihm.»] Glaube ist im ganzen NT die völlige Selbsthingabe des

---

90 [Bibelzitate werden auf Griechisch aus dem NA[28] wiedergegeben, deutsche Übersetzungen aus der Lutherbibel in der Revision von 2017.]

§ 1: Zur Einführung in das Thema

Menschen an Gott, eine Selbsthingabe, die durch das Erscheinen Jesu Christi ermöglicht und verwirklicht wird. Im Joh-Evang noch γνῶσις, γινώσκω [Erkenntnis, erkennen]. Ich habe hier nur ein paar Hinweise auf die Synonyme gegeben, mit denen das NT das Heil beschreibt; es handelt sich vor allem um bestimmte Begriffe. Man muss aber auf weitere Phänomene verweisen, die sich weniger in einzelnen Begriffen als in bestimmten Sätzen finden. Der wichtigste Vorstellungszusammenhang sind die ἐν-Aussagen, vor allem das Sein ἐν Χριστῷ [in Christus], z. B. 2Kor 5,17. Der Wandel ἐν Χριστῷ, ἐν πίστει [im Glauben], ἐν πνεύματι [im Geist] ist eine Darstellung des Heiles als einer Existenz-, einer Erfahrungs-Tatsache. Speziell bei Joh erscheint das Heil noch als εἶναι ἐν ἀγάπῃ [Sein in der Liebe], und dann vor allem als μένειν ἐν τῇ ἀγάπῃ [in der Liebe bleiben].

Diese Hinweise machen Sie in zweierlei Hinsicht auf das Zentrum der neutestamentlichen Sprache aufmerksam: Einmal wollen sie die Lust erwecken, sich noch gründlicher mit der ganzen Heilsterminologie des NT, und natürlich auch des AT, zu beschäftigen.[91] Sodann, und das ist das ungleich Wichtigere: auf diese Weise werden Sie darauf aufmerksam, dass es im NT einzig und allein um das Heil, die Errettung des Menschen geht; in allen unterschiedlichen Terminologien immer um dasselbe. Und es ist für die theologische Arbeit von allergrösster Bedeutung, diese Synonymik wahrzunehmen: Paulus bezeichnet so z. B. dasselbe, also das durch Christus erschienene Heil, als Gerechtigkeit, als Gnade, als Glaube, als Sein in Christus, als Freiheit. Nicht als ob das alles dasselbe wäre; aber dasselbe, das Heil, erscheint in ungeheuer vielen Aspekten. Und vor allem: es muss immer zurückgeführt werden auf Jesus Christus, den eigentlichen Heilsbringer. Deswegen ist der Begriff Soteriologie als dogmatisch zusammenfassender Begriff für diesen Reichtum an Sprache durchaus sachgemäss: es handelt sich um das Heil, σωτηρία, des Menschen; und diese σωτηρία gründet in dem σωτήρ, Jesus Christus. So wird in Joh 4,42 das ganze Sein und Wirken Jesu Christi in dem Satz zusammengefasst: «οἴδαμεν ὅτι οὗτός ἐστιν ἀληθῶς ὁ σωτὴρ τοῦ κόσμου» [wir haben erkannt: Dieser ist wahrlich der Welt Retter/Heiland]. Bei Paulus nur einmal, aber auch sehr programmatisch (Phil 3,20).

---

91 Hierzu das Studium einer Theologie des NT, z. B. Bultmann, Goppelt, Conzelmann, Kümmel.

Ich möchte abschliessend zu diesem Abschnitt, im Hinblick auf das, was ich sogleich nachher zu sagen habe, nochmals mit Emphase hervorheben: Alle diese Begriffe und Vorstellungen sind in der Tat nicht identisch, Freiheit ist nicht dasselbe wie Gerechtigkeit; aber sie sind, theologisch gesehen, synonym, weisen alle auf dasselbe, das christliche Heil, das durch Christus gekommen ist. Und dies bewirkt nun, dass man den Grund der Synonymik genau angeben kann: Alle Begriffe bezeichnen das Heil als Gabe Gottes: Gerechtigkeit des Menschen – Gabe Gottes; Freiheitsgabe Gottes, Leben, Wahrheit, Liebe usw. Das ist theologisch von entscheidender Bedeutung und eine Hauptaufgabe dieser ganzen Vorlesung: Den ontologischen Status dieser Begriffe herauszuarbeiten, also zu zeigen, dass Gerechtigkeit, Freiheit, Leben usw. der Menschen nicht von ihnen selbst kommt, sondern von Gott durch Jesus Christus. Es ist deswegen theologisch-hermeneutisch und theologisch-dogmatisch von höchster Bedeutung, dass wir die Vielfalt dieser Heilsterminologie immer zugleich mit dieser Einheit sehen, und umgekehrt. Und diese Einheit ist zuerst und zuletzt in dem einen Jesus Christus zu sehen, der der Bringer des Heils in all seiner Vielfalt ist.

Dass das Wort Heil, griech. σωτηρία, lat. *salus*, schon früh in der Theologie und Liturgie zum zusammenfassenden Begriff wird, dafür kann man auf das Symbolon [Nicaeno-Constantinopolitanum] NC verweisen: Hier wird, inmitten des zweiten Artikels über den Logos, gesagt: welcher um uns Menschen und um unseres Heils willen vom Himmel herabgestiegen ist und Fleisch geworden ist vom Heiligen Geist aus der Jungfrau Maria und Mensch geworden.[92] Der Zweck der Menschwerdung ist also das Heil der Menschen, vgl. Joh 3,16.

[B) Systematisierung der Begriffe]

Im Laufe der theologischen Auslegung des christlichen Glaubens hat die Theologie die reiche neutestamentliche Begrifflichkeit in eine Ordnung zu bringen versucht, also zu systematisieren versucht; und dabei sind bestimmte Begriffe in den Vordergrund, andere in den Hintergrund

---

92 DH 150, vgl. auch: Evangelisches Gesangbuch, Ausgabe für die Evang.-luth. Kirchen in Bayern und Thüringen, 1994 (EG.BT), Nr. 904, od. Gesangbuch der Evang.-ref. Kirchen der deutschsprachigen Schweiz ⁵2019 (RG), Nr. 264.

§ 1: Zur Einführung in das Thema

getreten. So ist es dazu gekommen, dass die Wörter Rechtfertigung, Versöhnung, Erlösung einmal in den Vordergrund getreten sind, andere sind zurückgetreten, und sodann sind diese Begriffe, ohne die Einheit des Heils aufzugeben, gegeneinander differenziert worden. Diesen Vorgang werde ich Ihnen später an einigen historischen Beispielen darstellen. Er ist nicht als solcher von vornherein negativ zu beurteilen; dass die in den Begriffen liegende Logik und Systematik herausgearbeitet wurde, ist kein Schaden. Doch hat dieser Prozess dazu geführt, dass bestimmte Begriffe Vorstellungen für das Heil in den Vordergrund rückten, das ganze Verständnis von Heil bestimmten und darum die christliche Heilslehre in eine ganz bestimmte Richtung lenkten. Ich nenne Ihnen als Beispiele zwei ganz zentrale [Begriffe], auf die ich später zurückkomme: es ist einmal die christliche Versöhnungslehre in der Gestalt der Lehre von der stellvertretenden Genugtuung, *satisfactio*, wie sie der Scholastiker Anselm v. Canterbury (1033–1109) entwickelt hat. Diese Lehre bestimmt die Soteriologie bis auf den heutigen Tag entscheidend. Es ist aber klar, dass sie, neutestamentlich und theologiegeschichtlich gesehen, nur eines der vielen soteriologischen Motive ist und sogar für die Interpretation des Kreuzes Christi als Tod für uns zu eng ist. Sodann ist es der Verlust des Freiheitsbegriffes, der bei Paulus und Johannes als Bezeichnung des Heiles so zentral ist, dann aber fast ganz aus der Soteriologie verschwand und erst von Luther als christlicher Zentralbegriff – *de libertate christiana* – wieder entdeckt wurde. Es wäre nun ganz falsch, diese Komplexe gegeneinander auszuspielen – an der zentralen Rolle des Todes Jesu Christi für uns ist nicht zu zweifeln. Aber Paulus hat den Tod und das Heilswerk Christi eben auch als unsere Befreiung zur Freiheit verstanden. Ich nenne diesen Komplex als zentrales Beispiel. Ich werde mir Mühe geben, das Freiheitsphänomen als zentralen Inhalt von Rechtfertigung, Versöhnung, Erlösung gerade für die heutige Zeit herauszuarbeiten, eine Zeit, in der die Menschen und viele Christen so vollkommen der Faszination durch ihr Ich und damit ihrem Ich verfallen sind, ihrem Subjektivismus; und damit unter dem Schein einer Freiheit ihre Sklaven geworden sind, Sklaven ihrer selbst und darum auch gegenseitig.

Ich will aber unter diesem Abschnitt b), und erst jetzt komme ich eigentlich zu dem, was ich sagen wollte, etwas anderes hervorheben. Wir haben es bei unserem Thema mit dem zentralen Thema der christlichen Theologie, des christlichen Glaubens überhaupt zu tun: Christliche

Theologie ist Soteriologie, sie ist ganz und gar Rechtfertigungslehre, Versöhnungslehre, Erlösungslehre. Der ganze Kosmos der Theologie und der historisch-kritischen Exegese des AT und NT bis hin zur praktischen Theologie, der Seelsorge und Gemeindeaufbau, alles schwingt um dieses Zentrum. Und zwar geht es um Rechtfertigung, Versöhnung, Erlösung in der Theologie nicht historisch, sondern theologisch-dogmatisch, es geht um die Rechtfertigung, Versöhnung, Erlösung unserer Welt, unserer Mitmenschen, unserer selbst. Nichts anderes meint das Wort systematische Theologie in Unterscheidung zur exegetischen und historischen [Theologie]. Das Wort systematisch meint die zusammenhängende Durchdenkung und Meditation der durch Jesus Christus vollbrachten Versöhnung mit der Gegenwart und für die gegenwärtig lebenden Menschen. Ich will Ihnen die Zusammenhänge kurz an zwei Texten darzustellen versuchen: Der erste ist 2Kor 5,19 [«θεὸς ἦν ἐν Χριστῷ κόσμον καταλλάσσων ἑαυτῷ, μὴ λογιζόμενος αὐτοῖς τὰ παραπτώματα αὐτῶν καὶ θέμενος ἐν ἡμῖν τὸν λόγον τῆς καταλλαγῆς.» | «Gott war in Christus und versöhnte die Welt mit ihm selber und rechnete ihnen ihre Sünden nicht zu und hat unter uns aufgerichtet das Wort von der Versöhnung.»] Man kann diesen Text, diesen einen Vers ohne Ironie als Summe, als das Ganze der Theologie und des christlichen Glaubens verstehen. Der Kristallisationspunkt ist die Versöhnung: Die Versöhnung ist die Aussageintention dieses Satzes, das heisst, um der Ansage und Aussage der Versöhnung willen wird dieser Satz überhaupt geschrieben; Versöhnung aber setzt Feindschaft voraus, was im Wort πάρεσις [Vergebung] anklingt. Versöhnung findet statt zwischen Gott und Welt, und Welt heisst wie immer im NT Menschenwelt, vgl. αὐτοῖς [ihnen]. Versöhnung findet statt ἐν Χριστῷ [in Christus]. Damit haben wir das Elementare des christlichen Glaubens und der Theologie zusammen:

Gott

Sünde   Versöhnung
(durch Menschen)   (in Christus)
                Welt
            (Menschenwelt)

Dogmatisch gesehen also:

Gotteslehre
Sündenlehre (Anthropologie, Kosmologie)
Christologie
Soteriologie

Und diese Versöhnung wird nun der Grund des λόγος τῆς καταλλαγῆς ἐν ἡμῖν – das ist unter uns, heute, die theologische, dogmatische, kirchliche Aufgabe der Lehre und Verkündigung von Rechtfertigung, Versöhnung, Erlösung, für die wir den Beistand des Heiligen Geistes erbitten. Man kann nun diese unsere Aufgabe als Theologie präzis bestimmen, ja, man kann sagen, warum Theologie im Beistand des Heiligen Geistes so nötig ist. Kern und Stern des Glaubens ist ja, dass Gott in Christus die Welt erlöst, auch heute noch. Zentrum des Glaubens ist also, dass Rechtfertigung, Versöhnung, Erlösung Werk Gottes in Christus ist, und zwar auch heute noch. Es ist also ein fundamentales Missverständnis des Glaubens und zugleich absolut antitheologisch, wenn man die Versöhnung der Welt mit Gott als historisches Ereignis interpretiert, das dann die Menschen, die Christen, zu aktualisieren hätten. Dann träten die Menschen an Christi und Gottes Stelle als Versöhner. Christsein besteht aber darin, zu wissen, dass allein Gott in Christus die Welt mit sich versöhnt – deshalb ist unsere Aufgabe nicht die Versöhnung der Welt, nicht das Heilsbringer-Sein (wohin das führt, wenn Menschen sich als Heilsbringer aufspielen, das sollte doch gerade die jetzt lebende Generation wissen), sondern der λόγος τῆς καταλλαγῆς. Dieser Logos ist Grund und Ziel der Theologie, deshalb sind wir θεο-λόγοι [Theo-logen]; d. h. wir preisen denkend, verkündigend, mit Leib und Seele Gott als den Versöhner der Welt.

Ich habe Sie vorhin auf das Nicaeno-Constantinopolitanum (NC) hingewiesen. Es ist aufgebaut um die Heilsaussage inmitten des christologischen Artikels. Die Soteriologie ist es, was die Theologie von einer philosophischen Gotteslehre, Anthropologie, Kosmologie unterscheidet. Und dieser Aufbau des NC ist ganz biblisch und theologisch, sofern die Versöhnung des Menschen mit Gott das *proprium*, das *specificum* der biblischen, christlichen Glaubens- und theologischen Sprache ist. Wir erkennen also am Gegenstand dieser Vorlesung zugleich etwas, das unser Verständnis für die Theologie fördert und präzisiert: Theologie hat nicht bloss einen Abschnitt, der Lehre von der Versöhnung, Rechtfertigung, Erlösung heisst, sondern sie *ist* im Kern Versöhnungslehre,

Soteriologie; ohne das wäre sie gar nicht Theologie. Sie denkt nicht philosophisch über Gott und Mensch und Welt nach, sondern theologisch = soteriologisch: Mensch als Sünder, Zerstörer seiner selbst und der Welt; Gott als Versöhner in Christus und Heiligem Geist. Gewiss ist die Soteriologie in der Dogmatik mit Recht ein Teil des Ganzen; aber dieser Teil ist zugleich das Ganze.

Weil diese Soteriologie sowohl für unser Thema als auch für das Verständnis von Theologie und Glauben wichtig ist, möchte ich Ihnen einen zweiten Text vorführen, in welchem das Problem nun in fortgesetztem Stadium reflektiert wird, nämlich den Anfang der «Summa theologiae» des Thomas von Aquin (1225–1274): «Damit wir unsere Aufgabe in scharfer Begrenzung erfassen, ist zuerst von der heiligen Wissenschaft selbst zu handeln, indem wir untersuchen: was sie sei und auf welche Dinge sie sich erstrecke. Darüber sind zehn Fragen zu stellen:

1. Ist eine solche Wissenschaft notwendig?
2. Ist sie eine (wahre) Wissenschaft?
3. Ist sie nur eine oder umfasst sie in sich mehrere?
4. Ist sie eine spekulative oder praktische?
5. Wie verhält sie sich zu andern?
6. Ist sie Weisheit?
7. Was ist ihr Gegenstand?
8. Geht sie beweisend vor?
9. Darf sie sich auf bildliche und symbolische Redeweise stützen?
10. Sind die Texte der Hl. Schrift, aus der sie schöpft, in mehrfachem Sinne zu verstehen?»[93]

Differenz zwischen der Theologie und den philosophischen Disziplinen. Soviel zur Einleitung in die Thematik.

§ 2 [Verständnis und Aufgabe der Dogmatik]

Ich möchte Ihnen in diesem Paragraphen kurz ein paar Hinweise zum Verständnis und zur Aufgabe der Dogmatik geben, wohlwissend, dass man dazu ein ganzes Semester aufwenden könnte und müsste, angesichts der Missverständnisse gegenüber Theologie und Dogmatik, die heute, zum Schaden von Glauben und Kirche, so beherrschend sind.

---

93 Zit. aus Kröners Taschenausgabe, Bd. 105 (hg. von Joseph Bernhart), ³1985, Bd. 1, 2.

– Missverstandene Dogmatik, weil man sie nicht kennt. Enthält viel Lebenserfahrung.
– Missverstandene Dogmatik, weil abgeleitet vom Wort Dogma. Grund-Ableitung aber δογματική θεολογία = thetische, positive Theologie.

[A) DENKGEWOHNHEITEN]

Zum hermeneutischen Problem des Missverständnisses, das mit unserem Menschsein zusammenhängt, nämlich die Neigung, die je schon gewohnten Denkgewohnheiten absolut zu setzen und alles andere nur aus der gewohnten Sicht zu sehen. Martin Heidegger spricht vom Unterbringen des Ungewohnten und Ungewöhnlichen im Gewohnten. Hier liegt ein doppelter Verlust, ein logischer Verlust und ein Erfahrungsverlust. Der logische Verlust besteht darin: Warum soll ich überhaupt Platon oder Kant, Paulus oder Luther lesen, wenn ich alles sozusagen einordne in das Geläufige, Bekannte? Es ist dies das seltsam unproduktive Ausgespanntsein auf die Bestätigung durch Autoritäten. Wenn man Kant und Paulus so liest, ist man gar nicht an ihnen selbst interessiert, sondern nur an ihrer Autorität. Ein besonders krasses Beispiel ist das Buch «Jesus, der erste neue Mann» von Franz Alt,[94] mit dem ich mir im letzten Jahr ein paar Ferienstunden verdorben habe. In einer aus Jung'scher Tiefenpsychologie und anderen modernen gnostischen Subjektivismen [kombinierten Art] wird hier ein Männerbild konstruiert – zu dem ich hier gar nicht Stellung nehme –, für das dann Jesus in Anspruch genommen wird. Was hier aber ausgenutzt wird, ist die Autorität, die Jesus heute noch hat, keineswegs er selbst. Dass Jesus hier herangezogen wird, hat den Grund darin, dass er prominent ist. Was er wirklich ist, ist irrelevant. An diesem krassen Beispiel kommt ein Grundproblem unseres geistig-seelischen Lebens heraus: Es hat die Tendenz, sich abzuschliessen, zu kanonisieren und sich alles Fremde einzuverleiben. Also das, was in dem Fremden mein Denken übersteigt und das ja gerade mein denkerischer Gewinn wäre, das wird in diesem Verstehensvorgang – lumen a non lucendo [ein Licht, von dem kein Schein ausgeht] – vernichtet. Hinzu tritt der Erfahrungsverlust. Zwar gibt sich dieser Ansatz als besonders erfahrungstüchtig, indem er alles an der

---

94 München 1989.

eigenen Erfahrung misst. In Wahrheit ist er aber lebens- und erfahrungsfeindlich, weil ja echte Erfahrung die ist, die ich noch nicht gemacht habe, die ich noch zu erfahren habe. Dieses unlogische und erfahrungsfeindliche Denken scheint mir gerade in der Kirche heute eine grosse, zerstörerische Macht zu haben, erkennbar z. B. überhaupt an der Abwertung des Geistes, des Intellekts, des Denkens. Das alles wäre nicht so schlimm, wenn dadurch nur das Fremde abgeblendet würde. Aber es wird ja zugleich unsere eigene Wirklichkeit beschränkt, die ja ständig aus ist nicht bloss auf Erweiterung, sondern auf radikale Veränderung, auf Kehre, zu deren Zustandekommen uns vielleicht gerade das Fremde hilft. Dieses subjektivistische Denken nun führt dazu, dass ganz bewusst bestimmte Phänomene missverstanden werden – und so geschieht es auch der Dogmatik.

[B) HISTORISMUS]

Eine weitere Schwierigkeit der Dogmatik, und wohl überhaupt der Theologie, besteht in ihrer Beherrschtheit durch den Historismus. Die historische Betrachtung setzt zunächst einmal eine historische Distanz. Und dann taucht das Problem auf: Wie gewinnt das historisch Distanzierte dann Gegenwart? Dieses Problem wird vor allem an der Exegese wahrgenommen: Ein alter Text, die Bibel, von dessen Geltung man zwar überzeugt ist, muss vergegenwärtigt werden. Das Gleiche aber widerfährt der Dogmatik: Wir nehmen Dogmatik wahr im wesentlichen als Gestalt von Systemen historischer Herkunft – als Bücher, als Systeme, auch wenn durchaus auch noch neue Dogmatiken geschrieben werden. Wir nehmen sie wahr als Aufstellungen von Sätzen, als Lehrbücher, als Codices historischer Lehre und fragen dann: Was fangen wir damit theologisch an? Wir fragen nach dem Zusammenhang mit unserem Leben, wir fragen danach, wie wir zur Erfahrung kommen dessen, wovon die Dogmatik handelt, die Bibel usw.

Das Dilemma, das hier entsteht, ist so fundamental wie aktuell: In der historischen Distanzierung des in der Dogmatik vorhandenen christlichen Glaubensgutes, in der Glaubenslehre ist zugleich eine Historisierung unserer eigenen Erfahrungen mitgesetzt (dazu s. o.). So abgeschlossen, so gleichsam kanonisiert die Dogmatik wird, so wird auch unsere Wahrnehmung kanonisiert und abgeschlossen. Und dabei droht ein enormer Wirklichkeitsverlust. Das liegt daran, dass wir unsere eigene Welt- und Lebenserfahrung kanonisieren und dogmatisieren – die Beispiele der jüngsten Geschichte sprechen da für sich selbst. Man könnte dieses Problem auf folgende Überlegung bringen: Der denkerische, zitierende und rezitierende, forschende und lesende, rezipierende und interpretierende Rückgriff auf Tradition dient nicht antiquarischem Interesse, jedenfalls nicht in der Theologie, sondern gerade der Erweiterung der eigenen Erfahrung, der eigenen Erkenntnis, der Gewinnung neuer Deutungsdimensionen für unsere Welt-, Selbst- und Gotteserfahrung. Damit bin ich bei dem letzten Punkt dieses Paragraphen, einem positiven Hinweis auf Aufgabe und Verfahren der Dogmatik.

[c] Hermeneutische und dogmatische Aspekte

Ich erörtere, was ich nun zu sagen habe, zunächst unter hermeneutischem, dann dogmatischem Aspekt. Den hermeneutischen Aspekt der dogmatischen Aufgabe und des Verfahrens fasse ich zusammen unter dem Stichwort: synoptisches Lesen, synoptisches Denken, synoptisches Erfahren.

In den «Pensées» von Blaise Pascal findet sich unter einigen Sätzen, die sich mit Montaigne auseinandersetzen, auch der folgende: «Ce n'est pas dans Montaigne, mais dans moi, que je trouve tout ce que j'y vois.»[95] Wenn man diesen Satz verallgemeinert, so steht in ihm eine sehr umfassende hermeneutische und methodische Anweisung zum Lesen von und Arbeiten mit Texten, auch vor allem biblischer und theologischer: Die eigentliche Wurzel des Interesses an fremden Texten ist existentieller, nicht historischer Natur. Texte lesen wir gewiss, um das Fremde kennenzulernen, aber wir lesen sie ebenso gewiss, um durch das Fremde uns selbst, unsere Welt und Erfahrung besser kennenzulernen. Damit möchte ich – und dies ist schon der erste Schritt aus der Beherrschung durch die Gewohnheit heraus – die uns allen gewohnte hermeneutische Priorität umkehren. Normalerweise, und der Aufbau unseres Studiums legt es uns nahe, studieren wir zuerst die Exegese und Historie, beschäftigen uns mit exegetischer, religionsgeschichtlicher, historischer usw. Bestandesaufnahme. Und dann fragen wir nach der Lebensrelevanz: Was bedeutet das für uns, unsere Welt? Dann müssen wir das historisch-

---

95 Lafuma 689; zit. nach Brunschvicg 64 [Nicht bei Montaigne, sondern in mir selbst finde ich alles, was ich dort sehe.]

exegetisch Gelernte umsetzen in unsere neuzeitliche Gegenwartswelt, in unseren Problemhorizont. Es ist aber schon dies bemerkenswert, dass, jedenfalls dann, wenn jemand Theologie bewusst als Theologie studieren will, die Priorität umgekehrt ist: Das wahrhaftige Interesse ist nicht das Historische als solches, sondern die Auslegung und die Veränderung der Gegenwart, der Welt, unserer selbst. Und die saubere historisch-kritische Arbeit, an deren Wichtigkeit nicht zu zweifeln ist, steht im Dienst unseres theologischen Interesses. Ich glaube nun, dass dies ein allgemeiner und fundamentaler Sachverhalt ist: Alles Denken ist von der Wurzel her – ob philosophisch oder theologisch – systematisch und nicht historisch. Das Denken, in seiner wesentlichen Aufgabe, wird hervorgehoben und getrieben aus unserer eigenen Erfahrung. Das meint der alte Satz, das Denken entstehe aus dem θαυμάζειν [sich wundern/erstaunen]. Und der Rückgriff auf Tradition geschieht, um Gedanken, Erfahrungen anderer zur eigenen Weltgewinnung, zum eigenen Gewinn zu bekommen. Ich habe diese Priorität des Denkens vor der Historie mit dem Wort systematisch bestimmt. Ich könnte auch sagen: Das ist es, was in der Theologie dogmatisch meint: Dogmatik wurzelt im Denken und Bedenken unserer eigenen Gottes-, Welt-, Lebens- und Selbsterfahrung, dies nun in der Verknüpfung mit einer bestimmten Tradition, der biblischen, speziell der christologischen.

Kehrt man die Reihenfolge historisch-systematisch (dogmatisch) so um, sage ich also: Das theologische und wissenschaftliche Fundamentalinteresse dogmatischen Denkens liegt, nochmals variiert, nicht in einem historischen, sondern in unserem eigenen Gottesverhältnis, so wird aus dieser systematischen Wurzel heraus nun das Interesse an einer sauberen, klaren historisch-kritischen Methode erforderlich. Denn, wie die Menschen nun einmal sind, könnte ja das systematische Interesse eben zu einer Vergewaltigung der Tradition werden, mit der wir uns beschäftigen. So ist die saubere Textarbeit ein Schutz gegen systematische Willkür. In Wahrheit aber ist ein wahrhaft systematisches Interesse, wenn es sich über sich selbst im Klaren ist, aufs äusserste an der Sauberkeit der Textinterpretation interessiert. Denn gerade der Theologe, der sich über das Wesen dieses systematischen Interesses im Klaren ist, der weiss ja, dass eine Beschäftigung mit der Tradition überhaupt nur dann systematisch sinnvoll ist, wenn sich aus ihr neue Aspekte des Denkens ergeben.

Die Umkehrung der Reihenfolge von historischer und systematischer Arbeit, die eigentlich nur eine Einkehr in die genuine, ursprüng-

§ 2: Verständnis und Aufbau der Dogmatik 147

liche Rangordnung ist, ist nun nicht einfach eine blosse Umkehrung. Sondern in dieser Umkehrung verändert sich die Sache selbst, das Denken selbst. In unserer gewohnten Reihenfolge, in der wir zuerst historisch und dann systematisch arbeiten, gewinnen die beiden Phasen ein chronologisches Verhältnis. Wir konstatieren zuerst unsere historisch-exegetischen Erkenntnisse und fragen dann nach deren Umsetzung in die Gegenwart. (Dass hier faktisch meist, nur eben verhüllt, latent und darum unerkannt, das Umgekehrte geschieht, die hemmungslose Unterwerfung der Tradition unter Gegenwartsprobleme, dafür das Beispiel von Franz Alt oder überhaupt die Frage: Was sagt die Bibel zur Verschuldung der 3. Welt, zur Frauenfrage usw.) Damit wird ein bestimmtes hermeneutisches Gefälle hergestellt, das einen fundamentalen, gravierenden und existentiell wie kosmisch schrecklichen Fehler enthält: Zum Umsetzer des Historischen in die Gegenwart, in neuen Erfahrungskontext werden dann wir als Subjekte; und die Frage, wie die Tradition, der Text der Bibel, uns auslegt, uns den Spiegel vorhält – diese fundamentale Frage geht ganz verloren. Die Herrschaft dieser Umsetzungshermeneutik, die uns in Gestalt der politischen Hermeneutik begegnet, ist nicht zuletzt die Ursache der Verwüstung der Kirche; und was ebenso wichtig und das zeitgeschichtlich Aufregendste ist: ihre politische, ich sage nicht ihre theologische, ihre politische Inkompetenz ist ja klar erwiesen.

Kehrt man nun die Reihenfolge um, so ist die historische und systematische Arbeit nicht in zwei Schritte aufgeteilt, sondern beide sind in ihre ursprüngliche Einheit zurückgekehrt. Das meinte ich mit dem Satz, dass hier nicht bloss die Reihenfolge umgekehrt ist. Vielmehr wird nun beides synoptisch, und dazu komme ich auf den Satz Pascals zurück. Er besagt ja: Ich lese zugleich in Montaigne und in mir. Das meine ich mit dem Wort synoptisch, und ich möchte nun geradezu programmatisch sagen: unter hermeneutischem Aspekt ist das synoptische Lesen und Denken das Wesen der Dogmatik. Was Dogmatik ist, erschliesst sich am besten von hier aus: Gleichzeitiges Lesen der biblischen und theologischen Texte und der eigenen Erfahrung von Gott, Welt und Selbst. Diese denkerische Synopse ist keine Gefährdung, sondern geradezu eine Steigerung der Exaktheit: Denn historisches und systematisches Denken bestärken sich gerade in der Genauigkeit, im Erfordernis der Genauigkeit: Lesen wir, nur zum Beispiel, bei Paulus 1Kor 3,16 f., vor allem 1Kor 6,19: «οὐκ οἴδατε ὅτι τὸ σῶμα ὑμῶν ναὸς τοῦ ἐν ὑμῖν ἁγίου πνεύματός ἐστιν οὗ ἔχετε ἀπὸ θεοῦ, καὶ οὐκ ἐστὲ ἑαυτῶν;» [«wisst ihr nicht, dass euer Leib ein Tempel des Heiligen Geistes ist, der in euch ist und den ihr von Gott habt, und dass ihr nicht euch selbst gehört?»], und lesen wir nun diesen Vers synoptisch, nämlich dass damit nicht bloss der Leib der Korinther, sondern unser, mein Leib gemeint ist: dann wird man auf eine Weise zum Denken, zur Radikalität und zum Elementaren eingeladen, gegen welche die Umsetzungshermeneutik eine Banalität ist. Es ist gegen diese Art von Hermeneutik eingewendet worden, sie nehme dem Subjekt die Selbständigkeit und unterwerfe es der Autorität des Textes oder der Tradition. Aber nichts ist falscher als das. Der Text Pascals belegt es schon, denn der zitierte Satz steht inmitten äusserst kritischer Äusserungen über Montaigne. Vielmehr treibt dieses synoptische Denken gerade das Subjekt ja zum Denken an. Pascal meint ja nicht, er finde in Montaigne bloss eine Bestätigung seiner selbst. Sondern er selbst wird durch Montaigne in einen Erkenntnisprozess hineingerissen, der sich dann auch kritisch auf Montaigne auswirkt. Es gibt den an Schopenhauer erinnernden Aphorismus: «Lesen ist Denken mit fremdem Gehirn», aber es ist das eigene Denken, das mit fremdem Gehirn denkt. Diese synoptische Hermeneutik könnte das furchtbare Elend der subjektivistischen Hermeneutik überwinden, in welcher das Ich von sich aus die Welt und alles entwirft; denn die synoptische Hermeneutik ist von vornherein nicht am isolierten Subjekt orientiert, sondern an dessen spezieller Zusammengehörigkeit mit dem andern. Das ist ja übrigens auch der Inhalt des paulinischen Satzes: Er meint ja, ihr seid nichts für euch, sondern ihr gehört ursprünglich mit dem Heiligen Geist, also mit Gott zusammen.

Ich füge nun, wie angekündigt, dem hermeneutischen Aspekt einen dogmatischen hinzu, also indem ich das Phänomen synoptischen Denkens direkt an einer fundamentalen Frage christlicher Lehre exemplifiziere. Beispiel ist ein Aufsatz Rudolf Bohrens.[96] Ich greife auf diese jüngste Lesefrucht zurück, um zu zeigen, dass auch andere die skizzierte Problematik wahrnehmen. Bohren setzt sich in diesem Aufsatz kritisch mit eigenen Predigten auseinander und überschreibt ihn selbstkritisch «Unnütze Worte». Ich zitiere Ihnen einige Sätze einer homiletischen Selbstkritik, die doch eine tiefe theologische Wurzel haben. Und ich zitiere diese Sätze mit einem gewissen emphatischen Hinweis auf die

---

96 Ev. Theol. 52, 1992, H. 4, 375–379, Zitat: 376 f.

§ 2: Verständnis und Aufbau der Dogmatik 149

Wichtigkeit der dogmatischen Arbeit für die Predigt. Und ich zitiere sie als Beispiel dafür, dass einzig eine synoptische Hermeneutik theologisch sein kann.

«Wenn nach Luther die theologia crucis sagt, was Sache ist, dann räsoniert der Modalprediger in Distanz zur Sache. Er bespricht, redet übers Essen und isst im Augenblick nicht. Wie in dem von Erben[97] zitierten jüdischen Witz: ‹Das geht zu weit! Erst schnorren Sie mich an – und dann sitzen Sie hier (in diesem feudalen Restaurant) und essen Lachs mit Mayonnaise?› ‹Ja, was wollen Sie eigentlich von mir?! Hab' ich kein Geld, dann *kann* ich keinen Lachs mit Mayonnaise essen, hab' ich Geld, dann *darf* ich keinen Lachs mit Mayonnaise essen – wann also *soll* ich Lachs mit Mayonnaise essen?› Der Schnorrer wird beim Essen gestört, er verteidigt sich; das tut auch der Modalverbenprediger. Er schützt sich vor einer Glaubensaussage. Er wagt sich nicht; er spricht über die Möglichkeit und Erlaubnis des Essens, das Evangelium aber versetzt ins Sein: Dir sind deine Sünden vergeben. Iss und trink! Stehe auf und wandle. Seitdem wir Predigtanalyse betreiben, kämpfen wir gegen Modalverben. In der Predigt über die zweite Seligpreisung lese ich: ‹Wir sollen die sein, die dem Strom der Leiden in unseren Städten ein neues Bett graben ... | Wir sollen der Mund sein für die, welche wohl weinen, aber nicht beten können. Wir sollen das Wort ergreifen für die, die eigentlich weinen müssten ... Wir sollen der ‚letzte Schrei' der Menschheit sein›. Da sind wir's noch nicht; ich rede bloss über eine Notwendigkeit des Seins; darum verwandle ich jetzt ‹sollen› in ‹werden›. Und während ich korrigiere, wird mir bewusst, warum die Modalwörter in unseren Predigten so beliebt sind. Sie gehen leicht von der Zunge. Es fällt mir nicht schwer zu sagen, was wir tun sollen; versuche ich aber zu sagen, was wir sind und werden, zögere ich, denn ich liefere mich mit der eindeutigen Aussage meinem Herrn und meinem Hörer aus: ‹Wir werden der ‚letzte Schrei' der Menschheit sein.› Da kommt dann die Zweifelsfrage: ‹Schiffmann sag mir's ehrlich!› ‹Ja. Wir werden der ‚letzte Schrei' der Menschheit sein.›

Eine besondere Tücke wohnt dem ‹Gott will› inne, weil es immer richtig ist, todrichtig. So rufe ich bei der letzten Seligpreisung: ‹Ihr sollt für Gott mit Gottes Wort in der Welt stehen. O ihr Glücklichen! Ihr betet und singt und hört die Predigt, weil Gott seine Leute, seine Bekenner in der Welt haben will – seine Propheten›. Der zitierte Satz steht für unzählige Sätze in unseren Predigten, die in der Regel wenig kosten und nichts bewirken als Langeweile: Ich kontrahiere das ‹haben will› in ein ‹hat›, und füge hinzu: ‹Werdet, was ihr seid.› Die Stereotype ‹Gott will› gefährdet die Predigt des Evangeliums und macht den Willen Gottes schwach, fern und fremd. Was Gott will, ist sozusagen himmlischer Beschluss. Seine Ausführung steht noch aus, ein kraftloser Beschluss, der jetzt von den Menschen zu vollziehen ist. Die Stereotype ‹Gott will›

---

97 Johannes Erben, Deutsche Grammatik. Ein Leitfaden (Fischer Taschenbuch 6051), Frankfurt a. M. 1968, § 86.

bleibt in der Regel abstrakt und entheiligt den Namen. Was ist das für ein Gott, der nach Lust und Laune des Predigers Sonntag für Sonntag etwas anderes will und nichts geschieht?»

Was Bohren hier im Grunde kritisiert, ist das, was ich Umsetzungshermeneutik nannte. Wir lesen die Bibel historistisch, als Programm des Willens Gottes, der von uns in die Wirklichkeit umgesetzt werden muss. Deshalb müssen wir die ganze Bibel praktisch falsch lesen, denn sie redet zwar vom Willen Gottes, aber vom Willen Gottes als Ausdruck der Wirklichkeit Gottes. Sie ist das Thema der Bibel. Diese, mit Bohren zu reden, Hermeneutik der Modalwörter verfälscht vollkommen das Wort der Bibel. Gott ist, wie Bohren sagt, schwach, fern und fremd; und d. h., er ist kein Gott. Dies ist der latente Atheismus, der sich unter dem plerophoren Reden von Gottes Willen verhüllt. Wenn es bei Joh (1Joh 4,16) heisst, «Gott ist Liebe», so macht die Umsetzungs- oder Modalwörterhermeneutik daraus: Gott will Liebe. Dann ist Gott und die Liebe historisiert und wir müssen sie aktualisieren. Aber ein Gott, dessen Wirklichkeit durch uns aktualisiert werden muss, das ist kein Gott. Da ist die Gottheit von Gott auf die Menschen übergegangen, wie im Sündenfall und genauso grauenvoll konsequent. Jene Modalwörterhermeneutik also zeitigt genau das, was ich oben genau skizzierte: Das Auseinanderdividieren des Textes und des Hörers in einen zeitlichen Zweischritt. Welche furchtbaren Konsequenzen das hat, habe ich gerade gesagt: Sie sind zweifacher Art: Sie führen zu einer Hybris des Menschen, so, als könne er verwirklichen, was Gott will; und sie führen zu einem totalen Missverständnis der Schrift, deren Thema ja schon im AT die Wirklichkeit, das Sein Gottes ist, nicht bloss dessen abstrakter Wille.

Demgegenüber kehrt eine synoptisch arbeitende Dogmatik und Theologie nicht die Reihenfolge nur um, sondern hebt sie auf und verändert die ganze Konstellation. Lese ich den Satz: «Gott ist Liebe», so wie er wirklich dasteht und nicht als: Gott will Liebe, so ist die synoptische Wahrnehmung schon von der Grammatik her geboten. Sage ich: Gott will Liebe, so ist das das Programm, auf das als zweiter Schritt die Verwirklichung der Liebe durch mich folgt. Das ist, wie gesagt, theologisch katastrophal – Bohren sagt sehr richtig: «Die Stereotype ‹Gott will› bleibt in der Regel abstrakt und entheiligt den Namen.» Entheiligung ist aber Gotteslästerung. (Im Übrigen: Die Kirche redet etwa seit 30 Jahren hauptsächlich so, geändert hat sich dadurch nichts). Lese ich den Satz synoptisch, «Gott ist die Liebe», so bleibe ich zunächst schlicht einmal bei dem, was dasteht. Und dann kommt eine Frage auf, die an Fundamentalem, Elementarem, an Konkretheit alles Vorige übertrifft, nämlich die Frage, die sich aus dem Kontext ergibt: Wenn Gott Liebe ist, bin ich dann in der Wirklichkeit dieser Liebe, die ja, wie Paulus am Schluss von Röm 8,38 sagt, in Christus ist? Und dies ist die fundamentale, unendlich elementare Frage: Nicht, verwirkliche ich Gottes Liebeswillen, sondern bin ich in der Wirklichkeit der Liebe, die Gott selbst verwirklicht hat? Das ist ja – synoptisch gesehen – rein nach dem grammatischen Textbestand das Thema der Bibel und das ist auch das Grundthema von unser aller Leben: Sind wir angesichts des entsetzlichen Wirklichkeitsverlustes, in dem unsere Welt heute besteht und der durch die Modalwörter- und Umsetzungshermeneutik noch gefördert wird, noch imstande, auf die biblische Ebene und Sprache zurückzukehren, da es um die Wirklichkeit Gottes selbst geht? Die Liebe Gottes ist ja wirklich: Und wenn wir von ihr unter uns und in uns so wenig spüren, dann liegt das nicht daran, dass wir noch nicht genügend zu ihrer Verwirklichung getan hätten, sondern dass wir ihrer Wirklichkeit einfach nicht entsprechen. Dieses synoptische, entsprechende Denken erfordert also eine vollkommene Kehre im menschlichen Selbstverständnis, einen Durchbruch des Gewohnten; und diese Kehre verlangt eine äusserste theologische Anstrengung.

Was ich Ihnen zeigen wollte, war dieses: Dies ist, skizziert mit ein paar Strichen, das Wesen und die Aufgabe der Dogmatik und des dogmatischen Denkens; und in dieser Form ist für die Kirche und ihren Dienst an den Menschen heute nichts wichtiger als diese synoptische dogmatische Arbeit. Ich will dieses Postulat nun am Schluss dieses Paragraphen noch an einem wesentlichen kirchlich-theologischen Phänomen zu beleuchten versuchen.

[D) Neue Religiosität – die Zukunft traditioneller Kirchlichkeit]

Wir betreiben unsere Arbeit, unsere theologische Arbeit, heute oft unter der Fragestellung alt und neu, vormodern – modern, modern – postmodern. Man muss diese geschichtlichen Aspekte berücksichtigen. Aber weil es in der Theologie um unser Gottesverhältnis geht, ist die Basis aller Theologie wahr und falsch.

Über neue Religiosität und die Zukunft traditioneller Kirchlichkeit.[98] Das Folgende habe ich unter dieser Überschrift wiedergegeben.

[1. *Der Gegensatz alt – neu*]
Das Thema, dazu eine Vorbemerkung, lebt vom Gegensatz von alt und neu, Tradition – Vergangenheit – Gegenwart. Das ist aber nur ein Aspekt der religiösen und kirchlichen Situation. Greifen wir zurück auf die Reformation. Auch hier alt und neu, aber das wesentliche Problem, der eigentliche fundamentale Rahmen war die Frage wahr und falsch: Zwingli, «De vera et falsa religione commentarius» (Kommentar über die wahre und falsche Religion [1525])[99]. Ich denke, dass das auch heute so ist. Gilt dies, dass die Grundfrage der Religion wahr oder falsch ist, echt oder unecht, authentisch oder nicht authentisch, dann unterliegen alle Erscheinungsweisen der Religion dieser Frage, weil wir selbst dieser Frage unterliegen: Ist unser Glaube echt oder unecht? Da nun die Religion – was auch immer man darunter versteht – nicht *eo ipso* wahre oder echte Religion ist, bloss weil sie neu ist. Und umgekehrt. Und deswegen ist gerade heute die Wahrheitsfrage zu stellen. Denn die Grundfrage des Glaubens, der Religion und daher auch der Theologie ist ja nicht die Frage: Was können wir heute noch mit dieser und jener christlichen Lehre, Tradition usw. anfangen – wenn auch Theologie heute so getrieben wird weithin. Sondern die Grundfrage ist: Wie ist unser Gottesverhältnis beschaffen? Ist es wahr oder ist es falsch usw.? Welche Frage leitet uns? Leitet uns die Frage: (Wie) ist das traditionelle Gottesbild für uns akzeptabel? Können wir dem modernen Menschen dieses Gottesbild noch zumuten? Oder leitet uns die Frage: Sind wir Gott akzeptabel? Haben wir ein echtes, wahres Verhältnis zu Gott? Oder ist Gott für uns mehr eine Idee, die wir uns selbst sozusagen als Über-Ich verordnen? Ein zentrales Beispiel aus dem Themenbereich unserer Vorlesung: Wenn wir die Frage stellen, ob die schwer befrachtete traditionelle christliche Versöhnungslehre heute noch akzeptabel ist, so müssen wir sie entweder weitgehend entleeren – denn dem ‹modernen› Menschen ist sie unakzeptabel; oder wir müssen sie fundamentalistisch behaupten; aber der

---

98 S. 17 bis 19 habe ich auf einer Tagung auf dem Rügel am 7.11.92 unter dieser Tagungsüberschrift wiedergegeben [Editorische Notiz im Manuskript].
99 [Greifbar in: Huldrych Zwingli, Schriften (hg. von Thomas Brunnschweiler u. a.), Bd. III (1995), 31–452]

Fundamentalismus ist nur eine Variante des Modernismus. Wenn ich aber echt glaubend und theologisch frage, wenn ich also frage: Wie stehe ich – als moderner Mensch durchaus – vor Gott und meinen Mitmenschen? Und wenn ich das einmal als Frage durchstehe, dann gewinne ich von daher ein Verständnis für die Versöhnungslehre, weil ich vielleicht auf den Gedanken komme, dass ich selbst mit Gott versöhnt werden muss. Und wir Christen haben hier vielleicht eine grosse mitmenschliche, gesellschaftliche, kirchliche Aufgabe, in zweierlei Hinsicht: Mit unserer Tradition für die Gegenwart zu zeigen, dass auch wir auf die Wahrheit unseres Gottesverhältnisses, also auf Versöhnung angesprochen sind; und sodann auch, diesen λόγος τῆς καταλλαγῆς [Wort der Versöhnung] zu sagen zu versuchen.

Das Problem wahr und falsch, echt und unecht, ist also kein theoretisches und akademisches Problem, sondern ein Problem unseres Lebens und Glaubens: Ist unser Glaube, ist unser Leben wahr und echt oder ist es falsch, d. h. [...], Pose, Selbsttäuschung. Ich verdeutliche das in ein paar Sätzen aus dem Artikel von Herrn Dür[100]: [...] Diese Darstellung beschreibt die Lage wohl richtig. Aber um mit und in dieser Situation arbeiten zu können, als religiöser Mensch, Pfarrer, Theologe, Professor, muss man ja eine unabdingbare Frage stellen: Wenn traditionelle Religion nicht als hilfreich erfahren werden kann, so kann das natürlich an dieser Religion liegen. Es kann aber genau so gut eben an mir liegen. Auch ich selbst kann blind, verständnislos, borniert sein, besonders dann, wenn ich bestimmte religiöse Steckenpferde reite. Und ich glaube gerade in der neuen Religiosität Ansichten zu erkennen, die diese absolut notwendige Selbstkritik – sie ist um der Wahrheit und der eigenen Ehrenhaftigkeit willen notwendig – vermissen lassen; und darin unterscheidet sich die neue Religiosität gar nicht von vielen Formen traditioneller Kirchlichkeit. Der Satz in dem Artikel von Dür: «Religion und Glauben müssen vom eigenen Ich erfahren werden», dieser Satz ist ja absolut richtig. Wer glaubt denn, wenn nicht das Ich? Aber dieses Ich – dieses ja immer beschränkte, partikulare Ich kann doch nicht der Massstab des Glaubens sein. Im 5. Jahrhundert v. Chr. wirkten in Athen die Sophisten, und auf einen von ihnen, Protagoras, geht der Satz zurück:

---

100 [H.-P. Dür war damals Theol. Leiter des Aargauischen Tagungszentrums Rügel. Das Zitat konnte nicht verifiziert werden.]

«Der Mensch ist das Mass von allem». Wohin wir damit kommen, das sehen wir doch heute am Zustand der Welt. Und wie hellsichtig war doch schon Platon, der dem Satz des Protagoras den anderen entgegenhielt, dass es wahrer wäre zu sagen, der Gott sei das Mass aller Dinge. Dann aber geht es wesentlich um Selbstkritik, Glaube denkt selbstkritisch.[101]

Also, es ist wohl nicht möglich, die Wahrheitsfrage zu umgehen, und zwar gerade um unserer eigenen Religion, unseres eigenen Glaubens willen, also gerade um des Lebens und der Erfahrung willen. Es ist doch nichts lebensfeindlicher, als das eigene Ich absolut zu setzen, und Erfahrung heisst doch, immer über mich hinaus, und das ist immer ein selbstkritischer Vorgang. Und das Ziel, auf das ich so aus bin, ist doch Wahrheit, Echtheit, Authentizität, Verlässlichkeit. Also unser theologisches Problem ist nicht alt – neu, sondern wahr – falsch. Es geht um unsere Versöhnung.

[2. *Die Schwierigkeit mit der Wahrheit*]

Warum haben wir heute solche Schwierigkeit mit Wahrheit? Hauptsächlich 3 Gründe:

[1] Die dogmatistische, ideologische Gestalt von Wahrheit, innerhalb und ausserhalb der Kirche. Diese dogmatistisch-ideologische Gestalt ist traditionell, hat seit den 68er-Jahren die Gestalt der Orthopraxie angenommen. Wahrheit darf aber nicht mit dieser dogmatistisch-ideologischen Gestalt identifiziert werden. Das ist zweierlei.

[2] Der Überdruss am Denken. Hängt mit dem 1. zusammen: Denken als Produktion von Ideologie, technisch-rationales Denken, das viele Lebensbereiche abdeckt. Aber auch hier: Denken ist nicht einfach ideologisch-technisches Denken; und die Reaktion gegen das Denken mit Gefühl und Erleben ist ungeheuer gefährlich. Es gilt vielmehr, das im technisch-rationalen Denken vergessene vernehmende, andenkende Denken wieder zu gewinnen.

[3] Die Konzentration auf das Ich. Das ist angesichts der ideologischen Gestalt der Wahrheit und des Denkens verständlich. Aber es ist keine Alternative. Denn erstens setzt sich das Ich bloss ideologisch der

---

101 Vgl. Ernst Fuchs, Die Theologie des Neuen Testaments und der historische Jesus (1960), in: Zur Frage nach dem historischen Jesus (Gesammelte Aufsätze II), 377–404, bes. 385 ff.

Wahrheit entgegen, verabsolutiert sich und wird deshalb genauso ideologisch wie die Wahrheit, gegen die es sich setzt. Und genauso wie ideologische Wahrheiten immer streiten – Kirchenasyl, Sekten im Bolschewismus –, so ist dieser Rückzug auf das Ich, auf blosse Subjektivität, konfliktträchtig. Die Zeichen dafür sind ja in unserer Gesellschaft vorhanden: Sobald Subjekte, die nur Subjekte sind, nur sich selbst, seien es nur einzelne oder Gruppen, in Interessenskonflikte geraten, wird es höchst gefährlich, wenn diese Subjekte nur noch ihre eigenen Interessen haben, wenn sie keine Wahrheit haben, also etwas, das über sie hinausgeht und allen Menschen gemeinsam ist. Die Unfähigkeit und Unwilligkeit des Subjektivismus zur Selbstkritik ist geschichtlich bedrohlich. Wer nur nach Identität fragt, nach Bestätigung, nach Icherfahrung, der bedroht die Gemeinschaft. Und damit bin ich schon beim zweiten: Das Ich, das Subjekt ist immer partikular, und die Verabsolutierung des Partikularen ist vom Teufel. (Beispiel Nationalismus: Patriotismus ist schon recht; aber wenn ein Schweizer sagen und danach handeln würde: Nur Schweizer sind Menschen – das wäre vom Teufel – s. Balkan.)

Ein falsches Verständnis von Wahrheit, Denken und Ich führt nicht nur zur Verkehrung der Wahrheit, sondern ist überhaupt für das Ich und die Gemeinschaft gefährlich.

[*3. Die Notwendigkeit der Wahrheitsfrage*]
Wahrheit, verstanden als Frage unserer eigenen Authentizität. Sie ist notwendig für das Ich, das Subjekt selbst. Jedes Ich, jeder Mensch steht mit seiner Existenz vor der Frage: Bin ich wahr? Bin ich echt? Wer diese Frage abwürgt, bringt sich um den wahren Reichtum des Lebens. Jeder Seelsorger, der seine Sache ernst nimmt, wird bestätigen, wie Menschen, die die Frage nach ihrer Wahrheit und Echtheit bis in die tiefste Krise durchstehen, zu einem neuen, reicheren Leben befreit werden. Also: Wahrheit im Verhältnis zu sich selbst.

Aber ebenso: Wahrheit ist notwendig im Verhältnis der Menschen untereinander. Das beginnt mit der Vertrauenswürdigkeit usw. (Es gibt, das ist soziologisch interessant, Verbrecherbanden, Räuberbanden – aber es ist undenkbar, dass es eine Gemeinschaft von Lügnern und Halunken gibt. Deshalb ist es so wichtig für eine religiöse Gemeinschaft, die Kirche, dass die Gläubigen echt und wahr sind – weil sonst die Gemeinschaft bedroht ist.)

Sodann: Wahrheit ist notwendig im Verhältnis zur Welt: Dazu nenne ich nun die ökologische Frage. Aber wir dürfen über der ökologischen Frage nicht die Frage der Gemeinschaft unter den Menschen vergessen. Für den Frieden unter den Menschen besteht genauso grosse Gefahr wie für den Frieden mit der Schöpfung – durch den hemmungslosen Subjektivismus, dessen wir uns als Christen deshalb auf keinen Fall schuldig machen dürfen.

Schliesslich: Im Verhältnis zu Gott. Denn: Gott ist die Wahrheit, und in der Religion geht es ja nicht darum, ob Gott mir gefällt, sondern ob ich Gott gefalle, ob also ich wahr bin, echt und recht. Das ist das Wesen aller Religion. Der christliche Glaube sagt, dass Gott selbst mich ihm wohlgefällig macht, indem er mich von mir selbst erlöst, mich zu sich, zu den Menschen und zur ganzen Schöpfung hinwendet und mich so mit unendlichem Reichtum beschenkt, den ich aus mir selbst und in mir selbst gar nicht haben kann. «Die Wahrheit wird euch frei machen.» (Joh 8,32), nämlich von uns selbst, damit wir so wahres und echtes Leben gewinnen. Die Wahrheit ist keine Ideologie, sondern Gott selbst, die Quelle des Lebens. Das Denken ist nicht nur Rationalität, sondern das Andenken an diese Wahrheit. Und Ich bin nicht Ich, sondern, mit Paulus und Joh zu sprechen, Gottes Kind.

§ 3 Das Problem der Lehre von Rechtfertigung, Versöhnung, Erlösung (Soteriologie) als Kern und Wesen aller Religion (Ein kleines Stück Religionsphilosophie)

Religion, ich sprach früher davon, alle Religion ist im Kern durch zwei Grundelemente bestimmt: Religion ist Gottesverhältnis; und in diesem Gottesverhältnis geht es um seine Wahrheit. Das ist an sich selbstverständlich; was sollte Religion sonst sein. Aber heute muss man es vielleicht neu sagen, weil für viele Menschen Religion nur eine Variante des Verhältnisses zur Welt und zu sich selbst ist. Vor allem in der Kirche heute – Kirche ist sich selbst der wichtigste Gegenstand. Aber Religion ist in Wahrheit Gottesverhältnis.[102] Ein Verhältnis ist existentiell, perso-

---

102 Vgl. dazu Bernhard Welte, Religionsphilosophie (Freiburg/Brsg. 1978).

§ 3: Rechtfertigung, Versöhnung, Erlösung 157

nal. Alle objektiven Inhalte einer Religion, also die Lehren, die Ethik, der Kult, die Riten – alle dienen diesem existentiell-personalen Gottesverhältnis. (Abendmahl: Das Primäre ist nicht die Abendmahlslehre, sondern das Abendmahl selbst: Im Abendmahl feiern wir ganz ausdrücklich unser Gottesverhältnis – das Verhältnis zum gegenwärtigen, uns in Jesus Christus durch den Tod und Auferstehung mit sich versöhnenden Gott; das meine ich mit existentiell. Die Abendmahlslehre dient der Klarstellung und Auslegung dessen, was da geschieht.) Religion ist also, als Gottesverhältnis, die Betroffenheit (!) des Menschen durch Gott und die Betroffenheit Gottes durch den Menschen. Religion also, und das ist nun wichtig, ist *per definitionem* nicht vom Ich aus zu entwerfen, sie ist in ihrem ontologischen Status relational, dialogisch – sie hat nicht ein, sondern zwei Zentren. Das ist das Wesen der, aller Religion, wenn dieses Wesen auch verdeckt, verkommen sein kann. Darum entsteht und besteht die Frage nach der Wahrheit der Religion. Ein Beispiel: W. Weier, Religion als Selbstfindung. Grundlegung einer Existenzanalytischen Religionsphilosophie.[103] (Ich kenne dieses Buch nicht, meditiere nur den Titel).

Der Titel drückt wohl aus, was viele heute in der Religion suchen, im Glauben. Und in der Tat, Religion ist auch das. Aber, und das ist nun das Entscheidende: Religion ist Selbstfindung nur dann, wenn sie Gottfindung ist, wenn es der Religion, also dem religiösen und glaubenden Menschen, um Gott geht. Wird nun in der Religion etwas anderes zum Zweck gemacht als Gott, eben die Selbstfindung, oder die Antwort auf die Sinnfrage oder die politische Befreiung der Armen usw., so gewinnt die Selbstfindung und die metaphysische Sinnfrage und die Befreiung der Armen den Rang des Göttlichen, und Gott, an den wir doch zu glauben vorgeben, muss seine Gottheit an etwas ihm Übergeordnetes abtreten. Denn faktisch ist für uns ja immer das Gott, was uns faktisch wichtig ist, woran wir, mit Luther zu reden, faktisch unser Herz hängen. Und ist uns die Selbstfindung usw. das Wichtigste, so ist das eben Gott. Und die Religion ist also falsch geworden, sie hat sich aber von ihrem eigenen Wesen entfernt nicht nur, weil sie sich von Gott entfernt hat und irgendein Nichtgöttliches vergöttlicht hat (Sünde – *averti a Deo* und *converti ad bonum commutabile* [sich von Gott abwenden und sich zu

---

103 Paderborn 1991.

einem austauschbaren Gut hinwenden]), sondern auch darin, dass sie gerade so sich auch von dem auch politischen, dem religiösen Menschen entfernt. Denn wenn ich in der Religion zu mir selbst komme, indem ich Gott finde, dann finde ich mich ja gerade dann nicht, wenn ich die Selbstfindung zum einzigen Zweck der Religion mache. Man kann sich das an der Liebe, die ja auch ein Verhältnis ist, klar machen: In der Liebe ist ja der andere, und zwar wechselweise, der Zweck eines jeden. Und daraus folgt, da ja zwei sich gegenseitig lieben, gerade der Gewinn, die Selbstfindung nur, wenn es mir um den anderen geht. Würde ich den andern in den Dienst meiner Selbstfindung stellen, so würde der andere sich von mir abwenden, das heisst, ich würde so die Liebe zerstören und also auch für mich nichts gewinnen. Also: Ist das Wesen der Religion das Gottesverhältnis, so ist die Frage nach der Wahrheit der Religion die allerbrisanteste, die es überhaupt gibt: Man kann sie so formulieren: Bin ich in der Religion wirklich bei Gott, vor Gott, für Gott, von Gott, bin ich also recht vor Gott, mit ihm versöhnt, in Übereinstimmung, bin ich gelöst, erlöst von anderen Herrschaften über mich – oder unterwerfe ich Gott eben der Herrschaft anderer Mächte über mich, so dass Gott dieser Herrschaft dienen muss? D. h. also: Rechtfertigung, Versöhnung, Erlösung, also die Frage nach der Wahrheit des Gottesverhältnisses des Menschen sind die Grundfragen aller Religion. Rechtfertigung, Versöhnung, Erlösung sind also nicht ein Teilaspekt, ein Kapitel von Religion, sondern sie sind das Zentrum, die Mitte der Religion.

Die Frage nach der Wahrheit der Religion ist also, als Frage nach Rechtfertigung, Versöhnung, Erlösung, der Kern der Religion als Gottesverhältnis. Dies ist durch die Reformation ganz neu wiedergewonnen worden, auch die Frage nach der Wahrheit der Religion, des Glaubens, des Gottesverhältnisses ist aufgebrochen an einer Frage der existentiellen Praxis des Gottesverhältnisses, des Busssakraments, Ablass. Luthers Erkenntnis war: Diese Praxis kann in einem wahren Gottesverhältnis nicht stattfinden. Die konkrete Wahrheitsfrage der Religion liegt also auf dieser Ebene: Sind wir, bin ich wahr, recht vor Gott? Seit der Aufklärung wird diese Wahrheits-Frage aber nun auf anderer Ebene verhandelt, nämlich auf der sekundären der Lehre, des Kultes, der Riten. Dann lautete die Frage: Ist nun das reformiert-zwinglianische [Christentum] wahr oder das lutherische oder das römisch-katholische oder das orthodoxe Christentum wahr? Ist das Christentum oder das Judentum oder

der Islam wahr? Während die Grundfrage doch die ist: Ist der Calvinist oder der Lutheraner oder der Katholik je konkret der einzelne und alle einzelnen wahr und recht vor Gott? Auf der sekundären Ebene fragt man nicht mehr so nach der Wahrheit, und damit tritt tendenziell die Wahrheits- und damit die Rechtfertigungs-, Versöhnungs-, Erlösungsfrage immer mehr in den Hintergrund. Und das ist konsequent, denn auf dieser Ebene ist die Wahrheitsfrage gar nicht zu lösen. Jede Religion ist in diesem Sinn aber keine Religion – als institutionelles Gebilde –, ist wirklich wahr im absoluten Sinn – wer würde sich nicht total lächerlich machen, wenn er behauptete, die Zürcher Landeskirche sei die wahre Kirche! Aber dieser Prozess, und das sehen wir heute, führt dazu, dass nicht nur die traditionelle Kirche und Religion immer mehr relativiert werden, sondern es schiesst immer neue Religion aus dem Boden, weil ja jede Religion, sei sie noch so selbstgestrickt, als solche wahr ist; und eben darin ist die Wahrheitsfrage erstickt. Wenn es aber, wie ich betonte, der Kern der Religion ist, nach der Wahrheit, Echtheit, Authentizität des Gottesverhältnisses zu fragen – und das ist ja das Thema der Bibel, der ganzen –, wenn also vergessen wird, dass Rechtfertigung, Versöhnung, Erlösung die Gestalt der Wahrheitsfrage in der Religion sind, dann ist mit der Zentralstellung der Wahrheits-Frage als Rechtfertigung, Versöhnung, Erlösung die Religion selbst bedroht. Wenn wir uns also mit der Rechtfertigung, Versöhnung, Erlösung befassen, so befassen wir uns in der Tat mit dem Kern und der Mitte des Spezifikums des Christentums. Aber wir betreiben damit beileibe keine christliche Esoterik: Indem wir uns mit dem Zentrum des spezifisch Christlichen befassen, befassen wir uns mit dem Zentrum der Religion und des Menschseins schlechthin.

[A) DIE ORIENTIERUNG AM EIGENEN GOTTESVERHÄLTNIS]

Wenn dies so ist, dann müssen alle unsere Gedanken immer wieder in dieses Zentrum zurückkehren. Und zwar auf einer vierfachen Ebene: Wir müssen uns immer wieder und unablässig orientieren an unserem eigenen Gottesverhältnis, an der Frage nach dessen Wahrheit. Deshalb ist Röm 7 die Werkstatt der Theologie, ohne die eigene Durchprobierung, ohne das Erfahren des Gottesverhältnisses in all seinen Dimensionen kann es keine Theologie geben. In diesem Sinn ist Luthers Satz gesprochen: «Experientia facit theologum.» [Erfahrung macht einen zum Theologen.[104] Aber wie Paulus reflektiere ich mein eigenes Gottesverhältnis nie bloss für mich, nie individualistisch, sondern, wie ja auch das Ich des Paulus gemeint ist: es ist Paulus selbst, aber als ein Fall, ein Exemplar unter allen Menschen. Theologie kann man nur innerhalb des Glaubens, also als Gottesverhältnis, treiben (M. Heidegger, Sein und Zeit, § 3).

[B) DIE SPRACHTRADITION]

Man muss immer wieder eintauchen in die Sprachtradition, also Texte, die dieses Thema im Zentrum haben; das geschieht oft verhüllt, aber nicht weniger intensiv. Das Verhältnis zum Göttlichen, zu den Göttern ist z. B. das offene oder geheime Thema der ganzen archaischen und klassischen Literatur der Griechen, thematisch etwa in den Tragödien oder in der Dichtung Pindars. Aber ebenso im Orient. Freilich, in der ganzen Welt gibt es keinen Text, der unser Thema so zum Zentrum hat wie die Bibel, die ein Buch vom Kampf Gottes um die Wahrheit, das Rechtsein des Menschen ist. Ist die Frage nach der Wahrheit und dem Rechtsein des Menschen vor Gott das Zentrum aller Religion, so sind die Antworten verschieden, ja gegensätzlich. Um so wichtiger ist die Erkenntnis der Frage, in der alle verschiedenen Antworten ihre einheitliche Wurzel haben. Die Ausarbeitung einer Antwort auf die Wahrheitsfrage ist Aufgabe der jeweiligen Dogmatik. Die Frage, wie der Mensch vor Gott wahr und recht ist, kann zwischen zwei Extremen beantwortet werden: Der Mensch ist es, der sich vor Gott wahr und recht macht – Gott ist es, der den Menschen wahr und recht macht, ihn also versöhnt, rechtfertigt, erlöst. Welche Antwort wahr ist – das ist Aufgabe der Dogmatik.

[C) JESUS CHRISTUS]

Im Christentum kehrt man für diese Frage nicht bloss zur Bibel zurück, sondern speziell zu Jesus Christus. An Jesus Christus sehen wir das Doppelte, was wir von aller Religion und allem Glauben sagen: Jesus Christus steht in einem intensiven Gottesverhältnis, ja, wir können sagen: Er ist sozusagen das Gottesverhältnis. Jesu ganzes Dasein und seine ganze Existenz ist Sein vor Gott, für Gott, bei Gott, mit Gott. Jesus Christus ist

---

104 [Tischreden (WA-TR 1, 16,13)]

daher das religiöse Urphänomen. Und als solcher ist er nicht nur in einem Gottesverhältnis, ist er nicht nur ein Gottesverhältnis, sondern er ist das wahre Gottesverhältnis: Er ist vollkommene Hingabe an Gott. Alles, was er als Mensch ist, ist er allein durch Gott. In programmatischem Sinn hat dies der Hebräerbrief formuliert, wenn er 12,2 Christus den «Anfänger und Vollender des Glaubens» nennt. D. h.: Was ein Gottesverhältnis, was Glauben ist, was unser Gottesverhältnis, was unser Glaube ist, das sehen wir an Christus, indem wir auf ihn blicken. Das ist ja der Sinn unseres Glaubens an Jesus Christus, dass wir in ihm das wahre Gottesverhältnis sehen.

[D) AUF DEN MITMENSCHEN HIN]

Und von da aus ergibt sich nun der vierte Aspekt. Wir reflektieren das Grundproblem Rechtfertigung, Versöhnung, Erlösung, also Wahrheit, immer auch auf den Mitmenschen hin, also auf dieses Verhältnis hin. So sehr wir Rechtfertigung, Versöhnung, Erlösung an uns selbst reflektieren müssen, so sehr müssen wir es auf den λόγος τῆς καταλλαγῆς hin reflektieren, den wir nach aussen zu sagen haben. Das wurzelt letzten Endes in der theologischen Bedeutung Jesu Christi selbst: So wie er sein Gottesverhältnis mir zugedacht hat, so hat er es zugleich jedem anderen Menschen zugedacht; und so wurzelt in dem Wort der Versöhnung, aus dem ich lebe, auch das Wort der Versöhnung, das ich als Christ und Theologe weiter zu sagen habe. Zwischen dem Hören und Annehmen des λόγος τῆς καταλλαγῆς und dem Sagen dieses Logos besteht nur ein logischer, kein ontischer Unterschied. So wie Jesus der Durchgang, der Durchhall, das Per-sonare, die Person des Wortes Gottes an uns ist, so auch wir für die andern. Das ist eine Skizze des Ganzen. Zum Abschluss lese ich zur Erbauung Luthers Galaterbrief-Vorrede: «Der Grundgedanke des Briefes des Hl. Paulus an die Galater»:

«Vor allem anderen muss über den Grundgedanken geredet werden, also von der Sache, die Paulus in dieser Epistel behandelt. Das aber ist der Grundgedanke: Paulus will jene Lehre von dem Glauben, von der Gnade, von der Sündenvergebung oder Christi Gerechtigkeit festigen, damit wir eine vollkommene Erkenntnis und den Unterschied zwischen Christi Gerechtigkeit und allen übrigen Gerechtigkeitsarten hätten. Die Gerechtigkeit muss nämlich auf vielfältige Art verstanden werden. Die eine Art ist die politische, die der Kaiser, die Fürsten dieser Welt, die

Philosophen und Rechtsgelehrten behandeln; die andere ist die Zeremonialgerechtigkeit, deren Inhalt die menschlichen Überlieferungen, wie die päpstlichen und ähnliche Überlieferungen, lehren. Die Hausväter und Erzieher geben diese Gerechtigkeit ohne Gefahr weiter, weil sie ihr keine Kraft zur Genugtuung der Sünde zuschreiben, so dass man damit Gott versöhnen und die Gnade verdienen könnte. Die Zeremonien dienen lediglich zur Aufrechterhaltung der Sitten und bestimmter Regeln. Neben diesen beiden Gerechtigkeitsarten steht eine andere, die Gerechtigkeit des Gesetzes oder des Dekalogs, die Mose lehrt. Diese lehren auch wir *nach* der Lehre von dem Glauben.»[105]

§ 4 Das Denken als soteriologisches Phänomen (Ein Hinweis zur theologischen Logik)

Ich sollte hier nicht bloss vom Denken, sondern von allen geistig-seelischen Vorgängen sprechen – sie alle sind soteriologische Phänomene, d. h. in ihnen allen spielt die Heilsfrage eine Rolle. D. h. natürlich nicht, dass es hierbei um die Heilsfrage im christlichen Sinn geht; aber wir fragen hier ja nach dem Ort oder der logisch-ontologischen Kategorie, in welche die Heilsfrage gehört. Und unsere These lautet: Das Denken selbst ist ein soteriologisches Phänomen, ohne das Heilsproblem gäbe es kein Denken. Denken ist als solches Fragen nach Heil. Nochmals sei gesagt, dass diese These strukturell gemeint ist, dass also hier die Antwort auf die Frage, worin das Heil besteht, welches das Heilsgut ist, offen bleibt. Es gibt in der Theologie und Philosophie Stimmen, die angesichts der Fixierung bestimmter Strömungen theologischen Denkens auf bestimmte absolute Heilsgüter geradezu die Entsoteriologisierung des Denkens fordern, aus der Erkenntnis, dass die Fixierung auf absolute Heilsgüter gefährlich werden kann. Aber selbst das Postulat der Entsoteriologisierung des Denkens ist noch soteriologisch, es will ja, dass sich etwas zum Guten ändert.

Wir stossen also auf ein doppelseitiges Problem: Das Denken, alles geistig-seelische Tätigsein ist soteriologisch, zugleich aber wird die

---

105 [Zit. nach: Martin Luthers Galaterbrief-Auslegung von 1531, in: D. Martin Luthers Epistel-Auslegung, Bd. 4, hg. von Hermann Kleinknecht, Göttingen ²1987, 20 (= WA 40/1, 40, 15–27)]

§ 4: Das Denken als soteriologisches Phänomen 163

Frage nach dem Wesen, dem Inhalt des erstrebten Heils virulent. Die zweite Frage ist die dogmatische, die uns fortan beschäftigen wird. Zur ersten hier noch einige willkürlich präliminarische Bemerkungen: Unsere Fragestellung ist an sich so zugleich reizvoll und fundamental, dass wir mit ihr ein Semester verbringen könnten. Daher hier nur willkürlich-präliminarische Bemerkungen.

Zunächst ein phänomenologischer Hinweis: Wo immer uns Begriffe begegnen wie Veränderung, Verbesserung, Entwicklung, Erziehung usw., haben wir es mit soteriologischen Phänomenen zu tun. Der ganze Bereich des Rechts und der Politik ist ein einziges soteriologisches System. Das Versicherungswesen – sehr aufschlussreich das Wort «Lebensversicherung»! – ist eine gigantische soteriologische Veranstaltung, die wir uns so viel kosten lassen, dass wir sie bald nicht mehr finanzieren können. Die soteriologische Struktur eines ideologisch-politischen Gesamtsystems haben wir im Sozialismus studieren können – und zugleich stossen wir auf das Problem, wie katastrophal es ist, wenn das Heilsgut falsch interpretiert wird, wenn man also die Welt verändert, ohne sich um ihre sorgfältige Interpretation zu bemühen,[106] wenn man mit anderen Worten soteriologisch tätig wird, ohne eine sachgemässe Erkenntnis des Heilsgutes zu haben. Aber unser westlich-politisches-ökonomisches System ist nicht weniger soteriologisch, es ist weniger systematisch-ideologisch, aber der materielle Besitz, also ein elementares Heilsgut, bestimmt alles Handeln. Aber vor allem an den Alternativen kommt die soteriologische Problematik zum Vorschein. Unser ökonomisch-politisches Verhalten ist soteriologisch, d. h. es ist Suche und Jagd nach Glück, nach materiellem Glück zunächst. Wir stossen heute auf das Phänomen, dass dieses rasende Erstreben des Heils heillos ist – und stossen hier, das sage ich vorausgreifend, auf ein fundamentales Problem, eine fundamentale Frage: Wo immer wir das Heil direkt zur Intention unseres Denkens und Handelns machen, zeitigen wir Heillosigkeit – und die Frage ist, warum das so ist. Also, unser System ist hochsoteriologisch und heillos zugleich. Natürlich sehen wir Alternativen, ich nenne wieder willkürlich 3 Aspekte: Gegen das aus unserem System

---

[106] Karl Marx, 11. Feuerbach-These [«Die Philosophen haben die Welt nur verschieden *interpretiert, es kömmt drauf an, sie zu verändern.*», https://www.marxists.org/deutsch/archiv/marx-engels/1845/thesen/thesfeue-or.htm; aufgerufen am 14.09.2024]

resultierende Gefälle zwischen reichen und armen Ländern entwickelt man seit einigen Jahren z. B. die Befreiungstheologie. Sie ist, wie ja schon das Wort sagt, soteriologisch. Gegen das rein ökonomisch-technische Denken setzt man Gefühl, New Age, Gnosis usw. – auch dies also eine soteriologische Strategie. Und gesamthaft bietet man z. B. die Ethik auf, deren soteriologischer Charakter ja am Tage ist und die sich ja denn auch die Gesellschaft, z. B. im Kanton Zürich, einiges kosten lässt, sozusagen als öffentliche Finanzierung einer soteriologischen Institution.

Dass also unser Denken, unsere geistig-seelischen Aktivitäten soteriologisch sind, das prägt sich in den Institutionen und Verhältnissen aus, in denen wir leben. Und zwar prägt es sich aus in einem System, und das ist nun wichtig, sowohl paralleler, analoger wie auch extrem gegensätzlicher, wenigstens scheinbar gegensätzlicher soteriologischer Strategien. Dazu gehört natürlich auch der Rückzug in die Nischen, in die Innerlichkeit, in die Esoterik. Man kann sagen, dass der soteriologische Charakter allen geistig-seelischen Tuns, wozu natürlich auch das ökonomisch-politische Handeln [gehört], verstärkt wird, ja, dass wir es wie eine soteriologische Überbietung erleben und dass deshalb apokalyptische Katastrophen-theoretische Angebote unter vielen Menschen Aufmerksamkeit erregen – denn solche Angebote bieten ja eine Lösung an, die dem alten therapeutischen Modell des Doktors Eisenbart entspricht, der die Krankheiten dadurch behebt, dass er den Patienten tötete. Das ist eine radikale Soteriologie, auf die wir noch zurückkommen werden.

Die Situation ist also gekennzeichnet durch den vorher hervorgehobenen doppelten Aspekt: nämlich die Soteriologisierung unseres gesamten Daseins und die dadurch aufgeworfene, lebens- und existenzentscheidende Frage nach der genauen Bestimmung des Heilsgutes, der dogmatischen Aufgabe, der wir uns widmen und deren allgemein menschliche Bedeutung wir dadurch nochmals klargestellt haben. Dieser soteriologischen Situation wird sozusagen durch die postmoderne Diskussion noch einmal eine neue Qualität verliehen, wobei ich Qualität hier rein neutral als Beschaffenheit – *qualis* – verstehe, nicht als positives Werturteil. Denn die Abwendung von der klassischen Soteriologie, etwa Hegel-Marx-Philosophie, die Proklamation des *anything goes* als Reaktion gegen ideologische Fremdbestimmung ist ja extrem soteriologisch; aber da sie *anything* als Heilsgut und *anything goes* als Heilsweg proklamiert, vernachlässigt sie die Frage nach dem Heilsgut

§ 4: Das Denken als soteriologisches Phänomen 165

und seiner Wahrheit, die ja für die Menschengemeinschaft unerlässlich ist. Unter dem Aspekt des *anything goes* kann man die faschistisch-nazistischen Skinheads in Deutschland als Musterphänomene der Postmoderne verstehen. Nun könnte man dem allen entgegenhalten, dass Denken doch kategorial sozusagen rein interessenloser, rein konstatierender, rein wahrnehmender, aus Neugier kommender Erkenntnisdrang ist. Meint nicht das berühmte θαυμάζειν [sich wundern/staunen], das nach Aristoteles Ursprung des Denkens ist, genau das? Oder der Anfangssatz seiner Metaphysik: «πάντες ἄνθρωποι τοῦ εἰδέναι ὀρέγονται φύσει.» [Alle Menschen streben von Natur nach Wissen]?[107] Wir stossen hier auf ein Problem, auf das wir nicht eingehen können, aber das wir zumindest nennen können, nämlich das Wissen, dass der menschliche Geist in seiner idealsten, gleichsam antelapsarischen oder eschatologischen Gestalt genau das ist, reines Vernehmen, reines Andenken, reines Denken. Die christliche Theologie hat diese Sehnsucht, die ja als solche selbst soteriologisch ist, klar wahrgenommen, wenn sie den menschlichen Geist in der Zeit, also im irdischen Leben, vom Geist in der Ewigkeit unterschied. Die selige Anschauung Gottes, die *visio beatifica*[108], ist danach intellektuelles [Schauen] im lauteren Sein, also geistig, aber ein reines, gänzlich kontemplatives Anschauen und damit unsoteriologisch. Der Geist in der Ewigkeit ist diskurslos und damit unsoteriologisch im Sinn des Zeitlichen des Seins. Und erst als Geist in der Ewigkeit, als diskursloser Geist der *visio intellectualis*[109] ist er vollendet. Die christliche Theologie gestaltet hier aber nur eine Wahrnehmung des Geistes schlechthin, nämlich die Differenz zwischen dem idealen Geist und dem Geist im Zustand der realen Existenz. Der Geist ist immer konkret mit der Existenz des Menschen verbunden und nur in ihr und mit ihr wahrzunehmen. Das θαυμάζειν [s. o.] ist denn auch nicht einfach Verwunderung, sondern es ist die Bestürzung, Verwunderung, die Wahrnehmung des Unerklärbaren und Beängstigenden. Blicken wir auf die Entwicklung des Denkens und des Geistes,[110] so sehen wir, wie sich das Denken

---

107 Aristoteles, Met. A 1, 980a21, in: Aristoteles' Metaphysik Griechisch – deutsch. Erster Halbband, übers. von Hermann Bonitz, hg. von Horst Seidl, Hamburg ²1982, 2/3.
108 [Vgl. Thomas von Aquin, STh I q12; I-II q1–5.]
109 [Vgl. Thomas von Aquin, STh I q12 a11 ad4.]
110 Wilhelm Nestle, Vom Mythos zum Logos. Die Selbstentfaltung des griechischen Denkens von Homer bis auf die Sophistik und Sokrates, Stuttgart 1940; Bruno Snell,

immer mehr in seinem soteriologischen Charakter enthüllt, bis es in der Spätantike direkten soteriologischen Anspruch erhebt, in der Stoa und bei Epikur (Ethik!) am klarsten. Der Geist wurzelt also in einer Erfahrung, der Wahrnehmung einer Differenz, einer Differenz zwischen wahr und falsch, ideal und real, einer Differenz, die er an sich selbst wahrnimmt, nämlich im reinen Andenken an die Wahrheit als Ideal, als seinem wahren Wesen, und in der Erfahrung, dass er selbst faktisch so beschaffen ist, dass er selbst die Differenz zwischen sich und Wahrheit erfährt. Der Geist weiss selbst, dass er sozusagen im Idealfall Anschauung oder Spiegel der Wahrheit ist, aber er weiss, dass er faktisch die Wahrheit suchen, erforschen, aus Irrtum und Schein heraus ermitteln muss. Faktisch also existiert der Geist soteriologisch, in der Differenz, der Entzweiung – und damit sind wir wieder bei unserem Thema: Rechtfertigung, Versöhnung, Erlösung, so sagten wir, haben ja ihren Ort in der Entzweiung. Theologisch heisst das, in der Feindschaft des Menschen gegen Gott. Auf der Ebene des Geistes, des Denkens können wir sagen: Die Entzweiung, in welcher das Denken wurzelt, ist die Erfahrung der Angst oder des Todes oder der Sünde, wobei der Geist sich gar oft diesen seinen Ort verhüllt und ihn aus dem Bewusstsein verdrängt. Dann wird das Verdrängen selbst wieder soteriologisch, denn auch das Sich-blind-Machen gegen die Defizienz dient ja der Rettung, wenn sie auch keine Aussicht hat. Man kann also sagen: Es ist die Angst, die uns nicht nur zu denken gibt, sondern die uns das Denken aufgibt; oder es ist der Tod, oder es ist die Sünde. Und sie geben uns das Denken von vornherein in seinem soteriologischen Charakter auf – nach dem Sündenfall tritt der Geist in Aktion in Form der Frage, wie man sich vor Gott verstecken und seine Nacktheit bedecken kann, die erste Regungen der praktischen Vernunft in dem Bemühen, sich zu salvieren, zu retten, nämlich vor Gott, und damit schon am Anfang und vom Anfang her in ihrer Vergeblichkeit enthüllt. Und damit ist, theologisch gesehen, das Problem, welches die Soteriologie nicht nur beschreibt, sondern ist, in nicht überbietbarer Präzision beschrieben: Adam und Evas praktische Vernunft wird soteriologisch tätig, indem sie sich vor Gott zu retten, das Heil vor Gott also ohne Gott, ja gegen

---

Die Entdeckung des Geistes. Studien zur Entstehung des europäischen Denkens bei den Griechen, Göttingen 1946 [greifbar in der 9. Aufl. 2011].

Gott zu finden versucht – mit dem Effekt, dass sie nun erst recht aus dem Paradies müssen.

Ich resümiere das, wie ich selbst weiss, allzu kurz Gesagte in vier Punkten:

a) Der Geist, die geistig-seelisch-körperlichen Aktivitäten des Menschen sind strukturell soteriologisch, auch dann, wenn sie sich von bestimmten Soteriologien emanzipieren wollen. (Übrigens kann, was ich vom Geist und seiner Differenziertheit sagte, auch auf die physische Seite unserer Existenz übertragen werden. Essen und Trinken sind nicht nur darin soteriologisch, dass sie eben dem Bestand unseres Lebens dienen, sondern in dem Defizit sitzen, dass wir nicht autark sind. Daher die Gegenträume von Götterspeisen, von φάρμακον ἀθανασίας [Heilmittel der Unsterblichkeit], vom Jungbrunnen und der Quelle ewiger Jugend.) Faktisch prägt sich die soteriologische Grundstruktur des Denkens in Ideologie, System, Religion usw. aus, die auf verschiedenen Wegen verschiedene Heilsgüter anstreben.

b) Daher wird die Frage nach dem wahren Heilsgut zu einer wesentlichen Frage, ja zum Kriterium der Soteriologie. Denn die Einheit bzw. die Verständigung über die Einheit des Heilsgutes ist von höchster gesellschaftlicher-menschengemeinschaftlicher Bedeutung (z. B. politisch aktuell das Problem, das durch die Asylsuchenden bestimmt wird). In der Theologie nimmt die Dogmatik, die in der Soteriologie nach dem Heil fragt, also eine in einem höchsten Masse für die konkrete existentielle gesellschaftliche Wirklichkeit fundamentale Aufgabe wahr.

c) Die soteriologische Struktur des Denkens wurzelt in der Erfahrung von Entzweiung, Unheimlichkeiten, Rätselhaftem, Schuld, wie ja auch die Geschichte vom Sündenfall zeigt. Wir gebrauchten die Begriffe Angst, Tod und Sünde, um die existentiellen Wurzeln des Denkens namhaft zu machen. Der soteriologische Charakter des Denkens – also aller geistig-seelischen Tätigkeiten – zeigt sich im Angesicht dieser Entzweiung: als Versuch, sie zu beheben, den Grund von Entzweiung und Entfremdung abzuschaffen, so namentlich die Neuzeit; oder der Versuch, das Problem zu verharmlosen oder zu verdrängen – dass Verdrängung eine seelische Leistung ist, hat uns die Psychoanalyse gezeigt; oder der Versuch des Rückzugs in ein unversehrtes Selbst oder eine Nische, wie es die gnostische Variante tut. Usw., usw. Alle diese Vorgänge bewähren die These, dass das Denken soteriologisch ist, weil es in der Entzweiung wurzelt, im Defizit. Greifen wir nun auf Gen 3 als mythologische Darstellung der praktischen Vernunft in ihrem soteriologischen Bestreben zurück, so eröffnet sich nun ein weiterer, von allen der wichtigste Aspekt. Wir sehen, wie die Menschen auf die Entzweiung mit Gott reagieren, indem sie ihren Geist als List aktivieren zu dem Ende, wie sie davonkommen können. D. h. die Menschen nehmen die Entzweiung wahr und, darauf kommt es an, sie denken aus der Entzweiung, aus dem Defizit, indem sie ihren Geist, ihre Vernunft als List gegen die Entzweiung salvatorisch und soteriologisch aufbieten. Damit aber überbrücken sie die Entzweiung, das Defizit nicht, sondern sie verschlimmern es nur. D. h., der Geist des Menschen ist zwar imstande, das Defizit, die Entzweiung wahrzunehmen, ja sogar es herbeizuführen, nicht aber, es aufzuheben, zu überbrücken, zu versöhnen. Eine mythologische Geschichte von geradezu beklemmender Aktualität: Was die Menschen tun, um ihre Probleme zu lösen, scheint diese Probleme eher noch zu verstärken.

d) Wir werden auf diese Zusammenhänge, die ja in der christlichen Dogmatik zum klassischen Bestand gehören, noch eingehen. In der christlichen Soteriologie wird alles, was unter a) – c) gesagt wurde, wahrgenommen, aber das Wesentliche ist das jetzt zu Sagende: Die christliche Theologie setzt dem aus dem Defizit, aus der Entzweiung denkenden Denken, das sie ernster nimmt als dieses sich selbst, den Glauben an den wahren und wirklichen Gott den Schöpfer und Versöhner entgegen. Die christliche Theologie setzt dem Defizit und der Entzweiung nicht den Menschen und dessen Denken und Tun entgegen, sondern den allem Defizit überlegenen Gott, den Schöpfer und Versöhner selbst. Und darin unterscheidet sich Denken und Glauben kategorial, dass das Denken sich selbst, der Glaube aber Gott dem Defizit entgegensetzt.

§ 5 Versöhnung und Stellvertretung
(zu 2Kor 5,11–6,10)[111]

1. Zum Verständnis von Theologie

«Theologie» – dieses Wort wird heute oft automatisch verstanden als wissenschaftliche Theologie, akademische Theologie, praxisferne Theologie; und dem wird dann die Praxis als das konkrete, als die Front entgegengestellt. Das ist ein Denken in ganz falschen Alternativen, dem ein zugleich schlechtes Theologie- und schlechtes Praxisverständnis zugrunde liegt.

Theologie ist vielmehr selbst eine praktische Wissenschaft, und sie ist eine Wissenschaft, weil es in ihr um die Praxis geht. Bei dem Wort Praxis denken wir freilich an das, was wir als Pfarrer oder Professoren – ich bin als Professor ja auch Pfarrer, heute mehr denn je – zu tun haben, was wir als Christen zu tun haben. Wir fragen dann: Ich bin ein Christ, sei es sogenannter Laie oder Pfarrer oder Professor, und dann habe ich etwas zu tun, einen Beitrag zu leisten, und also fragt man: Was habe ich zu tun? Aus diesem Verständnis von Praxis folgt dann mit Notwendigkeit, dass man die Theologie als etwas Abstraktes und Kopflastiges versteht.

Die Theologie wird dabei auch gründlich missverstanden, denn in ihr geht es primär nicht um die Frage: Was haben wir zu tun? Sondern um die Frage: Was tut Gott mit uns und an uns? In der Theologie geht es also um die Praxis Gottes. In der Theologie geht es also um exakt genau dasselbe, worum es in der Kirche geht, in ihrem Verkündigen und gesamten Wirken, nämlich um Gottes Praxis mit und an dem Menschen. In der Theologie fragt man nicht primär: Was ist ein Christ? Was hat ein Christ zu tun? Sondern man fragt: Was macht, wer macht einen überhaupt zum Christen? Wodurch wird man ein Christ? Wie entsteht ein Christ, und vielmehr noch, wie bleibt (Joh!) und besteht ein Christ? Die Praxis, mit welcher die Theologie von ihrem Ursprung her befasst

---

111 Das Folgende als Vortrag auf dem Pfarrkapitel Andelfingen Juli 1992; Literatur: Kommentare zu 2Kor von Rudolf Bultmann, KEK, 1976; Friedrich Lang, NTD, 1986; ZThK, Beiheft 8, 1990: Die Heilsbedeutung des Kreuzes für Glaube und Hoffnung des Christen (hier weitere Literatur-Angaben); Gerhard Barth, Der Tod Jesu Christi im Verständnis des Neuen Testaments, 1992.

ist, ist also Gottes Handeln am Menschen. Das ist ihr Thema. Ihm hat sie sich zu widmen, und wenn sie das tut, ist die theologische Arbeit als solche identisch mit der kirchlichen Arbeit.

Reden wir von Gottes Handeln am Menschen als dem eigentlichen Thema der Theologie, so meinen wir damit nicht ein Handeln Gottes als Vorbild für menschliches Handeln; sondern wir meinen ein Handeln, dessen Gegenstand der Mensch ist, wo am und mit dem Menschen gehandelt wird (Arzt). Die Theologie und die Kirche haben in diesem Handeln Gottes am Menschen ihr ureigenstes Thema, darauf müssen sie sich schlechthin konzentrieren; vom Handeln, Tun und Lassen des Menschen und seinem Verhalten sprechen alle anderen Wissenschaften, lebt die Politik usw. Das Handeln Gottes am Menschen wird ausgedrückt mit biblischen Worten wie «wiedergeboren werden» (Joh 3), «Rechtfertigung», «Bekehrung», μετάνοια [Sinnesänderung/Kehre/Umdenken/Umkehr] und vielen anderen Begriffen, die alle besagen: Es geht mit dem Menschen selbst, mit seiner ganzen Existenz, ein Wandel vor sich: der Mensch gewinnt ein neues Verhältnis zu Gott, zur Welt, zu den Mitmenschen, zu sich selbst, und dieses neue Verhältnis wird ihm zuteil durch ein schöpferisches Handeln Gottes an ihm. Dies zu sagen, zu durchdenken, durchzuerfahren, zu meditieren, zu erleiden und zu feiern – das ist Thema und Aufgabe der Theologie und des kirchlichen Wirkens zugleich. Zu jenen zentralen Begriffen, die ein Handeln Gottes am Menschen bezeichnen, gehört das Wort Versöhnung, versöhnen, καταλλάσσειν [versöhnen], und damit sind wir beim Text – beim Thema des Textes sind wir schon lange. Denn Versöhnung ist Handeln Gottes am Menschen und zugleich das Thema der Theologie und der Predigt, also des Amtes, des Apostels. Die Summe dieses Textes ist: Theologie und kirchliches Amt, kirchliches Handeln haben als Gegenstand Gottes Handeln, eben die Versöhnung. Theologie und Kirche handeln von Gottes Handeln, ihre Praxis ist das Handeln von Gottes Praxis.

a) Literarkritik

Unser Text stammt aus einheitlichem Zusammenhang. Das Thema der Kor-Briefe ist, vor allem des 2Kor, das Amt des Apostels, also die Frage: Was ist es, das einen Apostel zum Apostel macht? Wodurch wird ein Apostel zum Apostel? Diese Frage ist theologisch identisch mit der Frage: Was macht einen Christen zum Christen? Die Antwort ist in beiden Fällen: Die Versöhnung mit Gott durch Gott selbst. Das leitende

Thema des ganzen Textzusammenhanges ist das Amt – die Begründung des Amtes liegt in der Christologie, genauer: in der Versöhnung mit sich selbst, die Gott durch Christus gestiftet hat. Die Versöhnung ist aber nicht einfach die Legitimation des Apostel-Amtes für alles Mögliche; vielmehr ist das Wort von der Versöhnung der Inhalt des Apostel-Amtes: In nichts anderem besteht das Handeln des Apostels als im Handeln von Gottes Handeln. Alles apostolische Wirken gehört in diesen Kontext.

Daraus folgt, was ich oben sagte: Wurzelt das Apostelamt in der Versöhnung, so wurzelt es in dem, was nicht nur den Apostel zum Apostel, sondern was den Christen zum Christen macht: die Versöhnung mit Gott.

b) Der Zusammenhang, eine Skizze

Das Gewicht von 2Kor 4,7 ff. liegt auf folgendem Punkt: Der Apostel steht offensichtlich in einer Situation des Streites, in dem ihm seine Schwäche vorgehalten wird: Er ist kein strahlender Typ. Schon damals also gab es unter den Christen Menschen, die offenbar ihr Christsein in ihrer eigenen Stärke darstellen wollten – die also genau das wollten, was ja alle Menschen wollen. Schon damals gab es also unter den Christen solche, die das Christsein als Stärkung, Kräftigung ihres Ich ansahen, um dann um so machtvoller wirken zu können. Ganz anders Paulus: 4,7: Ihm kommt es gerade nicht auf eigene Kraft an, sondern auf den Erweis von Gottes Kraft. Das heisst: Sein apostolisches Wirken besteht im Handeln von Gottes Handeln, um vorzugreifen: im λόγος τῆς καταλλαγῆς [Wort der Versöhnung]. Daher solche Bilder: tönerne Gefässe (4,7), bedrückt, ratlos, verfolgt, niedergeworfen, tragen das Sterben Jesu am Lcibe, werden in den Tod gegeben. Aber dies alles, damit das Leben Jesu an unserem Fleisch offenbar werde – aber eben das Lcben Jesu. Das wirkt sich aus: Wir sind bedrängt – diese Bedrängung wird nicht aufgehoben – das meint und will gerade der Starke; aber da wir auf Jesus und das in ihm offenbar gewordene Leben blicken, lassen wir die Bedrängnis nicht über uns herrschen, so dass sie uns erdrückt. Wir leben in der Bedrängnis, aber nicht aus ihr, lassen uns nicht durch sie bestimmen. Paulus will also gar nicht seine Stärke sehen, sondern die Kraft Gottes. Das hat nun eine enorme Konsequenz. Wenn es um den Glauben, das Christsein geht, bleibt der Apostel nicht auf sich mit der Frage: Wie werde ich stark, kraftvoll – denn sein Glaube besteht ja gerade darin, nicht mehr an seine Stärke und Kraft zu denken. Die Folge seines Glaubens sieht Paulus also nicht in seiner eigenen Kraft. Sieht er denn überhaupt keine Folgen des

Glaubens? Ist der Glaube folgenlos? Keineswegs: V. 15: Alles geschieht um euretwillen, damit die Gnade wachse durch eine immer grössere Zahl (der Gläubigen) und die Dankbarkeit überreich mache zur Ehre Gottes. Also die Folge des Glaubens ist und soll sein nicht der Blick auf sich selbst, sondern auf den andern: Die Folge des Glaubens an Gottes Handeln bin nicht ich, sondern der andere: darum die Predigt von der Versöhnung.

[c] *Eschatologischer Hinweis*]
Weil es im Glauben um Gottes Kraft und Handeln geht, darum schliesst sich 4,13 f.; 5,1 ff. ein eschatologischer Hinweis an. Gottes Kraft und Handeln offenbart sich ja, wie wir 5,11 ff. sehen werden, in Jesus Christus. Und daraus folgt für Paulus, dass der Glaube vor allem das Sein bei und mit Jesus Christus ist (5,8). Glauben und Schauen (V. 7) sind in der Struktur dasselbe, nur im Grad der Vollendung unterschieden: Sein bei Jesus Christus. Dieses Sein ist dadurch bestimmt, dass die Menschen ganz von sich selbst erlöst, abgelöst sind und eben schauen. Nach dieser Schau, nach diesem Sein beim Herrn – beim Herrn zu Hause sein: ἐνδημῆσαι πρὸς τὸν κύριον (V. 8) – sehnt Paulus sich. Nun könnte man sagen: Diese Sehnsucht ist zwar eine Sehnsucht nach dem Herrn, also eine Sehnsucht danach, sich selbst loszuwerden. Aber gerade so kann die Sehnsucht sehr egoistisch sein. Paulus hat, wie wir sahen, am Ende von Kapitel 4 so sehr den Blick auf die eigene Stärke abgewehrt – die Frage nach der Stärkung des Ich, der Kraft und Kompetenz des Wirkens, also der immer menschlichen Allmachtsträume, die auch die Christen gewöhnlich träumen – weswegen sie so wenig zur wirklichen Veränderung in der Welt beitragen: Sollte er nun einem sublimen Egoismus erliegen? Der Gedankengang von 5,1–10 läuft ganz anders: Die Sehnsucht nach dem Herrn ist ihm kein Gefühl, kein psychischer Zustand, dem er sich überlässt, sondern das ist das Wesen des Glaubens. Der Glaube aber bewahrt ihn davor, über dem Eschaton die Gegenwart zu vergessen. Also läuft der Gedanke nicht weg von der Welt ins Jenseits, sondern umgekehrt: Dass wir einst nicht nur glauben, sondern schauen, schickt seine Folgen sozusagen voraus: V. 10. Also der Blick ins Eschaton hat Konsequenzen für jetzt. Es handelt sich nicht um Weltflucht, sondern um ein neues im Eschaton begründetes Weltverhältnis.

Noch ein zweites. In V. 10 erscheint Christus als Richter, in V. 11 ff. als Versöhner. Wir sehen darin heute oft einen Widerspruch: Christus,

Gott – das ist pure Liebe; darin sitzt der Satz: Er nimmt uns so, wie wir sind. Aber warum sollte Gott Mensch werden und sich kreuzigen lassen, wenn er uns so nehmen sollte, wie wir sind? Hat nicht schon Jahwe getobt und gezürnt, weil das Volk nicht so war, wie er es wollte? Gott nimmt uns keineswegs so, wie wir sind. Darum ist und bleibt er der Richter. Und selbst Christus kann hier als Richter erscheinen; das besagt: Das Christsein ist kein Naturzustand, den man einfach leben kann. Das Christsein erfordert Wahrheit, Selbstkritik, Reflexion, weil wir schon beurteilt, nicht einfach akzeptiert werden, sozusagen brutto. Ist Gott Richter und bleibt er es, weil er uns eben nicht so akzeptiert, wie wir sind, so lässt er uns freilich nicht allein, wenn es um unsere Akzeptabilität, Akzeptanz für Gott geht. Das ist nun das Thema der Versöhnung (5,11 ff.). Freilich: In der Versöhnungslehre haben wir die Mitte der Theologie und des Glaubens vor uns. Es geht hier nicht darum, ob Gott für uns akzeptabel ist, sondern ob wir für Gott akzeptabel sind.

[d] *Der Lohn für die Taten*

5,10 spricht vom Offenbarwerden und vom Lohn für unsere Taten. Wir stürzen uns auf solche Sätze meist um der Moral und der Ethik willen: also auf das sittliche Tun. Paulus aber spricht, wie der ganze Kontext 4,7 ff. und 5,11 ff. zeigt, von einem ganz bestimmten Tun, dem allerwichtigsten für einen Christen, Pfarrer und Apostel: Nämlich, ob die Glaubenden die Folgen des Glaubens weniger an sich als in dem Glauben der anderen sehen (4,15). Wenn Paulus hier vom Wachsen der Gnade spricht, so denkt er dabei nicht an die Stärkung der eigenen Person, sondern an den Gewinn neuer Gläubiger. So setzt nun 5,11 ein: Das Wesen des Apostels besteht nicht darin, ein christlicher Heros oder Kraftmeier zu sein, sozusagen sich selbst zu vermehren, zu stärken und zu vergrössern; das Wesen des Apostels besteht darin, andere zu gewinnen, zu stärken und zu befestigen; und darin besteht das Christsein überhaupt. 5,11 knüpft mit φανεροῦν [offenbar werden] direkt an 10 an: Die Furcht des Herrn besteht darin, dass er Menschen überredet – d. h. zum Herrn Jesus Christus führt. Was Paulus also vor Gott für offenbar hält, das ἃ ἔπραξεν [was er vollbracht hat], das ist dies, dass er für andere da war, und zwar so, dass er sie zum Glauben führte. In der Auseinandersetzung wird Paulus offenbar auf andere Apostel angesprochen, die machtvoller auftreten als er, vielleicht auch Ekstasen. Dagegen nun der paulinische Gedanke: Solche Ekstasen gehen allenfalls nur Gott und mich an. Meine Arbeit, mein

Wirken ist ganz für Euch. Darum kann er nun den Gedanken des Ruhmes so phantastisch inszenieren: Da gibt es offenbar Leute, die sich durch allerlei Machterweise empfehlen und hervortreten – äussere Vorzüge. Und die Anhänger sagen dann: Wir haben einen tollen Helden. Paulus sagt umgekehrt: Nicht ich empfehle mich euch; wohl aber ihr könnt euch meiner rühmen. Nicht, weil ich so ein Held bin, sondern ...? Damit kommen wir zum Zentrum der Argumentation.

e) 2Kor 5,11–21

«Weil wir nun wissen, dass der Herr zu fürchten ist, suchen wir Menschen zu gewinnen; aber vor Gott sind wir offenbar. Ich hoffe aber, dass wir auch vor eurem Gewissen offenbar sind. Damit empfehlen wir uns nicht abermals bei euch, sondern geben euch Anlass, euch unser zu rühmen, damit ihr etwas habt gegen die, die sich des Äusseren rühmen und nicht des Herzens. Denn wenn wir ausser uns waren, so war es für Gott; sind wir aber besonnen, so sind wir's für euch. Denn die Liebe Christi drängt uns, da wir erkannt haben, dass einer für alle gestorben ist und so alle gestorben sind. Und er ist darum für alle gestorben, damit, die da leben, hinfort nicht sich selbst leben, sondern dem, der für sie gestorben ist und auferweckt wurde.

Darum kennen wir von nun an niemanden mehr nach dem Fleisch; und auch wenn wir Christus gekannt haben nach dem Fleisch, so kennen wir ihn doch jetzt so nicht mehr. Darum: Ist jemand in Christus, so ist er eine neue Kreatur; das Alte ist vergangen, siehe, Neues ist geworden. Aber das alles ist von Gott, der uns mit sich selber versöhnt hat durch Christus und uns das Amt gegeben, das die Versöhnung predigt. Denn Gott war in Christus und versöhnte die Welt mit ihm selber und rechnete ihnen ihre Sünden nicht zu und hat unter uns aufgerichtet das Wort von der Versöhnung.

So sind wir nun Botschafter an Christi statt, denn Gott ermahnt durch uns; so bitten wir nun an Christi statt: Lasst euch versöhnen mit Gott! Denn er hat den, der von keiner Sünde wusste, für uns zur Sünde gemacht, auf dass wir in ihm die Gerechtigkeit würden, die vor Gott gilt.»[112]

Uns (V. 14), den Apostel und die Christen beherrscht die Liebe Christi. Diese Beherrschung durch die Liebe Christi führt zu einem Urteil, nämlich, dass einer für alle und an Stelle aller starb und also alle starben.

---

112 [Übersetzung: Lutherbibel 2017]

§ 5: Versöhnung und Stellvertretung

Das Urteil besteht also darin, dass ein Zusammenhang von Liebe und Tod hergestellt wird. Dieser Zusammenhang war schon 4,7 ff. sichtbar geworden: Bedrängnis, Ratlosigkeit, Trübsal usw. sind ja Todesworte, auch trägt der Apostel das Sterben Jesu an sich. Aber das alles, damit das Leben Christi offenbar werde. Dieser Gedanke wird nun V. 14 ff. christologisch aufgenommen: Zuerst wird man 14.15 streng als dreifachen Zusammenhang zu lesen haben:
- den Zusammenhang zwischen uns und Jesus Christus
- zwischen dem Tod Christi und dem Tod aller
- dem Zusammenhang von Tod und Leben.

Zuerst: Wenn Paulus – wie ich ausgeführt habe – seine Stärke und Kraft nicht an sich selbst, an seinem Ich erfährt und erfahren will wie seine Gegner, sondern gerade darin, dass er nichts ist ausser für andere – und damit kann er sich sogar von den anderen als deren Ruhm gebrauchen lassen, so führt er das auf die Herrschaft Christi über uns zurück: Waren wir bei Sinnen, so waren wir es für euch – denn die Liebe Christi bestimmt uns. Das ist der Zusammenhang zwischen uns (Paulus) und Jesus Christus. Sodann: Aus dieser Bestimmtheit durch Jesus Christus, genauer: die ἀγάπη τοῦ Χριστοῦ [Liebe Christi], folgt ein Urteil, eine Einsicht, Erkenntnis: einer ist für und an Stelle aller gestorben, also sind alle gestorben. Der Zusammenhang von Liebe und Tod besteht also darin, dass Jesus Christus nicht für sich gestorben ist, sondern für alle; und dass darum – also, ἄρα [folglich][113] – alle gestorben sind.

Ich möchte an dieser Stelle, um den Text zu verstehen, zum hermeneutischen Mittel der Verfremdung greifen, also die Befremdlichkeit hervorheben! Was soll das heissen, dass einer für alle gestorben ist? Kann man mit diesem Satz irgendeine Bedeutung verknüpfen? Und was soll das womöglich noch Befremdlichere bedeuten, dass, wenn einer für alle gestorben ist, alle gestorben sind? Wieso sollen alle gestorben sein? Und das Äusserste an Befremdlichkeit wird dadurch erreicht, dass beim Tod Jesu Christi an den wirklichen, physischen Kreuzestod gedacht wird, dass bei denen aber, für die er gestorben ist und die folglich alle gestorben sind, es sich um Lebende handelt, nämlich die Empfänger des paulinischen Schreibens. Die Befremdlichkeiten hängen also zusammen mit der Frage nach der Bedeutung des Wortes ἀποθνῄσκειν, sterben, also mit der Bedeutung des Wortes Tod.

---

113 [ἄρα ist Folgerungspartikel]

Es ist sehr wichtig, an dieser Stelle, die ja der *locus classicus* der Versöhnungslehre ist, sich zu erinnern, dass sie auch der *locus classicus* der Lehre vom stellvertretenden Leiden ist: einer ist für alle gestorben. Der Stellvertretungsgedanke wird aber merkwürdig gewandelt durch den mit dem Stellvertretungsgedanken einer strengen Sühnopfertheologie unvereinbaren Satz: also sind alle gestorben.[114] Die Grundidee des kultischen Sühnopfers besagt aber gerade, dass einer stirbt, den Sündentod, damit die, für die er stirbt, nicht sterben müssen. Paulus sagt vielmehr, also sind alle gestorben. Durch Christi Tod werden also «alle» nicht vom Tod befreit, sondern in den Tod mithineingenommen. Gewiss hebt Paulus den Stellvertretungsgedanken nicht auf, aber er wird ebenso gewiss aus dem Rahmen des kultischen Sühnopfers herausgenommen. Was also, noch einmal, ist der Tod – das Sterben Christi und aller?

Einen wesentlichen Hinweis bekommen wir, wenn wir auf den 3. Zusammenhang blicken, den Zusammenhang von Tod und Leben (V. 15). Paulus wiederholt den Satz ὑπὲρ πάντων ἀπέθανεν [für alle gestorben]. Aber nun schliesst er den Nachsatz nicht als Folgesatz (konsekutiv, ἄρα ...) an, sondern als Zwecksatz (Finalsatz, ἵνα [damit]). Der Tod für alle hat einen Zweck, nämlich dass die Lebenden nicht mehr sich selbst leben, sondern dem, der für sie gestorben und auferstanden ist. Zunächst beobachten wir: die Lebenden von V. 15 sind ja dieselben, die alle gestorben sind (V. 14). Das scheint neben dem vorhin genannten Befremdlichen eine Verwirrung zu sein, aber in Wahrheit zeigt sich hier die paulinische Logik. Vom Zweck des Todes für alle fällt Licht auf den Tod selbst. Was ist der Tod? Zunächst: Sein Zweck ist die Befreiung des Menschen von sich selbst (nicht mehr sich selbst leben). Der Zweck des Todes ist die Erlösung der Menschen von sich selbst. Sie sollen das Leben nicht sich selbst darbringen, nicht für sich selbst zelebrieren. Sondern sie sollen es leben für den, der für sie gestorben und auferstanden ist, Jesus Christus. Dieser Gedanke hat schon, wie ich zeigte, den ganzen Kontext durchwaltet. Hier wird er nun zentral formuliert. Tod, so sehen wir nun, ist hier theologisch, geistlich verstanden: Es ist der Tod dessen, der für sich selbst lebt. Tod heisst theologisch: frei werden von sich selbst, frei werden für Jesus Christus.

Gehen wir einen Schritt weiter. Die, welche für Jesus Christus leben – hier wird das ὑπέρ [für] nun umgewendet, nicht Christus für uns,

---

114 Vgl. Röm 6, Taufe ist Getauftwerden in den Tod.

§ 5: Versöhnung und Stellvertretung

sondern wir für Christus, allerdings mit dem blossen Dativ ausgedrückt – οἱ ζῶντες [die leben], die müssen in der Tat sterben, nämlich als die, die ἑαυτοῖς ζῶσιν [die sich selbst leben]. In der Identität von πάντες ἀπέθανον [alle sind gestorben] und οἱ ζῶντες steckt also eine klare Logik: das Leben für Christus setzt notwendig den Tod des für sich selbst Lebenden voraus.

Jetzt kommen wir auf den Zusammenhang von Christi Tod und dem Tod aller zurück. Dass der Tod aller den Tod bedeutet für den, der sich selbst lebt, und das Leben für den, der Jesus Christus lebt, haben wir gesehen. Wer immer nicht für sich selbst, sondern für Christus lebt, hat vorher sterben müssen, den Tod des Egoisten, des Narziss, des selbstbezogenen Subjekts, also des Sünders, den theologischen Tod. Diesen geistlichen Tod kann dem Menschen kein Sühnopfer ersparen, er muss ihn wirklich sterben, weil es sich ja um einen konkreten Existenzwandel handelt. Also müssen alle sterben. Aber das Sterben aller wurzelt nun im Sterben Jesu Christi für alle. Ja, Christus stirbt für alle so, dass alle sterben, damit sie leben.

[f) Der Tod Christi für alle – 2Kor 4,5–5,21]
Jetzt kommen wir zum Tod Christi für alle. Es hat sich bewährt, dass wir die V. 14 f. rückwärts gelesen haben. Wir betrachten sie als die Verse, die uns interpretatorisch den ganzen Text erschliessen. V.16: dessen Interpretation ist relativ klar. Unser Erkennen vollzieht sich nicht nach dem Fleisch, d. h. nicht im Sinne des ζῆν ἑαυτοῖς [für sich selbst leben], sondern des ζῆν [leben] für Christus. Und das betrifft auch die Erkenntnis Christi. Es kann ja sein, dass auch wir die Erkenntnis Christi in den Dienst des ζῆν ἑαυτοῖς stellen – das ist fleischliche Erkenntnis Christi. Jetzt, wo wir nicht mehr uns selbst leben, erkennen wir auch Christus nicht mehr so, vielmehr erkennen wir ihn als den, für den wir leben – also nicht fleischlich. Eine neue Kreatur (V. 17) ist also ein Mensch, der nicht für sich selbst, sondern für Christus lebt. Das Alte ist vergangen, nämlich das Für-sich-selbst-Leben, Neues ist geworden, das Für-Christus-Leben. τὰ ἀρχαῖα παρῆλθεν [das Alte ist vergangen] ist eine gedankliche Parallele zu πάντες ἀπέθανον [alle sind gestorben]; γέγονεν καινά [Neues ist geworden] eine Parallele zu Leben für Christus. Es steckt eine wunderbare Logik in diesem Text.

V. 18–21 bringen nun einen weiteren Gedankenschritt. Wir sahen oben, dass der Tod aller im Tod Christi für uns wurzelt: der Kristallisationspunkt des Textes ist εἷς ὑπὲρ ... ἀπέθανεν [einer ist für ... gestorben] – und das hat, wie wir sahen, eine Folge und einen Zweck. Nun kommt Paulus darauf zurück, aber in anderer Sprache. Der Tod wird nicht mehr ausdrücklich genannt, bestimmend wird das Wort καταλλαγή [Versöhnung]. Wir lesen aber diesen Vers im Zusammenhang mit V. 14 f. Zunächst wird nun die Versöhnung von Christus noch einmal zurückverlegt, nämlich in Gott. Das alles (τὰ δὲ πάντα, V. 18) kommt von Gott. Wurzelt der Tod aller in Christi Tod, so wurzelt Christi Tod in Gottes Versöhnung, noch genauer gesagt: im versöhnenden Gott, θεός καταλλάσσων[115]. Wir sahen in den V. 14–15, wo vom Tod Christi die Rede war, dass der klassische Sühnopfergedanke hier nicht zentral ist. Hier (V. 18–21) beobachten wir, dass auch die Rede von der Versöhnung nicht auf den klassischen Sühnopfergedanken führt, also nicht darauf, dass Christus durch einen Opfertod dem Zorn Gottes so genügt, dass er an Stelle derer stirbt, die eigentlich sterben müssten. Der Tod Jesu hat vielmehr den Tod aller zur Folge, damit diese nicht mehr sich selbst leben, sondern Christus. In diesem Zusammenhang müssen wir nun auch diese Versöhnungsverse lesen. Denn wenn auch die klassische Sühnetheorie hier nicht vorliegt: am ὑπὲρ ἡμῶν, also am Gedanken des Christus für uns und an unserer Stelle kann ja nicht gezweifelt werden: V. 14.15.(20).21.

Die Versöhnung der Menschen mit Gott in Christus wird klar aussagbar, wenn wir sie mit V. 14 f. erklären: Die Versöhnung setzt den Zustand des averti a Deo voraus, also der Feindschaft. Was ist die Feindschaft des Menschen gegen Gott? Die παραπτώματα [Vergehen/Übertretungen] (V. 19). Was sind die παραπτώματα zusammengefasst: das ζῆν ἑαυτοῖς (V. 15). Was ist demgegenüber die Versöhnung: das Sterben für uns selbst und das Leben für Christus (V. 15). Wurzelt das nun in dem Christus für uns, hat das seine Ursache in dem Versöhnungswerk Gottes διὰ Χριστοῦ [durch Christus] (V. 18), so ist klar, worin die καταλλαγή besteht, die Gott in Jesus Christus verwirklicht: Jesus Christus ist der Mensch, der wahre Mensch, der nicht sich selbst lebt, sondern der Gott, ganz und gar Gott lebt. Dieser Mensch ist als mit Gott versöhnter nicht in Feindschaft mit Gott, also als für sich selbst lebender Mensch, die von Gott selbst verwirklichte Versöhnung des Menschen mit Gott. Jesus Christus ist als Mensch selbst der, der in V. 15 beschrieben wird. Dann ist

---

115 V. 18 im Genetiv, V. 19 im Nominativ.

aber Jesus Christus nicht bloss durch seinen Tod, sondern als Mensch stellvertretend für uns. Das Für-uns-Sein Jesu Christi beschränkt sich nicht auf seinen Tod für uns. An seinem Tod, der also in ein umfassendes Verständnis von Stellvertretung gehört, zeigt sich, was V. 14 f. über die geistliche Bedeutung des Todes gesagt wird: Der Tod Christi ist, wie es auch Phil 2,8 gesagt wird, die äusserste Bewährung seines Gehorsams gegen Gott; und was ist Gehorsam anderes, als nicht für sich selbst leben, sondern für Gott leben. Jesu ganzes Dasein ist also für uns, ὑπὲρ ἡμῶν. Die Sühnopfertheorie besteht ja darin, dass Gott das Opfer des einen annimmt und es den anderen zurechnet, vgl. V. 19. Aber was Paulus hier sagt, geht weit darüber hinaus: Gott nimmt diesen Menschen, diese ganze Existenz für und an Stelle aller anderen an, dessen Leben nicht für sich selbst ist und der das auch im Tod bewährt. Das sagt der nun der Sühnopfertheorie gedanklich am nächsten kommende Vers 21: Christus kannte die ἁμαρτία [Sünde] nicht. Sein Leben, seine ganze Existenz, war sündlos, d. h. er lebte nicht ἑαυτῷ [für sich selbst], sondern θεῷ [für Gott]. Dies ist der Kern des Versöhnungsgedankens: Der Christus ist als Mensch unser Stellvertreter, für uns, weil er mit Gott versöhnt ist. Und ist er das, dann kann Gott ihn zugleich zu dem machen, was kein Sünder kann. Denn ein Sünder ist ja ein Mensch, der für sich selbst lebt. Der kann also niemals die Sünde anderer tragen, denn dann müsste er ja für andere leben. Für uns, für andere zur Sünde gemacht werden, das kann nur der Sündlose, denn nur er kann ja von sich absehen. Deshalb kann die Welt nur von Gott mit Gott versöhnt werden. Wer die Sünde nicht kennt, ist gerecht. Wenn der, der die Sünde kennt, für uns zur Sünde gemacht wird, so muss er um der Gerechtigkeit willen sterben; denn wir sahen ja, dass sterben muss, wer für sich selbst lebt. Aber umgekehrt, und nun folgt wieder ein ἵνα [damit], wird seine Gerechtigkeit zu der unseren gemacht.

Damit kommen wir zum Ziel der paulinischen Argumentation über Versöhnung und Stellvertretung. Das Kapitel endet damit, dass Stellvertretung und Versöhnung weniger im Gedanken des Sühnetodes wurzelt als im Tausch, mit Luther gesprochen im *laetum commercium* [fröhlichen Wechsel[116]]: Jesu Christi sündlose Gerechtigkeit wird mein, meine Sünde sein.

---

116 [Der Begriff «fröhlicher Wechsel» findet sich z. B. in Luthers Schrift «Von der Freiheit eines Christenmenschen», in: Insel-Ausg. Bd. 1, 246; BoA, Bd. 2, 15,36 f.]

II Christliche Anthropologie

Übersetzung 2Kor 4,5–5,21 (vgl. Phil 1,21–24)

4,5[117]: «Denn nicht uns selbst predigen wir, sondern Jesus Christus als den Herrn, uns selbst als eure Knechte um Jesu willen.»

Man muss 4,5 und Phil 1,21–24 direkt in Zusammenhang bringen mit 2Kor 5,15, dem Schlüsselvers des Ganzen: das Nicht-sich-selbst-Leben ist die existenzielle Interpretation des Todes Jesu; und wie 4,5 und Phil 1,21–24 zeigen, ist das Nicht-sich-selbst-Leben, sondern dem, der für uns gestorben ist, zugleich ein Leben für die anderen.

6: «Denn Gott, der gesagt hat: Aus Finsternis soll Licht aufleuchten, der hat es in unseren Herzen aufleuchten lassen zur Lichtung der Erkenntnis der Herrlichkeit Gottes im Angesichte Jesu Christi.»

Urzeit und eschatologische Zeit entsprechen einander. Die Herrlichkeit Gottes, von den Menschen verhüllt und verkehrt, erscheint nun auf dem Angesicht = πρόσωπον = der Person Jesu Christi. Darum, weil in Christus Gottes δόξα [Herrlichkeit, Glanz] sichtbar wird, muss Christus verkündet werden.

«7: Wir haben aber diesen Schatz (θησαυρός) in tönernen Gefässen (den Aposteln bzw. den δοῦλοι [Knechten, Sklaven]), damit das Ausserordentliche der Macht Gott gehöre und nicht aus uns komme.

8: In allem werden wir bedrängt, aber nicht zu Boden gedrückt; in Verlegenheit/Wegeschwierigkeit gebracht, aber nicht in die Ausweglosigkeit;

9: verfolgt, aber nicht verlassen; herumgestossen, aber nicht verdorben;

10: allezeit die Tötung Jesu an unserem Leibe (= Leben) umhertragend, damit auch das Leben Jesu an unserem Leibe (in unserem Leben) erscheine.

11 (Gal 2,20): Denn immer werden wir, die wir leben, in den Tod dahingegeben um Jesu willen, damit auch das Leben Jesu erscheine in unserem sterblichen Fleisch.

12: Darum wird der Tod in uns wirksam, das Leben aber in euch.

13: Da wir nun denselben Geist des Glaubens[118] haben wie in dem Wort der Schrift (Ps 116,10): Ich habe geglaubt, darum habe ich geredet, so glauben auch wir, darum reden wir auch,

14: wissend, dass, der den Herrn Jesus auferweckt hat, auch uns mit Jesus auferwecken und vor sich hinstellen wird mit euch (vgl. 5,10).

15: Denn alles um euretwillen, damit die wachsende Gnade durch den Dank von immer mehr Menschen überfliesse zum Ruhme Gottes.»

---

117 [Die folgenden Übersetzungen stammen vom Verfasser.]
118 Sehr wichtiger Hinweis zum Verständnis von πνεῦμα: Geist ist Glaubensgeist.

§ 5: Versöhnung und Stellvertretung

Im Hinblick auf die eigentliche Perikope 5,11–21 beginnt sich der Zusammenhang zu lichten: Der Skopus des Todes Christi ist das Nicht-mehr-sich-selbst-Leben – darin ist der Tod die Zusammenfassung des Lebens Jesu. Und genau dieses Leben trägt der Apostel = der Christ an seinem Leben: Sein Glaube ist Nicht-mehr-sich-selbst-Leben, sondern dem Herrn und den Menschen zu leben. Die Glaubenserfahrung des Paulus führt ihn zum Sprechen – ἐπίστευσα, διὸ ἐλάλησα [ich habe geglaubt, darum habe ich geredet]. Das ist absolut konstitutiv: Da ja die Glaubenserfahrung des Paulus darin besteht, dass Christus der Herr sei, ist die Verkündigung dieses Herrn der Inhalt seiner ganzen religiösen Erfahrung. Demgegenüber ist alle Mystik sekundär. Das Wesentliche der Versöhnung ist die Stiftung des λόγος τῆς καταλλαγῆς; in diesen Logos fliesst die ganze christliche Spiritualität ein. Wenn man also mit Paulus und am Beispiel des Paulus die Frage stellen würde: Wie erfahre ich die Wirklichkeit des Glaubens, so ist die primäre und elementare Antwort: indem ich ihn bzw. Jesus Christus verkündige im λόγος τῆς καταλλαγῆς. Der Hinweis auf innere Erlebnisse und Ethik wäre sekundär.

> 16: «Deswegen werden wir nicht müde, sondern, wenn auch unser äusserer Mensch aufgebraucht wird, so wird doch unser innerer Mensch erneuert von Tag zu Tag.»

ἀνακαινοῦν [erneuert werden] (vgl. καινός [neu] 5,17): das «Neu»-Werden ist, wie hier deutlich wird, das Dahingeben des «äusseren» Menschen in den Dienst des Herrn und des Nächsten, und dabei wird eben der «innere» Mensch erneuert, d. h. er wird wahr, wird aus einem Subjekt (äusserer Mensch) zu einer Person (innerer Mensch).

> 17: «Denn das nur augenblickliche geringfügige Mass unserer Bedrängnis bewirkt uns über alles Mass hinaus zu übermassigem Ertrag ein ewiges Gewicht an Herrlichkeit, ...»

Beachte das Ungleichgewicht: geringes Mass an Bedrängnis – überreicher Ertrag an Herrlichkeit. Das geschieht eben nicht dadurch, dass wir etwas Entsprechendes aufbringen (verdienen), sondern gerade dadurch, dass wir den äusseren Menschen dem Verbrauch hingeben.

> 18: «... indem wir nicht schauen auf das Sichtbare, sondern auf das, was man nicht sieht; denn das Sichtbare ist vergänglich, was man nicht sieht aber ewig.»

Äusserer und innerer Mensch, Bedrängnis und Herrlichkeit, Sichtbares und Unsichtbares, alt und neu (5,17) usw.: das sind alles analoge Proportionen, synonyme Verhältnisbestimmungen, die die Grundaussage von 5,15 ff. auslegen: das Verhältnis von Tod und Leben: Tod ist das Dasein, das an sich selbst orientiert ist; von diesem Todes-Dasein werden wir durch den Tod erlöst – des Todes Tod; und daraus, d. h. aus diesem Tod entsteht das neue Leben.

> 5,1: «Denn wir wissen, dass, wenn unsere irdische Zeltwohnung abgebrochen worden ist, wir einen festen Bau von Gott her bekommen, nämlich ein nicht mit Menschenhänden gemachtes, ewiges Haus in den Himmeln.»

Weitere Proportionen: Zelt (οἰκία τοῦ σκήνους) – fester Bau (οἰκοδομή); ἐπίγειος [irdisch] – ἐκ θεοῦ [von Gott], ἀχειροποίητος [nicht mit Händen gemacht], αἰώνιος [ewig], ἐν τοῖς οὐρανοῖς [in den Himmeln].

> «2: Wirklich seufzen wir denn auch deswegen, nämlich indem wir uns danach sehnen, mit unserer Behausung aus dem Himmel überkleidet zu werden, 3: wenn anders wir, auch nachdem wir unser irdisches Gewand abgelegt haben, nicht nackt gefunden werden.»

Mit Bultmann[119] lese ich ἐκδυσάμενοι, nicht ἐνδυσάμενοι.

> 4: «Und so seufzen denn wir, die im Zelt sind, beschwert, weil wir nicht entkleidet, sondern bekleidet werden wollen, damit das Sterbliche vom Leben verschlungen wird.»

Der Gedankengang ist nicht leicht. 5,1 schliesst an 4,17 f. an, indem er die Disjunktion τὰ βλεπόμενα – τὰ μὴ βλεπόμενα [das Sichtbare – das Unsichtbare] auslegt. Übrigens ist es zu 4,18 interessant, auf σκοπεῖν [blicken] zu achten: Wir blicken, sehen auf das Nicht-Gesehene, auf das Gesehene sehen, blicken wir nicht. 5,1 erläutert das σκοπεῖν durch οἴδαμεν, das βλεπόμενα – μὴ βλεπόμενα durch σκῆνος – οἰκοδομή [Zelt – Haus].

Dieses Wissen wird existentiell im στενάζω ἐν τούτῳ [deshalb seufzen]; dann erscheint ein neuer Gedanke, das drückt sich in einem neuen Bild aus: In die Bildwelt Zelt – Haus dringt das Bild vom Bekleiden – Entkleiden ein, und also die Furcht davor, nackt gefunden zu werden. Das ist wohl antignostisch gemeint (Bultmann), weil die Gnostiker die Sehnsucht haben, vom Leib frei zu sein. In V. 8 kann auch Paulus sagen:

---

119 [Rudolf Bultmann, Der zweite Brief an die Korinther, hg. von Erich Dinkler, Göttingen 1976, 137: «wenigstens wenn es gilt, dass wir nach Ablegung des irdischen Gewandes nicht nackt dastehen werden». So auch NA[28] im Unterschied zu früheren Auflagen.]

§ 5: Versöhnung und Stellvertretung 183

ἐκδημῆσαι ἐκ τοῦ σώματος [den Leib verlassen]. Wenn er sagt: Wir sehnen uns, aus dem Leib auszuwandern; wer ist denn dieses Wir? Die Seele im Unterschied zum Leib, so dass die Seele also sich sehnt, vom Leib befreit zu werden? Offenbar nicht, wie das Ganze zeigt, denn Paulus weiss zwar, dass die irdische Wohnung, also der Leib, katalysiert wird, aber eben nicht mit dem Effekt, dass dessen Wir, Ich, die Seele nackt dastehen. Sondern «wir» werden überkleidet, also mit einem neuen Gewand. Warum liegt denn Paulus so daran, nicht nackt zu sein? Natürlich kann man hier generell sagen, dass Paulus anders als die Gnostiker nicht leibfeindlich ist. Aber warum ist er das nicht, kann man noch einen Schritt in die Hintergründe des paulinischen Denkens tun? Zunächst muss man sehen, dass Paulus hier bildhaft redet – obwohl er doch selbst sagt, dass wir auf das Nicht-Gesehene blicken (4,18) und auch, dass wir im Glauben wandeln, nicht im Schauen (διὰ πίστεως – οὐ διὰ εἴδους [im Glauben – nicht im Schauen] (5,7). Paulus spricht also bildhaft von dem, von dem es kein εἶδος [Gestalt/Aussehen] gibt. (Hermeneutisch für das Verständnis des bildhaften Redens wichtig.) Sehr klar ist, dass das bildhafte Reden den Gedanken entzündet, aber nicht klärt, wie die Schwierigkeiten des Bildes selbst zeigen. Die grösste Schwierigkeit liegt darin: Paulus muss wegen des Bildes vom Leib und Kleid zwischen Ich, Wir und dem Leib und Kleid unterscheiden – Seele sagt er hier nicht, aber vielleicht ist das Bild selbst gnostischer Herkunft.[120] Anderseits aber will und kann er nicht unterscheiden, weil der Gedanke eines haus- oder kleidlosen Ich ihm nicht vollziehbar ist. Darum ist es für Paulus gewiss, οἴδαμεν [wir wissen, kennen]: Wenn unser irdisches Haus katalysiert wird, steht ein himmlisches Haus schon bereit. Paulus also weiss nicht nur, dass das irdische Haus und Kleid, der Leib, vergeht; er sehnt sich auch danach – aber den gnostischen Gedanken eines blossen Verlassens des Leibes und Ablegens des Kleides kann er nicht denken, ein nacktes Ich, eine leiblose, also hauslose und kleidlose Seele kann er nicht denken. Nochmals: Warum kann er das nicht?

Die Antwort wird eingeleitet mit 5,4b: Damit das Sterbliche vom Leben verschlungen wird. Wir gehen aber zunächst weiter, weil sich dieser Vers im Zusammenhang erschliesst.

5: «Der uns aber hierzu bereitet hat, ist Gott, der uns als Anzahlung den Geist gegeben hat (gemäss des Inhalts).»

---

120 Rudolf Bultmann, Der zweite Brief an die Korinther, 133 f.

Der Geist ist die Gabe Gottes = Gott selbst, der uns a) das Wissen (V. 1) und b) das Seufzen und Sehnen gibt; d. h. der Geist ist es, der uns von uns weg treibt und uns auf Gott hin bewegt. Schliesslich c): Im Wissen und Seufzen ist das Gewusste und Ersehnte selbst schon Gegenwart. Das Angeld, die Vorauszahlung versichert uns des Gewinns des ganzen Erbes. Gott, der uns den Geist gibt, gibt uns also nicht bloss ein theologisch-dogmatisches Wissen, sondern er wandelt uns existentiell, er bewirkt in uns das Seufzen und Sehnen. Und in diesem Seufzen und Sehnen bestimmt die Zukunft schon die Gegenwart. Mit Vorblick auf das Folgende: Im Seufzen und Sehnen werden wir jetzt schon neue Kreaturen. Es wäre also völlig falsch, diesen Textzusammenhang als Weltflucht zu interpretieren. Es geht Paulus ja darum zu zeigen, dass durch das Angeld des Geistes, der uns des Ersehnten versichert, unser Leben jetzt schon ganz elementar und konkret gewandelt wird. Aber dazu muss man schon jetzt aus einem alten Denken in ein neues Denken auswandern, also im Denken des Geistes heimisch werden. Das zeigt nun das Folgende:

> «6: Voll Mutes also allezeit und wissend, dass wir, im (irdischen) Leibe hausend fern von dem Herrn wandern –
> 7: denn im Glauben wandern wir, nicht im Schauen –
> 8: (voll Mutes) sind wir aber mutig und haben Gefallen daran, auszuwandern aus dem Leib und daheim zu sein bei dem Herrn.»[121]

Wirkt der Geist im Seufzen und Sehnen, so sagt Paulus hier: Er wirkt im θαρρεῖν [zuversichtlich sein]. Der Geist verwirklicht sich existentiell als Mut, Zuversicht. Man könnte sagen: obwohl wir wissen, dass wir fern vom Herrn wandern, sind wir mutig, nämlich durch den Geist. Hier ist ein wesentliches Moment festzuhalten, auch gegen die Gnosis: Paulus weiss, dass das irdische Leben Existenz im Vorläufigen ist: Wir leben in einem Leib, der zur Katalyse ansteht, zum Abbruch, also in einer Bruchbude; wir leben vom Herrn, in Sehnsucht und Seufzen – wir leben also in einer imperfekten, gebrechlichen, vorläufigen Welt, in der vieles misslingt und auch immer misslingen wird. Christen sind also nicht nur Realisten, sondern sie wehren jeden Gedanken, der die Realität überspringen will, als gnostisch ab. Sie wissen, dass das Ewige, das Vollendete und Vollkommene zukünftig ist. Gleichwohl sind sie nicht mut-

---

121 θαρροῦμεν [wir sind getrost] nimmt θαρροῦντες [Partizip: getrost seiend] auf – Paronomasie.

los und ohne εὐδοκία [guter Wille/Wohlgefallen/Wunsch] und bejahen auch nicht das Bestehende. Sie setzen aber ihre eigene Existenz – Paulus bezeichnet hier wie so oft mit dem Wort περιπατεῖν [wandeln] das, was ich Existenz nenne – als Existenz im Seufzen und Sehnen und Mut und Zuversicht-Haben der irdischen Existenz im Leibe entgegen, und, das ist das Entscheidende, diese Existenz gründen sie auf das, was zukünftig ist und zukünftig bleibt und nur durch den Tod erreichbar ist; aber dieses Zukünftige, das wir nach dem Tod schauen, das ist im Glauben gegenwärtig, im Glauben, der ja unser περιπατεῖν als Christen ist, ausmacht, also, wie Paulus sagt, als Wissen (5,1), vor allem aber eben als existentieller Wandel, als Sehnen, Seufzen, Mut, Zuversicht, Wohlgefallen, also im Geist. Und im Geist wandelnd wird unser Leben schon vom Eschaton bestimmt, dirigiert – d. h. im Glauben wandelnd. Hier wird nun die Abgrenzung von der Gnosis klar: Die Gnosis empfindet die Welt als Fremde; das tut Paulus auch. Die Gnosis setzt der fremden, bösen Welt das innere Ich des Menschen, den göttlichen Funken entgegen, darum will die Gnosis das Stück Welt, das an der Seele bzw. in der Seele sitzt, das σῶμα [Leib], loswerden, also nackt sein – das tut und kann Paulus nicht, weil, wie wir sehen werden, der fremden Welt und der bösen Welt nur Gott gewachsen und überlegen ist, weil nämlich der ganze Mensch ein Sünder ist. Und diese Überlegenheit Gottes, des Lebens, das Gott selbst ist, sie wird konkret, innerweltlich wirklich in unserem Glaubenswandel, in dem wir uns ja, fern von dem Herrn wandelnd, schon ganz und gar von dem Herrn bestimmen lassen, der im Geist anwesend ist. Worin aber konkret das Bestimmtsein durch den Herrn besteht, das eben ist die Aussage von 5,11–21.

V. 8 endete eben damit: Wir wollen lieber daheim sein bei dem Herrn. Aber diese Sehnsucht ist nicht dazu da, den Apostel die irdische Wirklichkeit vergessen zu lassen – das ist ja gerade gnostisch: Der Gnostiker hat das Interesse an der Welt verloren, er sucht sich selbst zu salvieren – das gilt erst recht für die modernen Gnostiker; während wir bei Paulus ja sehen werden, dass es um die Versöhnung des Kosmos geht. Diese Bezogenheit auf die Welt, die gerade bei Paulus als vorläufige Welt verstanden wird – das gehört ja zum christlichen Begriff der Welt, dass sie vorläufig ist, also ein Lauf vor dem Endgültigen –, kommt V. 9 zum Vorschein:

> 9: «Daher sind wir auch beflissen, ob wir nun im Leibe wandern oder auswandern, ihm (dem Kyrios) wohlgefällig zu sein.»

Das eigentliche Ziel des Paulus, der Gegenstand aller seiner theologischen Gedanken ist das Sein bei dem Herrn, das ἐνδημῆσαι πρὸς τὸν κύριον [zu Hause sein beim Herrn]. Sieht man sich diese Formulierung an, so kann man sie als Beschreibung der Versöhnung verstehen. Wir sehen also, dass der Gegenstand von 5,11–21 schon hier wie überhaupt immer präsent ist. Denn die Trennung von dem Herrn, von Gott, das Nicht-bei-Gott-Sein, das Sein bei den geschaffenen Dingen, das ist ja, wie Paulus Röm 1 f. zeigt, das Wesen der Sünde. Sünde ist also das Nicht-πρὸς τὸν θεόν-Sein [Nicht-bei-Gott-Sein], das Nicht-πρὸς τὸν κύριον-Sein [Nicht-beim-Herrn-Sein]. Sünde ist also genau das, was die Dogmatik auf den klassischen Begriff gebracht hat: *averti a Deo* und *converti ad bonum commutabile* [sich von Gott abwenden und sich zu einem austauschbaren Gut hinwenden]. Denn alles menschliche Dasein ist Sein auf etwas hin, πρός τι [auf etwas hin] oder πρός τινα [auf jemanden hin]. Die entscheidende Frage ist: woraufhin, für wen oder was ich wirklich existiere, was oder wen ich wirklich zum Grund meines Lebens mache. Mache ich etwas, das nicht Gott ist, zum Grund meines Lebens, also zu dem, für was oder woraufhin ich lebe, so ist das Sünde: Sünde bedeutet eine Existenz, in der etwas anderes zum wirklichen Woraufhin meines Lebens gemacht wird als Gott. Das kann ich selbst sein, kann irgendein innerweltliches Ziel oder eine Aufgabe sein, das Glück, das Geld usw. Sünde also ist ein ontisches Phänomen, das nur ontologisch beschrieben werden kann, nie moralisch, das man ethisch beschreiben könnte.

Wir sehen also nun, dass dieser Abschnitt 5,1 ff. keineswegs eine Abirrung vom Thema ist, sozusagen ein individual-eschatologisches Intermezzo. Das erscheint freilich dann so, wenn wir den Gegensatz von In-der-Welt-Sein und Bei-dem-Herrn-Sein thematisieren, also, wie es uns modernen Menschen nahe liegt, hier Weltflucht wittern. Aber Paulus denkt nicht dualistisch, nicht gnostisch, sondern er denkt existentiell, d. h. er denkt und spricht aus dem Gegensatz von Sünde und Versöhnung. Ist Sünde das Nicht-bei-dem-Herrn-Sein, so ist Versöhnung das πρός τὸν κύριον εἶναι, das Bei-dem-Herrn-Sein, Auf-den-Herrnhin-Sein, Für-den-Herrn-Sein (vgl. V. 15b!) Gewiss erfüllt sich dieses πρός-Sein im Eschaton, wenn also die irdische Hütte abgebrochen ist. Aber, nochmals sei es gesagt, der Gegensatz ist nicht in erster Linie der Gegensatz von hier und dort, elende Welt und Herrlichkeit des Himmels. Dieser Gegensatz ruht auf dem eigentlichen Gegensatz von Sünde und Versöhnung, dem Nicht-bei-Gott-Sein und dem Bei-Gott-Sein.

§ 5: Versöhnung und Stellvertretung

Darum ist das Gott wohlgefällige Sein (V. 9 Ende), was entscheidet. Das ist wiederum eine Beschreibung der Versöhnung, des Bei-dem-Herrn-Sein. Und dieses εὐάρεστοι εἶναι [angenehm/wohlgefällig sein] ist dem Sein in der Welt und im Eschaton gemeinsam; also das Grundthema des Textes wie des Lebens ist nicht Hier und Dort, sondern das Gott gefällige Sein oder nicht, also das Thema der Existenz, ob ich bei Gott, für Gott bin oder bei mir, für mich, bei den Dingen der Welt oder für sie. Das Thema Feindschaft mit Gott = Nicht-bei-Gott-Sein versus Versöhnung = Bei-Gott-Sein (πρός [bei]) ist also auch hier massgebend. Von daher muss man auch das ἐκδημέω/ἐνδημέω [fern sein von/zu Hause sein] interpretieren. Gewiss: Paulus ist, im Leib existierend, fern vom Herrn, und er möchte nahe bei dem Herrn sein, leiblich, daher sein Interesse am Nicht-nackt-Erfunden-Werden. Denn der Leib ist das Instrument der Beziehung. Aber dieses leibliche Fern- oder Nahe-Sein ist nicht identisch mit der Trennung von Gott, welche die Sünde ist, und mit der Versöhnung. Vielmehr kann er schon jetzt, fern vom Kyrios dem Leibe nach, mit ihm verbunden sein durch die Beflissenheit, ihm wohlgefällig zu sein. Das führt nun 5,10 sehr deutlich aus:

10: «Denn wir alle müssen offenbar gemacht werden vor dem Richterstuhl Christi, auf dass jedem erstattet werde auf das hin, was er durch sein Leibesleben bewirkt = gezeigt hat, es sei gut oder schlecht.»

Zunächst betrachten wir diesen Vers innerhalb des Gedankenganges. Wir sagten vorhin: Der Gegensatz dieser Verse ist nicht primär Diesseits – Jenseits, elende Welt – Eschaton, sondern Sünde – Versöhnung, Bei- und Nicht-bei-Gott-Sein. Das bestätigt sich hier: Der Gegensatz wird hier als gut oder schlecht in Hinsicht auf unsere Taten beschrieben, und dieser Gegensatz zieht sich durch Welt und Eschaton gleichermassen, ja, im Eschaton wird offenbar, was in dem Soma-Leben nicht offenbar ist. Ein elementarer Hinweis: Das Eschaton ist nicht einfach nach dem Leibesleben, in einem chronologischen Fortgang. Sondern das Eschaton ist die Offenbarung, φανέρωσις, des irdischen Lebens. D. h. doch: Erst im Eschaton wird das irdische Leben wirklich gegenwärtig, nämlich tritt ins volle Licht der Erkenntnis. Erst im Eschaton werden wir, vor Christus, völlig offenbar. Die Offenbarkeit unseres Lebens ist also an das Sein πρὸς τὸν κύριον [beim Herrn] gebunden. Man muss den Gedanken so pointieren: Einfach dadurch, dass wir nun vor Christus stehen, werden wir offenbar. Sind wir in der Beziehung, für die wir geschaffen wurden, so werden wir offenbar. Aber, und das ist nun entscheidend: Auf dieses Offenbarsein unserer selbst vor Christus können wir schon jetzt hin-existieren, wir können und sollen dieses Offenbarsein glaubend – auf das Schauen hin – prae- oder proexistieren. Wir können unsere irdische Existenz – διὰ τοῦ σώματος – als Praeexistenz für das εἶναι πρὸς τὸν κύριον existieren – das ist ja der Gegenstand des folgenden Textes, der Versöhnung, die ja geschehen ist, *praesens perfectum*. Das ist, im Hinblick auf das βῆμα [Richterstuhl], gewiss auch bedrohlich – stehen wir vor Christus, so werden wir offenbar, d. h. es werden uns die Masken abgenommen und insofern werden wir schon entkleidet – vgl. Ps 51. Aber mit dem Gerichts- und Bedrohlichkeitsaspekt kommen wir der Sache noch nicht auf den Grund. Und das ist nun für das theologische Denken sehr wichtig; für das Folgende greifen wir auch noch auf V. 9 zurück. Wenn der Gerichtsgedanke usw. – der hier allerdings ganz klar erscheint – den Sinn haben sollte, uns durch den Hinweis auf das Bedrohliche, das uns bevorsteht, gleichsam in Furcht zu versetzen und zu Anstrengungen anzuspornen, so wäre ein dreifaches Missgeschick eingetreten: 1. Wäre der paulinische Gedanke abgebrochen; 2. wäre die Furcht zum Antrieb gemacht; 3. wäre unser Blick auf unsere einzelnen Taten, unser Werk fixiert. Alles ist aber nicht der Fall.

Wir sehen, dass der Gegensatz, in dem Paulus denkt, das Beim-Herrn-Sein und das Beim-andern-Sein, ein Gegensatz ist, den er, wie wir schon früher sahen, auch mit seinen Gegnern in Korinth austrug: Er, Paulus, will ausser sich, beim Herrn sein – die Korinther wollen an und für sich stark sein. Hätte V. 10 nun den Sinn, Furcht um der Furcht willen zu erregen, so wäre also dieser paulinische Gedankengang aufgegeben. Denn die Furcht würde uns ja wieder an uns selbst orientieren: Wir würden, aus Furcht, nicht um Gottes Willen uns bemühen, Gott wohlgefällig zu sein, sondern um unserer selbst willen. Wir würden uns also nicht sehnen, bei dem Herrn zu sein, wie Paulus es tut, sondern wir würden uns fürchten, wie wir es ja wirklich tun. Wir sehen hier in die Substanz des paulinischen Denkens, in die totale Andersartigkeit seines Denkens. Das Loskommen von uns selbst und das Sein πρὸς τὸν κύριον ist sein Thema. Deshalb ist V. 10 zwar ernst gemeint – es wird wirklich herauskommen, wie wir im Leib existiert haben, aber die Furcht ist nicht das Thema, weil es uns auf uns selbst fixiert; das Thema ist die Freude am Herrn, nicht an uns. Die Furcht treibt uns in uns selbst zurück, die Freude am Herrn = das wohlgefällige Sein zu Gott und dem

§ 5: Versöhnung und Stellvertretung   189

Nächsten. Denn εὐάρεστοι εἶναι: Wir sind Gott wohlgefällig, wenn wir gerade nicht πρὸς ἑαυτοῖς [für uns selbst] leben, das aber würden wir in der Furcht tun. In der christlichen Frömmigkeitsgeschichte hat man das Problem, auf das wir hier stossen, seit Augustin scharf wahrgenommen, einmal in der Unterscheidung zweier grundverschiedener Erscheinungsweisen der Furcht, des *timor servilis* [knechtische Furcht] und des *timor filialis* [gotteskindliche Furcht]; und dann in der Lehre vom *amor purus* [reine Liebe], *l'amour désintéressé, pur*.

Durch den paulinischen Gedanken, dass alles darauf ankommt, ob wir bei uns oder bei den Dingen der Welt einerseits oder beim Herrn anderseits sind, wird der Gerichtsgedanke nicht etwa entschärft; er gewinnt vielmehr ein neues Gewicht als Kriterium für unser Leben im Leibe. Freilich nun gerade so, dass uns die Furcht und Sorge um uns selbst als das ängstliche Blicken auf unsere einzelnen Taten problematisch wird. Denn gut oder schlecht, das sehen wir jetzt, entscheidet sich einzig daran, ob unser Leben dem Herrn dient oder uns und den Göttern der Welt. Deswegen ist das paulinische Gericht nach den Werken auch auf die ganze Existenz zu beziehen: Was ist in unserer Existenz wirklich das, woraufhin wir leben? Gut oder schlecht, das entscheidet sich gerade daran, ob wir uns um uns selbst und unsere Werke sorgen – das ist schlecht und kommt aus dem *timor servilis* – oder ob wir schon jetzt eschatologisch leben, πρὸς τὸν κύριον – das ist *timor filialis* und das ist ἀγαθόν [das Gute]. Denn unser Leben διὰ τοῦ σώματος [im leiblichen Sein] und unsere Werke unterliegen schon jetzt dem eschatologischen Kriterium: ob sie πρὸς τὸν κύριον [beim Herrn] sind oder nicht. Sind sie es, so sind sie gut, sind sie auch ethisch gut und dem Nächsten nützlich; und umgekehrt.

Blicken wir auf den Abschnitt 5,1–10 zurück, so ergibt sich eine organische sachliche Verbindung zum Vorhergehenden und, wie wir sehen werden, auch zum Folgenden. Paulus denkt in seiner ganzen Theologie konkret und existentiell, d. h. er denkt in der Grundfrage, ob wir für und bei Gott leben oder ob wir an und für uns leben. Er blickt auf das Eschaton, weil im Eschaton unser Leben gar nicht mehr anders denkbar ist als als Leben πρὸς τὸν κύριον – auf den Herrn hin – oder τῷ ἀποθανόντι [dem, der gestorben ist] ... (V. 15). Und dieses Leben des Eschaton wird im Leben des Christen in der Welt schon praeexistiert, schon jetzt lebt der Christ ganz auf den Herrn hin. Das hat zwei Konsequenzen: Zunächst, durch dieses πρὸς τὸν κύριον-Sein wird das Leben des Menschen gut, auch im moralischen Sinn; während das Interesse des Menschen an sich und seinen Werken alles schlecht macht – wie wir das ja an der Gestalt der Welt sehen, die aus dem Interesse, dem immer mächtigeren Interesse des Menschen an sich selbst hervorgeht. Das ist kein Paradox, sondern eine freilich tief verborgene Logik: Je mehr all unser Sinnen und Trachten der Welt und uns selbst gilt, um so mehr wird alles bedroht und vernichtet. Je mehr wir nicht der Welt und uns selbst leben, um so mehr werden wir selbst und die Welt gut. Darum ist die entscheidende Frage, für die konkrete Zukunft des Menschen vor dem βῆμα [Richterstuhl] Christi wie auch für die konkrete Zukunft der Welt, ob der Mensch, ob die Menschen von sich selbst befreit, erlöst werden, ob sie also wieder πρὸς τὸν κύριον leben, ob sie also versöhnt werden.

Sodann verstehen wir jetzt, warum Paulus alles daran liegt, nicht nackt zu sein, sondern auch im Eschaton einen Leib zu haben. Wir sehen, dass für Paulus alles Dasein, alle Existenz in der Beziehung liegt, im πρός-Sein des Menschen. Der Mensch ist nichts für sich selbst, sondern nur in der Beziehung. Und diese Beziehung tritt nicht zum Sein des Menschen hinzu, sondern es ist diese Beziehung. Davon zu reden ist aber nur möglich, wenn wir die konkrete Existenz nicht aus dem Auge verlieren. Und diese meint Paulus ja mit σῶμα [Leib]. Σῶμα ist nicht die leibliche Substanz, sondern das faktische, faktisch existierte Leben, wie besonders aus V. 10 hervorgeht. Alle Beziehung, auch und vor allem die zum Herrn, ist Leben, also konkret. Und so ist für Paulus der gnostische Gedanke der Nacktheit, also der Leiblosigkeit, identisch mit Lebens-, Seinslosigkeit, Beziehungslosigkeit, ja Existenzlosigkeit. Es ist also nicht einfach Leibfeindlichkeit, was hier bestimmend ist, sondern eine tiefe Einsicht in das Wesen vom menschlichen Dasein: es ist nichts für sich. Eine leiblose Seele ist nicht einmal Seele, sie ist existenzlos. Also der paulinische Gedanke belegt noch einmal, wie wenig wir es hier mit der Alternative Weltfremde oder Weltflucht zu tun haben. Paulus denkt auf ganz anderer Ebene – alles menschliche Leben steht und fällt mit dem Woraufhin des πρός, und das zeigt sich im konkreten Lebenswandel, Existenz = περιπατεῖν [wandeln] (V. 7).

5,11–21: Paulus kommt jetzt wieder thematisch auf sein Verhältnis zur Gemeinde in Korinth zu sprechen, und zwar so, dass an der Folge seines Amtes, seiner Aufgabe zugleich das Christsein schlechthin geklärt wird. Der Gedankengang entwickelt sich jetzt so weiter, dass Paulus nach der Erhebung und Erhellung der existentiellen Struktur des

§ 5: Versöhnung und Stellvertretung 191

Christseins nun auf die Begründung dieses Christseins, die Stiftung dieser Existenz zusteuert, nämlich Christus. Dazu eine wesentliche hermeneutische Bemerkung: Wenn Paulus das Christsein begründet, dann ist hier Begründung nicht im logischen, sondern im ontologischen oder existentialen Sinn gemeint: Das Christsein bzw. das wahre Menschsein ist in der menschlichen Existenz Jesu Christi wirklich geworden. Grund = Begründung, das ist also nicht bloss Grund im Sinne von *causa* [Ursache], *ratio* [Begründung], sondern im Sinne von *fundamentum*, auf dem das Haus gebaut wird; oder von Grund und Boden, in dem der Baum wurzelt; oder der Grund, in dem der Schiffsanker Halt findet. Darum ergänzte ich das Wort Begründung der christlichen Existenz durch das Wort Stiftung. Ich könnte auch sagen Verwirklichung. Wir können uns diesen Begründungszusammenhang innerhalb der Logik des Ganzen noch folgendermassen klar machen: Ich sagte, dass der Christ in diesem Leibesleben das πρὸς τὸν κύριον [Beim-Herrn]-Sein des Eschaton schon jetzt praeexistiert, nämlich im Wandel des Glaubens. Der Glaube ist die Praeexistenz des eschatologischen Seins πρὸς τὸν κύριον. Dem Glauben seinerseits geht aber eine leibliche, weltliche Praeexistenz seiner selbst voraus, und das ist Jesus Christus: Jesus Christus praeexistiert selbst die Existenz des Christseins, des Glaubenden, des wahren Menschseins. Er praeexistiert als der, der nicht für sich selbst, sondern für Gott und die Menschen lebt. Das heisst: Der Grund des Christseins ist nicht eine Theorie oder eine Anweisung oder ein Gebot – der Grund des Christseins ist die Person Jesu Christi selbst, die menschliche Existenz, das menschliche Dasein, das er als Person existiert hat, also ein versöhntes, ein mit Gott versöhntes Dasein; und nun ist der letzte Satz, das höchste Geheimnis: der Versöhnende in diesem versöhnten Dasein war Gott selbst (V. 19): θεὸς ἦν ἐν Χριστῷ κόσμον καταλλάσσων ἑαυτῷ [Gott war in Christus und versöhnte die Welt mit ihm selber]. Damit stossen wir nun auf die letzte Aussage, nämlich dass Gott es ist, der die versöhnende irdische Existenz Jesu praeexistiert – und damit sind wir bei den klassischen dogmatischen Praeexistenzaussagen angelangt.

Liegt aber der Grund der christlichen Existenz nun nicht in einer Theorie, in einer Anweisung, in einem Existenzentwurf oder wie auch immer das beschrieben, begründet ist, in also nicht einer blossen von uns zu realisierenden Möglichkeit, für deren Verwirklichung es natürlich genügend vernünftige Gründe gibt; ist vielmehr der Grund christlicher Existenz die Wirklichkeit dieser Existenz in der Person Jesu

Christi – denn eine Existenz kann ja, um menschlich zu sein, immer nur als individuelle, personale Existenz da sein –, ist das also alles so, so kann man sagen: Die Möglichkeit des Menschen, eine christliche Existenz zu führen, also für Gott, nicht sich selbst zu leben, also eine neue Kreatur zu sein – diese Möglichkeit liegt nicht in den Kräften des Menschen, der ein theoretisches Angebot in die Wirklichkeit umsetzt – diese Möglichkeit des Menschen liegt in der Wirklichkeit Jesu Christi als Person. Dies sagt Paulus ja auch ausdrücklich: eine neue Kreatur ist man, wenn man ein Christ ist. Unsere Möglichkeit, und nun können wir ja sagen: unsere Versöhnung, ist also in einer unserer Existenz vorausliegenden Wirklichkeit begründet, der Jesu Christi. Das heisst: unser eigenes Christsein, unsere eigene Wahrheit kann *per definitionem* nie als unser Werk in irgendeinem Sinn verstanden werden, denn sie liegt ja als Wirklichkeit uns schon voraus, nämlich als die Wirklichkeit Jesu Christi. Und hieraus ergibt sich nun das zentrale theologische Sprachproblem, das hier in der Sprachfigur des λόγος τῆς καταλλαγῆς [Wort der Versöhnung] auftaucht. Liegt nämlich unserem eigenen wahren Christsein als Leben für Gott und den Nächsten, als Versöhnung also, die Wirklichkeit Jesu Christi voraus – Gott war in Christus versöhnend –, so ist, wie Röm 10,4 sagt, durch Christus das Gesetz an sein Ende gekommen. Wäre das Gesetz hier in diesem Zusammenhang noch massgebend, d. h. würde die Sprache des Gesetzes in unserer Versöhnung noch massgebend sein, so wäre die Konsequenz eine doppelte:

a) Jesus Christus als mit Gott versöhnte Person wäre bloss das Vorbild für unsere Selbstversöhnung, die wir durch Gesetzeserfüllung selbst, gewiss am Vorbild Jesu Christi, vollziehen. Das heisst der paulinische Satz, dass Gott die Welt mit sich selbst versöhnt, würde von uns umgedreht in den Satz, dass wir selbst uns mit Gott versöhnen. Das heisst endlich, das Handeln Gottes in Jesus Christus wäre in ein Vorbild für unser Handeln uminterpretiert.

b) Zugleich aber wäre die Wirklichkeit Jesu Christi gar nicht mehr ὑπὲρ ἡμῶν [für uns], sie wäre Wirklichkeit für ihn selbst allein (*persona privata* – Luther, nicht *persona publica*); für uns würde diese Wirklichkeit auf reine Möglichkeit als Vorbild unseres Handelns zusammenschrumpfen.

Mit dieser in der Kirche heute und weithin schon immer üblichen Hermeneutik kommt man in unserem Text schon exegetisch nicht durch: Was heisst denn εἶναι ἐν Χριστῷ [Sein in Christus], wenn es nicht ein Sein im strengen Sinn bezeichnet? Was heisst denn: einer ist für alle gestorben, also sind alle gestorben, wenn nicht dies, dass auch in dem Tod auch unsere Werke eingeschlossen sind? Usw.

Die treibende Frage hinter all dem ist also die: Welche Sprache muss her, damit die Wirklichkeit Jesu Christi an uns nicht als blosse Möglichkeit für unsere Selbstversöhnung, sondern als Wirklichkeit unserer Versöhnung mit Gott zur Wirkung kommt? Wir stossen hier auf das theologische Fundamentalproblem der Unterscheidung von Gesetz und Evangelium, und wir sehen hier die Bedeutung des Problems: Ist Jesus Christus als Person die Wirklichkeit unserer eigenen Versöhnung, so erweist es sich, dass das Gesetz zu schwach ist, zu wenig konkret, um unsere Existenz mit dem Sein Gottes in Christus zu verbinden. Das Gesetz spricht uns an auf die Möglichkeiten, die in unseren eigenen Kräften liegen. Wenn aber die Möglichkeit unseres Seins, wie wir sahen, vollkommen ausserhalb der Möglichkeit unserer eigenen Kräfte liegt – denn sie liegt ja in der Wirklichkeit Jesu Christi –, dann ist das Gesetz viel zu schwach und kraftlos, um die Verbindung zwischen uns und Jesus Christus zu bewirken, also den Glauben. So kommt es denn, dass Paulus in unserem Abschnitt so zentral, so thematisch auf das Evangelium zu sprechen kommt, das hier als λόγος τῆς καταλλαγῆς erscheint. Denn, das ist die Pointe, im λόγος τῆς καταλλαγῆς vergegenwärtigt, praeexistiert sich die Versöhnung selbst, im λόγος τῆς καταλλαγῆς wird uns die in Jesus Christus verwirklichte Versöhnung als unser eigenes Versöhntsein präsent. Um diese Wirklichkeit anzunehmen, also um aus dem Leben für uns selbst herauskommen zu können, muss in uns unendlich viel mehr aktiviert werden als unser Tun, nämlich ein fundamentaler Wandel unseres Denkens, μετάνοια [Sinnesänderung/Kehre/ Umkehr/Busse], es müssen also Existenzvorgänge ausgelöst werden, denen gegenüber das Gesetz viel zu schwach und abstrakt ist. Das Gesetz kann unser Tun auslösen, und das ist seine Würde; um aber Glauben auszulösen, muss eine Sprache her, die dem Gesetz an Seinsmacht – an δύναμις, wie Paulus Röm 1,16 [sagt] – unendlich überlegen ist. Diese Sprache ist das Evangelium, der λόγος τῆς καταλλαγῆς.

[g) *Gesetz, Evangelium und Glauben*]
Ich möchte hier noch einige elementare Hinweise zum Verständnis von Gesetz, Evangelium und Glauben geben. Zum Gesetz: Wir verstehen Gesetz normalerweise als eine Sprachform, Sprachgestalt, die uns ein

Tun gebietet oder verbietet. Gesetz identifizieren wir sprachlich, und zwar besonders in der Theologie, als Gebot oder Verbot, also im wesentlichen ethisch. Das ist auch nicht falsch, aber es ist doch schon eine Verkürzung des Verständnisses des Gesetzes. Dieses Verständnis des Gesetzes hat seine geistesgeschichtliche und theologisch-geschichtliche Wurzeln, die ich hier nicht extensiv ausbreiten kann, aber ein entscheidender Hinweis ist der: Durch die Etablierung der Lehre vom *tertius usus legis* [dritten Gebrauch des Gesetzes] sind hier entscheidende Weichen gestellt worden. Diese Lehre vom *tertius usus legis* geht im wesentlichen auf Melanchthon und vor allem Calvin zurück, bei dem der *tertius usus* als *praecipuus usus legis* [eigentlicher, vorzüglicher Gebrauch des Gesetzes] bezeichnet wird, innerlich aber noch im Zusammenhang mit den beiden anderen *usus* steht. In der Neuzeit hat sich dieser *usus* in der Theologie, vor allem durch Barth und seine Epigonen, verabsolutiert und ist zum *unicus usus legis* [einzigen Gebrauch des Gesetzes] geworden. Und dadurch sind die anderen *usus*, vor allem der *theologicus*, aus dem Bewusstsein verschwunden. Gesetz wird verstanden als gebietende Sprache, und zwar so, dass sie dem Glauben dadurch in die Wirklichkeit verhilft, dass dem Glaubenden konkrete Taten geboten werden. In dieser Lehre vom dritten Gebrauch des Gesetzes und vor allem in seiner Etablierung zum *usus unicus legis* liegt eine ganz furchtbare Verkürzung des Verständnisses des Gesetzes, des Evangeliums, des Glaubens, ja der ganzen theologischen Ontologie: Die Lehre vom zum *unicus usus legis* gewordenen *tertius usus* könnte man darstellen als die christliche Entsprechung zum modernen Menschenbild des *homo faber*, des alles machenden Menschen; alles, was wirklich ist, was als Wirklichkeit zählt, macht der Mensch – im Bereich des christlichen Glaubens ist es der Mensch, der tätig verwirklicht mit Hilfe des Gesetzes, was das Evangelium ihm theoretisch vorgibt.

Nun stimmt dies in Wahrheit weder mit der Sprache der Bibel überein noch auch mit einem Verständnis der Welt und des Menschen, also einer Ontologie, die theologisch verantwortet werden könnte. Ich versuche dies kurz und dogmatisch zu skizzieren:

Was Gesetz ist, wird in der Theologie richtigerweise an der Heiligen Schrift geklärt, wie alles in dem Glauben; orientiert man sich am Katechismus Luthers und anderer, so wird das Gesetz vom Christen erkannt am Dekalog. Dessen 1. Satz, der ja der hermeneutische Schlüssel für das Ganze ist, lautet: «Ich bin der HERR, dein Gott, der ich dich aus Ägypten,

§ 5: Versöhnung und Stellvertretung

aus dem Sklavenhaus herausgeführt habe; du sollst keine anderen Götter neben mir haben» (Ex 20,2 f.; vgl. Dtn 5,6 f.). Aber auch Dtn 6,4 ff., das sogenannte *Sch'ma Israel*: «Höre Israel, der HERR ist unser Gott, der HERR allein; und du sollst den HERRN, deinen Gott, lieben von ganzem Herzen, von ganzer Seele und mit all deiner Kraft.» Dies also ist Grund und Zweck des Gesetzes: Ich bin der Herr, dein Gott. Der Sinn des Gesetzes erschliesst sich, wenn man den Kontext sieht, nämlich die Neigung des Menschen, andere Götter als Gott zu verehren, und solche anderen Götter neben Gott, seien sie auch noch so camoufliert, ist immer der Mensch. Das ganze Gesetz, der ganze Dekalog und darüber hinaus alles Gesetz bis hin zur Paränese zum täglichen Wohlverhalten ist also im Kern und Wesen theologisch. Erst in der Erkenntnis, dass das ganze Gesetz bis hin zum Obligationenrecht und Strassenverkehrsgesetz das Gottsein Gottes gebietet, sind das Wesen und die Funktion des Gesetzes wirklich erkannt. Was das Gesetz gebietet, was es dem Menschen gebietet, ist dies: Lebe so, dass dein Leben keine anderen Götter kennt als den lebendigen Gott. Was aber gebietet das Gesetz dann? Jedenfalls können wir sagen, es gebietet unendlich viel mehr als ein Tun und Handeln, wenn wir unter Tun und Handeln dieses oder jenes verstehen, die Vollbringung dieser oder jener Tat. Das Gesetz gebietet uns, biblisch gesprochen, ein Herz, ein ganzes Leben, ein Ich, ein Subjekt, ein Sein also, eine ganz umfassende Existenz, die Gott Gott sein lässt: «Du sollst den HERRN, deinen Gott, lieben von ganzem Herzen, von ganzer Seele und mit all deiner Kraft.» Mit diesen biblischen Begriffen wird ja angesagt: nicht ein Lebensakt, sondern das Leben, nicht ein Werk von dir, sondern du selbst, nicht deine Gedanken, sondern dein Denken, nicht einer oder der andere Schritt, sondern das περιπατεῖν [Wandeln] selbst soll Gott entsprechen. Das Gesetz gebietet also ein Sein, es gebietet dem Menschen ein Sein, ein Leben, und zwar ein neues Sein gegenüber dem alten, dem alten Leben, in welchem der Mensch viele, viele Götter neben dem Herrn hat. Es ist ja kein Zufall, dass im Munde Jesu dieses *Sch'ma Israel*, verbunden mit Lev 19,18, zur Zusammenfassung des Gesetzes zitiert wird (Mk 12,29 par); wobei es wichtig ist, darauf hinzuweisen, dass in Lev 19,18 das Gebot der Nächstenliebe schliesst mit dem Satz: «Ich bin der Herr». Ist das Gesetz in seinem Kern und Wesen theologisch, so kann es nur dann erfüllt werden, wenn sein theologischer Sinn erkannt ist, d. h. wenn der Mensch mit seinem Sein das Gesetz erfüllt. Das kann man nun aber, in Verbindung mit 2Kor 5,15 klar bestimmen: Nicht mehr sich selbst leben, sondern Gott. Das ist es ja, was das Gesetz gebietet, und das allein ist es, was das Gesetz wirklich erfüllt.

Wir können uns dieses Wesen des Gesetzes noch an anderen Texten klar machen, und ich zitiere einige: Josua 1,1-9.[122] Wie kann man, wenn man auf die Schlussverse blickt, denn Festigkeit und Unentwegtheit und Grauenlosigkeit und Furchtlosigkeit gebieten? Kann man denn Stimmungen gebieten? Aber was hier geboten wird, sind keine Stimmungen im Sinne psychischer Befindlichkeit. Sondern was hier geboten wird, das sind geistliche, theologische Existentialien, Existenz- oder Verhaltensweisen, also Bestimmungen unseres Lebens, damit unser Leben stimmt und eingestimmt ist. So wie ja ein Klavierstimmer dem Klavier nicht eine bestimmte Stimmung [willkürlich aufzwingt], sondern die Saiten in Übereinstimmung mit der ihnen bestimmten Tonhöhe bringt. Denn Josua gebietet ja nicht, ohne den Horizont anzugeben, in dem die Festigkeit und Unentwegtheit und Furchtlosgkeit angebracht sind: «denn der HERR, dein Gott, ist mit dir auf allen deinen Wegen». Also in diesem Mit-Sein des Herrn wurzelt, ja ist gegeben, was das Gesetz gebietet, und so sehen wir das Wesen des Gebots: Es ist das offenbar nicht selbstverständliche Wahrnehmen der Nähe, des Mit-Seins des Herrn, das hier geboten wird. Das ist gemeint, wenn es Dtn 6 heisst, «den HERRN lieben». Denn dieses Mit-Sein des Herrn wird vom Menschen offenbar unentwegt vergessen zugunsten des Mit-Seins des Menschen mit anderen Göttern.

Im Philipper-Brief 4,4-7 erscheint wieder das Gebot, die Sprache in Form des Gebots, und wieder gebietet das Gebot, ganz analog zum Josua-Text, nicht diese oder jene Tat, sondern ein Sein, dieses Mal die Freude. Die Freude ist ebenfalls mehr als eine Stimmung, sie ist ein Existential, ein allerdings eben nicht einfach vorhandenes Existential; sie ist eine mögliche Wirklichkeit. Sie ist deswegen nicht einfach da, weil die Menschen nicht in der Wirklichkeit leben, in der die Freude wirklich ist, der Nähe des Herrn. Wie Josua eröffnet daher Paulus den Horizont der Freude durch den Satz: Der Herr ist nahe, wie Josua sagte: der Herr ist mit dir. In der Nähe Gottes ist Freude das Angemessene, das wahre Sein des Menschen; ist Gott nahe, so ist die Freude gegeben, weil der Grund zur Freude gegeben ist. Aber weil eben die Menschen andere Götter haben, sich von anderem bestimmen lassen, muss die Freude geboten

---

122 Alttestamentliche Losung für den Neujahrstag 1993.

werden, weil sie das Sein des Menschen ist, das Gott sich nahe sein lässt. Freudlosigkeit ist ein Zeichen, dass der Mensch sich Gott nicht nahe sein lässt, ist ein Zeichen dafür, dass der Mensch das erste Gebot und damit das ganze Gesetz nicht erfüllt. (Man könnte noch darüber nachdenken, dass Freude nicht in der Nähe von ‹Göttern neben mir›, von Götzen, vorkommen kann, und daher ist es wohl letztlich wahr, dass Geld, nämlich der Mammon, nicht glücklich macht, aber auch andere Götzen nicht.)

Ein dritter Text ist Galater 5,1 ff. Dieser Text ist die grossartigste Offenbarung des Wesens des Gesetzes in der ganzen Bibel, denn er verbindet, was uns als extremer Gegensatz erscheint, Gesetz und Freiheit, ohne doch nur im geringsten die absolute Antithese von Gesetz und Freiheit, Gesetz und Evangelium aufzuheben. Was wir über den Dekalog und das Gesetz im allgemeinen sagten, kehrt hier wieder: Das 1. Gebot, so sahen wir, enthüllt das Wesen des ganzen Gesetzes. Das Gesetz gebietet also, sich auf Gott und seine Wirklichkeit einzustellen. Hier spricht Paulus davon, dass uns durch Christus die Wirklichkeit der Freiheit vorgegeben ist. Christus hat die Freiheit verwirklicht und uns zu ihr befreit; das wird durch die Pronomen ausgedrückt. Und nun spricht Paulus in der Form eines Gebotes: «So steht nun fest ...» Das Gesetz also dient hier nicht dazu, uns anzuweisen, die durch Christus verwirklichte Freiheit zu verwirklichen – das wäre der 3. *usus*. Sondern das Gesetz dient dazu, uns in die Entsprechung zu dieser Freiheit einzuweisen. Wir sollen, sagt das Gebot, nun so leben, wie es der Verwirklichung unserer Freiheit entspricht. Sehen wir nun zu, wovon, im Kontext, Christus uns befreit hat, so ist es klar: er hat uns vom Gesetz befreit, indem er uns unmittelbar zu Gott befreit hat. Damit aber hat er die tiefste und wahre Intention des Gesetzes erfüllt, dessen Wesen ja im 1. Gebot erscheint. Wenn Paulus also das Gesetz selbst sagen lässt: «Sehet zu, dass ihr nicht wieder in das Joch der Knechtschaft zurückfallt», so lässt er das Gesetz wirklich sagen, was es in Wahrheit sagen will, er interpretiert das Gesetz also theologisch, im *usus theologicus*.

Versuchen wir nun, uns dieses Phänomen, nämlich dass das Gesetz in Wahrheit das 1. Gebot ist, dass alle Einzelgesetze und -gebote ihren Sinn in diesem Gebot haben, noch durchsichtiger zu machen, angesichts des Umstandes, dass das Gesetz ja auch dies und das gebietet, zum Beispiel das höchst unbeliebte Zahlen von Steuern usw. Wir stossen hier auf den *usus politicus* des Gesetzes, von dem sich dann der *usus tertius* als spezifischer *usus* für den Wiedergeborenen noch abgespalten hat.

Um hier weiter zu kommen, greife ich auf eine alte scholastische Unterscheidung zurück, nämlich das Verständnis des Gesetzes *secundum intentionem praecipientis* [nach der Absicht des Gesetzgebers] und *secundum substantiam praecepti* [nach dem Wesen der Vorschrift]. Die Intention des Gesetzgebers, also Gottes, ist das 1. Gebot: Das 1. Gebot offenbart die Intention Gottes und also den Sinn des ganzen Gesetzes. Was wir den *usus theologicus* nannten, das ist also die Intention des Gesetzgebers. Nun heisst das nicht, dass wir bloss Gott als den Geber des Gesetzes ansehen, um daraus die Autorität des Gesetzes abzuleiten. Also die Intention des Gesetzgebers, die sich im Sinn und Zweck und der Funktion des Gesetzes niederschlägt, ist keineswegs die blosse Anerkennung Gottes als des Gesetzgebers. Sie ist vielmehr die Verehrung Gottes als des wahren Gottes, des Stifters und Schöpfers alles Seienden im Gegensatz zur Verehrung anderer Götter neben usw. Wenn Gott das Gesetz als Hinweis und Weg zu sich, Gott, erlässt, so heisst das also keineswegs bloss: Das Gesetz hat den denkbar höchsten Gesetzgeber und daher ist es absolut autoritativ. Wäre das so, so hätte Paulus nicht sagen können, das Gesetz sei zwischenhineingekommen (Röm 5,20) bzw. von den Engeln gegeben (Gal 3,19). Die Intention Gottes ist viel elementarer. Weil Gott sieht, dass die Menschen andere Götter neben ihm haben und weil dies *das* theologische und menschliche Urproblem ist, gibt Gott dem Gesetz die Intention, auf ihn, Gott, zu verweisen, als den Schöpfer und Geber alles Wirklichen. Die Intention des Gesetzes ist also nicht die Tat des Menschen, sondern Gott bzw. die Verehrung und Anbetung Gottes durch den Menschen, und auf diesen theologischen *usus* muss das ganze Gesetz abgestellt werden. Dieser theologische *usus*, oder, wie wir nun sagen können, die theologische Intention des Gesetzes hat zwei Seiten, zwei Aspekte, die sich genau widerspiegeln in der zweigesichtigen Formulierung des 1. Gebots: Ich bin der Herr, dein Gott, du sollst keine anderen Götter neben mir haben. Der *usus theologicus legis* bedeutet also einmal, dass das ganze Leben des Menschen Gottesentsprechung sein soll, also Glauben, dass der Mensch alles und jedes, was ist, in jedem Moment seines Lebens dadurch aus Gottes Händen empfangen soll – Gott ist der Schöpfer alles Sichtbaren und Unsichtbaren. Das Gesetz gebietet also die Einstellung unserer Existenz auf Gott als Schöpfer. Die 2. Hälfte des Satzes offenbart, dass dies aber offenbar nicht geschieht, sondern dass der Mensch andere Götter hat, neben Gott oder gar ganz ohne Gott, dass er also Sünder ist.

§ 5: Versöhnung und Stellvertretung

Und dies ist nun die Problematik, mit der sich die Theologie beschäftigt. Das Urproblem des Gesetzes ist also mit dem Urproblem unseres Lebens identisch: Dass wir anderem, das nicht Gott ist, nämlich uns selbst und zeitlichen Gütern, den Rang des Göttlichen geben. Und das ist Sünde. Und somit zeigt sich die 2. Seite am *usus theologicus legis* nämlich folgendermassen: Da das Gesetz theologisch ist in dem Sinne, dass es uns die Anbetung Gottes, also den Glauben, gebietet, so ist es theologisch auch in dem Sinn, dass es uns enthüllt, dass wir eben das nicht tun; der *usus theologicus* besteht also auch in der Offenbarung des Menschen als Sünder, vgl. Röm 3,20.

Dies hängt nun damit zusammen, dass die Verbindung zwischen der *intentio praecepti* und der *substantia praecepti* verloren gegangen ist. Das Gesetz, und das habe ich mit Absicht durch den Hinweis auf das Steuergesetz zu verdeutlichen versucht, gebietet uns ja in der Tat dies und das. Aber der Sinn der Substanz des Gebotenen erschliesst sich erst durch die Erkenntnis der Intention des Gebietenden. Nun ist es aber die weltverändernde, zumindest die möglicherweise weltverändernde Erkenntnis Jesu und des Paulus und des NT, dass das Verständnis des Gesetzes durch den Sünder diesen Zusammenhang zerrissen hat. Und aus dieser Erkenntnis resultiert die ganze paulinische Theologie, die das Gesetz heilig, gerecht und gut nennt und doch sein Ende verkündet. Denn der Sünder kann sehr wohl das Gesetz als von Gott gegeben verstehen, Gott als Gesetzgeber also, und das Verständnis Gottes als Gesetzgeber, dieses Gottesbild ist durchaus mit der Existenz des Sünders vereinbar. (Darum bekennt der Glaube in dem Credo Gott nie als Gesetzgeber, sondern als Schöpfer!!) Der Sünder nämlich macht sich selbst zum Subjekt, das verwirklicht, was das Gesetz gebietet, und damit offenbart er sich als Sünder, d. h. als einer, der einen Gott neben Gott hat, nämlich sich selbst, und zwar im präzisen Sinn von Gen 3: Indem er das zu verwirklichen meint, was Gott ja schon längst verwirklicht hat, nämlich alles, was das Gesetz gebietet, gebärdet er sich wie Gott. Das kann er aber nur, weil er die theologische Intention, Dimension des Gesetzes nicht wahrnimmt, vergessen hat, ja sogar bekämpft und ablehnt, nämlich dass das Gesetz den Menschen auf Gott als Schöpfer, auf die Nähe des Gottes alles Wirklichen einstellt. Der Sünder also, der sich selbst als Verwirklicher der Substanz des Gebotenen aufführt, hat faktisch die Intention des Gesetzgebers vergessen, und daher wird er durch das Gesetz faktisch immer mehr zum Sünder gemacht. Man kann das Problem scharf so beschreiben: Indem der

Mensch, der Sünder, die Intention des Gesetzgebers vergisst oder missachtet, muss er seinerseits das Gesetz theologisieren, aber mit sich selbst als Gott, der realisiert, was das Gesetz gebietet, und damit auch die Substanz des Gebotenen verkehrt. Denn die Substanz des Gesetzes, innerhalb der Intention des Gesetzgebers ausgelegt, besagt ja, dass das Gesetz uns nicht die Verwirklichung des Gebotenen gebietet, das hat ja schon Gott, der Schöpfer aller Dinge getan, sondern das Gesetz gebietet uns die Pflege der Schöpfung, den sorgsamen Umgang mit ihr, die Bearbeitung des irdischen Materials und die Freundschaft zu Mensch, Tier und Pflanzen als Geschöpfe Gottes (Gesetzes-Auslegung Jesu). Dieser endliche Umgang mit dem Gesetz, also das Abschaffen des *abusus legis* [Missbrauch des Gesetzes] durch den Sünder, ist aber nur möglich durch den Wiedergewinn der Erkenntnis des *theologicus usus legis*, der Intention Gottes als des Schöpfers. Denn nur dann, wenn wir den theologischen Sinn des Gesetzes sehen, Gott als Schöpfer von allem, können wir auch den *usus politicius legis*, nämlich die Hut und Pflege der Schöpfung, erkennen. Diese Erkenntnis aber ist, ich betone nochmals den biblischen Erkenntnisbegriff, ein Wandel des Lebens selbst, die Rechtfertigung des Sünders oder, und damit sind wir wieder bei 2Kor 5, der Versöhnung, der καταλλαγή, durch Gott. Wir können jetzt verstehen, warum im NT die Liebe als des Gesetzes Erfüllung erscheinen kann (Mt 22,36–40; Röm 13,9 f.; Gal 5,14). Denn zwar erschafft Gott alles das aus dem Nichts, was er liebt. Aber das heisst, dass der Mensch nur lieben kann, was schon ist, die menschliche Liebe kann nur das Gegebene lieben. Und wenn der Mensch das, was er lieben will, erschaffen will, so macht er sich zu Gott und wird schlimmer als der Teufel. Die Liebe aber ist Sorgfalt für das Gegebene, seine Pflege und die Ehrfurcht vor allem Seienden als dem Geschöpf Gottes, einschliesslich seiner selbst. Und so kann der wahre Erfüller des Gesetzes als der Liebende beschrieben werden, der Gott liebt und den Nächsten; und die Liebe zu Gott ist dann die Erfüllung der *intentio praecipientis*, [die Liebe] zum Nächsten die Erfüllung der *substantia praecepti*. Dieser Gedanke, dass die Liebe des Gesetzes Erfüllung ist, liegt ja auch dem schönen Satz des Aristoteles zugrunde: τὰ δὲ ὄντα οὐ βούλεται πολιτεύεσθαι κακῶς [das Seiende aber mag nicht schlecht beherrscht sein][123].

---

123 Aristoteles, Met. Λ 10, 1076a3, in: Aristoteles' Metaphysik Griechisch – deutsch. Zweiter Halbband, übers. von Hermann Bonitz, hg. von Horst Seidl, Hamburg ³1991, 274/275.

Und ebenso dem Satz des Augustin: «Dilige, et quod vis fac.»[124] Zum Augustin-Zitat vgl. Tersteegen: «Liebe Gott von ganzem Herzen, hast du dies Gebot erfüllt, Mensch, ich sag dir ohne Scherzen, tu dann immer, was du willt.»[125]

Wir sehen bei einem Rückblick nun, dass der Sünder die theologische Dimension des Gesetzes verkennt, und seltsamerweise kann man das am deutlichsten beim *usus tertius* beobachten, der ja merkwürdigerweise die *intentio praecipientis* ausblendet, indem er das Gesetz auf das Subjekt des sich selbst heiligenden Menschen auslegt. Die Verkennung des theologischen Sinnes des Gesetzes ist das elementare Grundproblem des Gesetzes. Und diese Verkennung, die ja ein existentieller Vorgang ist, ist die Wirklichkeit des Menschen als Sünder. In Wahrheit aber, so sahen wir, gebietet das Gesetz dem Menschen, dass er eben kein Sünder sei, sondern ein Gerechter, und das heisst ein Glaubender und Liebender, d. h. das Gesetz gebietet dem Sünder, ein anderer zu sein, als der er ist. Wir erinnern uns daran, dass das Gesetz ein Sein gebietet, kein blosses Tun.

Nun müssen wir uns einer Frage stellen, welche die theologische Erkenntnis betrifft. Wir sind ja alle Sünder, und wenn doch das Wesen des Sünders in der absoluten Verkennung des theologischen Wesens des Gesetzes besteht, woher können wir denn diese Erkenntnis haben, ja, woher können wir denn diese Erkenntnis existieren? Der grösste Experte in dieser Frage nach dem NT, Luther, hat lebenslang auf dieses Problem hingewiesen, dass das Leben, Existieren dieser Erkenntnis ausserordentlich schwer ist, weil der Mensch immer wieder sich selbst als Gott neben dem wahren Gott verehrt und die Einkehr in seine Endlichkeit verweigert. Wenn wir nun sagen, was ja jetzt dogmatisch fällig ist, dass wir die Erkenntnis des Gesetzes und vor allem seines theologischen Charakters durch Jesus Christus haben, dass es also das Evangelium ist, das uns das Wesen des Gesetzes enthüllt, so heisst das nicht, dass Jesus uns die theologische Erkenntnis mitgeteilt, bloss gelehrt habe; vielmehr hat er sie gelebt, d. h. er hat das Gesetz nicht nur auf die Wirklichkeit des Schöpfers ausgelegt, sondern er hat diese Wirklichkeit auch existiert, bis zum Tode am Kreuz. Er hat also die Gegenwirklichkeit zum Sünder existiert, er hat, der neue Adam, die Wirklichkeit des Sünders nicht existiert, sondern die des Versöhnten.

---

124 [Augustin, In Epistulam Ioannis ad Parthos, VII, 8 (PL 35, 2033)]
125 Gerhard Tersteegen, Geistliches Blumengärtlein I, 160.

Sie erinnern sich daran, dass ich sagte, der Grund unseres Glaubens sei keine Theorie, sondern die Wirklichkeit Jesu Christi. Die Erkenntnis des Gesetzes kommt also von dem her, der das Ende des Gesetzes nicht verkündigt hat, sondern der es war (Röm 10,4), indem er zugleich das Ziel des Gesetzes war, nämlich der Versöhnte, der das Gesetz von der *intentio praecipientis* her lebte. Und dadurch wurde er nun zum Inhalt einer neuen Sprache, eines neuen logos, des Evangeliums, des λόγος τοῦ σταυροῦ [Wort vom Kreuz] (1Kor 1,18) oder des λόγος τῆς καταλλαγῆς (2Kor 5,19 f., [s. o.]). Denn das Evangelium bringt nun dem Sünder jene Wirklichkeit zu, die das Gesetz ihm gebietet, die er als Sünder aber nicht verwirklicht, nämlich die Wirklichkeit des Versöhntseins als Wirklichkeit Jesu Christi. Hier sehen wir nun das absolut Neue am Evangelium und seinen unauflöslichen Zusammenhang mit dem Gesetz: Das Gesetz gebietet dem Sünder, Gottes Gottheit zum Ziel seines Wandels zu machen, also kein Sünder zu sein, sondern ein Glaubender, Versöhnter. Aber dieses verwirklicht der Sünder nicht, und so wird diese Wirklichkeit ausserhalb seiner verwirklicht in Jesus Christus und ihm durch das Evangelium zugeteilt.

Fragen wir nun zum Schluss noch, als was man Sünde innerhalb dieser Bestimmung von Gesetz und Evangelium wenigstens formal beschreiben könnte. Zunächst muss man sich hermeneutisch ganz klar machen, dass jede Bestimmung von Sünde auszugehen hat vom Sünder bzw. von der Sünderin. Die Sünde ist kein Ding, keine Substanz, sondern die Sünde ist die Störung bzw. Zerstörung von Ordnung, des Schöpfungszusammenhangs; also Sünde ist, wie ich sagte, der Ausbruch des Menschen aus dem Gesetz im beschriebenen Sinn, dem νόμος-κόσμος [Gesetzes-Welt]. Dass Sünde kein Ding ist, sondern eine Verhältnisbestimmung, nämlich die Bestimmung eines gestörten Verhältnisses, diese Bedeutungsschwere teilt die Sünde mit anderen theologisch zentralen Begriffen. Gnade, Gerechtigkeit, Leben, Liebe – das alles sind keine Substanzen, keine dinglichen Begriffe, sondern Verhältnisbeschreibungen – Gnade usw. bezeichnen die Versöhntheit unseres Gottesverhältnisses. Dass diese Begriffe keine Substanzen bezeichnen, schwächt nicht, sondern stärkt ihre ontologische Bedeutung. Ich mache Ihnen das an einem banalen Beispiel deutlich: Ein Auto ist ohne Zweifel ein Ding, und ein Defekt am Auto ist ein Defekt an einem Ding. Die Liebe oder Freundschaft zwischen zwei Menschen ist kein Ding, sondern ein Verhältnis, und zwar zweier Personen. Wenn Sie sich nun klar machen, um wie viel einfacher es ist, ein defektes Auto zu heilen als eine defekte Liebe, so sehen Sie, dass Verhältnisse ontologisch nicht schwächer sind als Dinge, sondern stärker, und die entsprechenden Defekte auch. Sünde ist also eine gestörte, durch hybrides Verhalten des Menschen gestörte Ordnung. Theologisch aber gebrauchen wir den Begriff Sünde für die Störung des Verhältnisses zu Gott (wenn wir auch Verkehrssünder sagen): *aversio a Deo*. Die *aversio a Deo* [Abwendung von Gott] hat aber die *conversio* zu den *bona commutabilia* [austauschbaren Gütern] zur Folge, und so bedingt, verursacht die Störung des Gottesverhältnisses auch eine Störung des Weltverhältnisses: Das ökologische, ich sage jetzt: das oikologische Problem ist eine Funktion des theologischen. Theologisch gesehen muss man sagen: Das Weltverhältnis kann nur wieder in Ordnung kommen, wenn das Gottesverhältnis in Ordnung ist – also in der Versöhnung. Denn die Sünde hat ihr Wesen ja als Sünder.

Innerhalb dieses formalen Rahmens nun ist Sünde unerschöpflich beschreibbar: Man könnte sagen, in Parodie eines alten Satzes, *quot peccatores, tot peccata* [wie viele Sünder, so viele Sünden]. Aber auch hier lässt sich so etwas wie eine fundamentale materiale Bestimmung der Sünde aufstellen: Sünde bzw. das Verhalten des Sünders besteht gegenüber Gott darin, dass er in seiner Empfänglichkeit weit hinter dem zurückbleibt, was Gott ihm gibt (*desperatio* [Verzweiflung]), und die Ursache davon ist, dass er nimmt bzw. nehmen will, was ihm unerreichbar ist, die Gottheit Gottes, dass der Sünder also weit über das hinausgreift, was Gott ihm zu geben bereit ist.

Mit dieser Umschreibung habe ich den alttestamentlichen Sachverhalt des Greifens nach der Gottheit mit dem griechischen der Hybris verbunden. Sünde ist also das Verlassen der Mitte, nämlich der Hinordnung des Menschen auf Gott und damit der Zuwendung zur Welt. Dieses Verlassen der Mitte ist die Abwendung des Menschen von Gott und die Zuwendung zu sich selbst. Die Versöhnung des Menschen, also die Hinwendung des Menschen zu Gott und die Abwendung des Menschen von sich selbst ist also der Gegensatz zur Sünde – damit stehen wir hier bei der Kernaussage von 2Kor 5, nämlich V. 15.

Ich habe hier versucht, programmatisch die Hauptgesichtspunkte und deren Zusammenhang zu skizzieren, vor allem eben auf die Einheit von christlicher Existenz = Amt, Sein Jesu Christi und λόγος τῆς καταλλαγῆς hinzuweisen. Diese Einheit ist das Thema des Paulus im Disput mit den Korinthern. Der paulinische Disput mit den Korinthern geht nicht um Peripheres, sondern um Existenz und Essenz der Kirche selbst – und weil es ja, wie ich hoffe, auch uns darum geht, so ist es die Sache schon wert, sich ganz in sie hineinzudenken.

Ich gehe nun den Abschnitt einzeln durch, wobei es mir wiederum auf die Herausarbeitung des Gedankenganges ankommt.

[h] 2Kor 5,11–15]

«V. 11: In Kenntnis (kennend – οἶδα [ich weiss/kenne] immer wie alle biblischen Termini der Erkenntnis existentiell) also durchaus: lebend, auslebend die Furcht des Herrn überreden wir Menschen, Gott aber sind wir offenbar (gemacht worden); ich hoffe aber, auch in eurem Gewissen offenbar zu werden. 12: Nicht wiederum empfehlen wir euch uns selbst, sondern wir geben euch Anlass, euch unsertwillen zu rühmen, damit ihr (ein Argument) habt denen gegenüber, die sich im Äusserlichen rühmen und nicht im Herzen. 13: Denn wenn wir ausser uns waren, so für Gott; sind wir besonnen = bei Sinnen, so für euch.»

Paulus kommt hier wieder auf sein apostolisches Wirken zu sprechen, aber wir sahen ja, dass man an diesem Wirken durchaus die wesentlichen Momente des Christseins selbst beobachten und klären kann. Wenn Paulus Menschen überredet = zu überzeugen versucht, und es ist ja klar, dass er das meint, was er V. 19 f. beschreibt, dann tut er natürlich ein sichtbares Werk: Er tritt auf, er spricht, er denkt, er sammelt Argumente und sprachliche Formulierungen – denn man muss sich schon Mühe geben, um den λόγος τῆς καταλλαγῆς [Wort der Versöhnung] aus- und anzusagen. Und nun scheint sich in Korinth eben daran das Problem entzündet zu haben: Da gibt es offenbar Grossevangelisten, Machtphänomene, die sich ihrer Wirkung bewusst sind, die also das Schwergewicht auf ihr persönliches Auftreten verlegen, auf ihr πρόσωπον [Angesicht] (V. 12). Da kann Paulus nicht nur nicht mithalten, sondern er darf es auch gar nicht können und wollen (Sünde). Natürlich muss auch er wirken wollen, aber das geschieht in der Furcht des Herrn und im Offenbarsein vor Gott. Damit greift er auf V. 10 zurück: Das einzige Kriterium für die Wahrheit seines Wirkens ist das, ob es πρὸς τὸν κύριον [bei dem Herrn] ist. Denn sein Wirken an den Menschen, sein Wille, sie zu überzeugen, hat ja einzig das Ziel, diese Menschen ihrerseits πρὸς τὸν κύριον zu bringen. Dies ist der tiefste Differenzpunkt mit den Gegnern in Korinth, die die Menschen durch Kraftakte an sich selbst binden. Paulus aber will das πρὸς τὸν κύριον-Sein, das er an sich selbst

§ 5: Versöhnung und Stellvertretung

lebt und erfährt, auch bei den anderen erwecken. Und er hofft nun, dass die Menschen in Korinth das selbst verstehen – V. 11b: dass sie also dies erkennen, dass es dem Paulus in seiner Verkündigung um die Versöhnung der Menschen geht, nicht um sich selbst. Und daraus ergibt sich nun der Gedanke: Also empfehlen wir uns wiederum selbst, aber wenn ihr in eurem Gewissen erkannt habt, wer wir (Paulus) sind, dann kann ich mich selbst zwar nicht rühmen wollen, aber ihr könnt euch meinetwegen rühmen – warum denn: Weil ihr in euren Gewissen erkannt habt, dass es mir (Paulus) in meiner Verkündigung um euer Sein πρὸς τὸν κύριον geht. Ihr könnt also den Gegnern entgegegenhalten: Dem Paulus geht es nicht um sich und um die Machtfülle seines Amtes, sondern dem Paulus geht es um uns und unser Sein zu Gott. Er schliesst diesen Gedankengang mit einem Vers, der offenbar direkt auf die Lage in Korinth abstellt und scharf abgrenzt: Offenbar hat auch Paulus Ekstasen, aber die sind virulent allein zu ihm und Gott. Sie sind auf keinen Fall konstitutiv für Amt und Verkündigung, sie dürfen es auch nicht sein, denn dadurch würden ja die Korinther an den Apostel gebunden. Das wäre aber *per definitionem* unapostolisch, denn das Apostelamt, also das Amt und das Christsein überhaupt, ist ja dadurch definiert, dass es die Menschen an den Herrn bindet. Das aber geschieht durch den Logos, durch klare Sprache – also durch σωφρονεῖν [vernünftig sein] (V. 13). Allein im σωφρονεῖν ist der Christ für andere.

> V. 14: «Denn die Liebe des Christus hat von uns Besitz ergriffen, die wir vertreten, dass einer für alle gestorben ist; also sind alle gestorben.»
> Συνέχει: hält uns zusammen (damit wir nicht auseinanderfallen).
> V. 15: «Und für alle ist er gestorben, damit die Lebenden nicht mehr sich selbst leben, sondern dem, der für sie gestorben und auferweckt worden ist.»

Wir haben gesehen, wie auch in Vv. 11–13 Paulus das Christsein als das Nicht-für-sich-selbst beschrieben hat. Gewiss sind mit dem Christsein auch Ekstase, also religiöse Erfahrungen verbunden, aber selbst sie dienen Paulus zum Exempel für seinen Grund-Satz: Die Ekstasen sind nicht für den andern; denn sie würden den andern nicht an Gott, sondern an den Ekstatiker binden. Weil es im Christsein um den Bezug zum κύριος [Herr] geht, ist σωφρονεῖν, klare Sprache, geboten. Nun stürzt Paulus mit einem gewaltigen Schritt in die Begründung. Zuerst sehen wir, mit dem angeschlossen, den Zusammenhang zwischen Klarheit des Denkens und der Liebe. Ja, man könnte sagen: Liebe ist Klarheit des Denkens und Sprechens. Das Liebeselement ist das σωφρονεῖν. Hinzu kommt, dass es ja, wenn es um den Glauben geht, um die Liebe des Christen geht. ἀγάπη τοῦ Χριστοῦ wird man hier ganz umfassend als Christusliebe zu verstehen haben: Es ist Christi Liebe zu uns, unsere Liebe zu Christus, es ist die Wirklichkeit des Seins ἐν Χριστῷ: In-Christus-Sein ist das Sein im Raum der Christusliebe. Was sich hier aus und durch die Verbindung mit V. 13c und dem ganzen Kontext [erschliesst], wirft ein Licht auf das Wesen der Liebe: Liebe ist kein ethisches oder psychisches Phänomen, sondern ein ontisches. Liebe ist Bezug Gottes zu den Menschen, des Menschen πρὸς τὸν κύριον und πρὸς τὸν πλησίον [zum Nächsten]. Und ein wesentliches Kriterium für den Inhalt der Liebe ist das συνέχειν [zusammenhalten]: Man kann das so ausdrücken: Ob der Nächste etwas hat von meiner Liebe zu ihm, das zeigt sich daran, ob das, was er hat, ablösbar von mir ist oder nicht; ob ich dem Nächsten etwas vermittle, das von mir unabhängig ist oder nicht; ob ich den Nächsten für die Erfahrung der Liebe an mich binde oder an Gott. Darum also muss gerade die Liebe bei Sinnen sein, damit sie Liebe bleibt. Ich denke, dass diese Vergessenheit des ontologischen Wesens der Liebe der Grund dafür ist, dass wir heute so viel von Diakonie, Gemeinschaftsverpflichtung, Ethik usw. reden müssen: All dies zeigt die erschreckende Abwesenheit der Liebe an. Unser exzessives Reden von Liebe ist das Indiz ihrer Abwesenheit. Wenn der Satz des Augustin: «Dilige et quod vis fac» (s. o.) wahr ist, dann ist die Herrschaft der Gesetzesrede in unserer Kirche und Gesellschaft der sichere Indikator für die Abwesenheit der Liebe.

Nun verknüpft Paulus die Liebe nicht bloss durch γάρ [denn] mit συνέχειν, sondern durch die Apposition κρίναντας [zu κρίνω, urteilen, zur Überzeugung gelangen] wiederum mit einem logischen Phänomen, nämlich mit dem Urteil. Der Gegenstand dieses Urteils ist nun die Aussage über den Tod Christi. Zunächst muss man sehen: Das Besessen-Werden, das Zusammengehaltenwerden von der Liebe Christi wirkt sich in einem Urteilen der Christen aus, dessen Inhalt die folgenden inhaltlich schweren Sätze sind. Ein Urteil im logischen Sinn ist eine klare Aussage über eine Wahrheit, und zwar eine zustimmende Aussage. Diese Aussage lautet: einer ist für alle gestorben, also sind alle gestorben usw.; und diese Aussage wird gemacht in jenem Raum, in jenem Sein, das durch die Liebe Christi bestimmt wird. Die Liebe Christi – das ist der Seins-, der Aufenthaltsort der Kirche, wir könnten sagen: das ist das σῶμα τοῦ Χριστοῦ [Leib Christi], das ἐν Χριστῷ-Sein – die Liebe Christi

§ 5: Versöhnung und Stellvertretung

also ist der Ort, an dem das Urteil gilt: einer ist für alle und also sind alle gestorben usw.

Um diese Sätze nun verständlich zu machen, resümieren wir die wesentlichen entwickelten Gesichtspunkte: zuerst den, dass Christus sich im ganzen Kontext von 4,5 an in allen Facetten und sprachlichen Variationen immer darstellen lässt auf die Grundaussage V. 15 hin. Was immer Paulus sagte, dieser Grundgedanke ist das Gestaltungsprinzip jeden Satzes und ist darum der hermeneutische Schlüssel für das Ganze. Im engeren Kontext sind es die Wörter σωφρονεῖν, κρίνειν und ἀγάπη, die den hermeneutischen Rahmen abgeben. Innerhalb dieses hermeneutischen Rahmens stellen wir jetzt vier Fragen, Fragen, die zunächst einmal die Besonnenheit, die Urteilsfähigkeit und die Liebe herausfordern:

a) Das Urteil des Paulus lautet zuerst: einer ist für alle gestorben. Es ist klar, dass er an Jesus Christus und seinen Kreuzestod denkt. Er deduziert das gar nicht, sondern zitiert ihn als offenbar christliche Selbstverständlichkeit. Stellen wir die Frage aber so: Es sterben ununterbrochen Milliarden, und es werden, auch zur Zeit Jesu, immer wieder Menschen hingerichtet: warum ist dieser eine Tod so einzigartig, dass er erstens uns bis heute noch beschäftigt und betreffen soll und dies, zweitens, weil es ein Tod für alle und also auch für uns sein soll? Inwiefern ist ein Tod überhaupt für andere, und dann noch für alle, denkbar?

b) Inwiefern sind, wenn einer gestorben ist, also = ἄρα[126] alle gestorben? Welche Logik steckt in dem ἄρα, wenn denn überhaupt eine darin steckt? Gerade der religionsgeschichtlich reich belegte Opfergedanke würde ja eine konträre Aussage erfordern: einer stirbt gerade deswegen für andere, damit diese nicht sterben müssen. Nun ist aber nach Paulus der Tod aller die Folge des Todes Christi.

c) Welche Logik liegt schliesslich darin, dass alle, für die Christus gestorben ist und die «also» alle gestorben sind, in V. 15 als die Lebenden, οἱ ζῶντες, erscheinen? Wäre dieser Satz nicht, auch gerade im Zusammenhang antiker Sühne- und Opfertodvorstellungen, viel logischer angeschlossen an den Tod für alle, wenn der ἄρα-Satz fehlte?

---

126 [ἄρα im Nachsatz von Bedingungssätzen, zur stärkeren Hervorhebung der Folge «so ... folglich» (Walter Bauer, Griechisch-deutsches Wörterbuch zu den Schriften des Neuen Testaments und der frühchristlichen Literatur, 6. Aufl., hrsg. von Kurt u. Barbara Aland, Berlin/New York 1988, 209)]

d) Und mit diesen Fragen hängt eine vierte zusammen, nämlich die Inkongruenz im logischen Zusammenhang von V. 14 und 15: einer ist für alle gestorben, also sind alle gestorben. Zweck des Todes aber ist das Leben für den, der für alle gestorben, aber nicht nur gestorben, sondern auferweckt wurde. Wir stehen jetzt im Zentrum der Soteriologie, der Versöhnungslehre; die konventionelle Aussage ist: Der Tod Christi, das Kreuz Christi steht im Zentrum der Versöhnungslehre. Und es ist zu fragen, welches genau seine Bedeutung ist.

§ 6: Tod Christi und Versöhnung des Menschen als Handeln Gottes

[1. Der Zweck des Todes Christi]

Ich beginne hier einen neuen Paragraphen, obwohl wir in der Orientierung an und Auslegung von 2Kor 5 fortfahren, aber ich will dies nun etwas mehr zusammenfassend und systematisch tun, nachdem ich diesen Arbeitsgang durch die Exegese vorbereitet habe. *Der Schlüssel für die Interpretation des Todes Christi für die Menschen ist V. 15, in dem der Zweck des Todes angegeben wird, nämlich das Leben für den, der gestorben und auferstanden ist.*

Wir gehen für die Darstellung der Versöhnung von diesem Vers als dem hermeneutischen Schlüssel aus. Denn dieser Vers spricht, im Unterschied zu dem schwierigen Kontext, eine klare und jedem Menschen verständliche Art zu leben, zu existieren und auf und in der Welt zu sein, aus: nicht mehr sich selbst zu leben, sondern Gott und dem Nächsten. (Ich formuliere absichtlich so, obwohl ich natürlich genau weiss, dass der Wortlaut anders ist; aber das wird im folgenden klar werden). Der Vorzug des V. 15 besteht also darin, dass er sofort, ohne Umschweife als mögliche Erfahrung jedes Menschen ausgesagt werden kann. Man kann dem Satz ‹Leben für Gott und den Nächsten› zwar widersprechen, sowohl theoretisch als auch faktisch – dass man nämlich bei theoretischer Anerkennung dieses Satzes faktisch doch für sich selbst lebt. Aber diesen Satz kann jeder verstehen und ein solches Leben kann jeder führen; kein Mensch ist durch irgendein Verhängnis davon ausgeschlossen, so zu leben. Darum ist es gut, von diesem Vers aus, der ja das Sein Christi für uns durch das ἵνα [damit] direkt auf unsere Erfahrung

§ 6: Tod Christi und Versöhnung des Menschen

anwendet, den Gesamtzusammenhang zu erschliessen, denn dieser Vers gibt uns die existentiale Interpretation des Seins Christi für uns – existentiale Interpretation ist ja nichts anderes als die Auslegung des «für uns», ὑπὲρ ἡμῶν. Die Funktion dieses Verses als hermeneutischen Schlüssels für das Ganze kann man in folgende Aspekte entfalten:

a) Wenn der Zweck des Todes Christi ist, dass wir nicht mehr uns selbst leben, sondern Gott und dem Nächsten, so ist der Zweck des Todes Christi zugleich Offenbarung von dessen Sinn und Wesen: Jesu eigener Tod ist die Bewährung seines Seins für Gott und den Nächsten.

b) Damit ist dem Tod Christi eine klare theologische und geistliche Bedeutung gegeben; diese Bedeutung ist wesentlicher, grundlegender und umfassender als die Interpretation des Todes Christi als eines Sühnetodes für den zornigen und gerechten Gott; ganz abgesehen davon, dass sich in unserem Text keine wirkliche Vorstellung vom Sühnetod in diesem juristischen Sinn findet – ich erinnere bloss an die Logik des ἄρα-Satzes.

c) Nicht weil der Tod Christi einzigartig war als Sühnetod – darin wäre er ja gerade nicht einzigartig gewesen –, sondern weil sein ganzes Sein einzigartig war, darum war auch sein Tod einzigartig, nämlich als Bewährung der vollkommenen Hingabe an Gott. Leben und Tod Jesu sind nicht zu trennen, der Tod Jesu darf nicht als Opfertod von seinem Leben getrennt werden. Das ‹für uns› des Todes Jesu wurzelt im ‹für uns› des Lebens Jesu.

d) Dieses Leben und Tod umfassende Sein Jesu ist die den Glauben begründende Wirklichkeit – was das heisst, darüber habe ich gesprochen. Es ist keine vorbildliche, keine bloss exemplarische Wirklichkeit, sondern eine sakramentale. Das hat zur Folge, dass die Menschen sich auf eine kategorial neue Weise auf diese Wirklichkeit einstellen müssen. Die Wirklichkeit eines Vorbilds greift nicht über dieses Vorbild hinaus; ich muss sie selbst bei mir mit meinen eigenen Kräften verwirklichen. Der sakramentale Charakter der Wirklichkeit Jesu besteht darin, dass sie als fertige Wirklichkeit zu mir kommt. Will ich an ihr partizipieren, so kann ich sie gerade nicht mehr verwirklichen wollen, sondern muss sie annehmen, empfangen. Das ist Glaube. Glaube ist also eine umfassende, alle anderen Verhaltensweisen umfangende Daseinsweise, eine grundsätzlich neue Einstellung auf die Wirklichkeit.

e) Dadurch wird nach Paulus der Mensch zu einer neuen Kreatur (V. 17). Das heisst: Der Mensch in der Wirklichkeit Christi = Glaubender wird völlig von sich weggekehrt zu Gott und dem Nächsten, und dabei wird er selbst neu, das heisst gewinnt er sich selbst. Aus der Verlorenheit an die Welt und an sich selbst, mit Heidegger zu reden: an das Man, errettet ihn gerade nicht die Suche nach sich selbst, die Sucht nach sich selbst, die Selbstsucht, sondern die Selbstaufgabe und Hingabe. Derart ist Altes vergangen und Neues geworden. Wenn aber Altes vergeht und Neues wird, was ist das? Wieder stossen wir auf die Wandlungsbegriffe als Zentralbegriffe des Glaubens: μετάνοια, δικαιοσύνη, καταλλαγή, ἄνωθεν γεννᾶσθαι, ἐλευθεροῦν [Sinnesänderung/Umkehr, Gerechtigkeit, Versöhnung, von oben (wieder) geboren werden, befreien] – alle diese soteriologischen Wörter beschreiben die Umkehr des Lebens, die Kehre des Denkens.

f) Und nun kommt die theologische Pointe deutlich heraus: Dieser Wandel vom Alten zum Neuen ist vom Subjekt des Menschen nicht vollziehbar. Er muss, will er daran teilhaben, von sich loslassen und in die Wirklichkeit Christi eintreten, ἐν Χριστῷ [in Christus] sein, in der das neue Sein wirklich ist. Aber dieses Loslösen bewirkt der λόγος τῆς καταλλαγῆς [Wort der Versöhnung], nicht der Wille.

Der Zweck, den der Tod Christi hatte, und das ἵνα ist ja, wie ich schon sagte, eine hochtheologische Vokabel, folgt aus dem Wesen dieses Todes selbst und damit aus dem Sein Jesu Christi selbst: So wie es der Zweck seines Todes ist für den Menschen, nicht mehr sich selbst, sondern Christus zu leben, so war und ist es das Sein Jesu selbst, nicht sich selbst, sondern zu Gott zu leben, wie es vor allem V. 19 zum Vorschein kommt. Darum sagt Paulus V. 15 nicht: damit sie nicht mehr sich selbst leben, sondern Christus; vielmehr umschreibt er Christus mit ἀποθανόντι καὶ ἐγερθέντι [der gestorben und auferweckt worden ist], also mit den elementaren Vorgängen des Seins Christi selbst. Der Tod Christi ist also nicht etwa das [...] Faktum des Todes Christi, sondern der Tod ist die äusserste Verdichtung des ganzen Lebens und Seins Jesu Christi, nämlich des Nicht-mehr-sich-selbst-Lebens, sondern Gott leben. Also der Kreuzestod Jesu wird durch das ἵνα selbst schon als geistlicher Tod interpretiert. In seinem Tod bewährt Jesus selbst sein eigenes Sein zu Gott. Dieser existentielle Zusammenhang vom Tod Christi und unserem Tod findet sich bei Paulus durchweg: Röm 6,1–11, Schwerpunkt V. 10. Der Tod ist also der Übergang vom Nicht mehr der Sünde (= sich selbst) leben zum Leben τῷ θεῷ [in Gott]. Sodann sehr wichtig Röm 14,5–9: Hier auch wieder das Gefälle vom Leben des Christen zur christologischen

§ 6: Tod Christi und Versöhnung des Menschen

Begründung. V. 9 ist ganz parallel zu 2Kor 5,15: ἵνα in 2Kor, hier εἰς τοῦτο [dazu] ... Die Zweckangabe ist hier in der reziproken Optik dargestellt: Der Zweck des Todes Christi ist seine Herrschaft über uns – das ist dasselbe wie unser ‹Nicht mehr uns selbst, sondern dem, der für uns gestorben und auferweckt worden ist, Leben›. Der Tod Christi ist die logische Folge und die existentielle Bewährung dessen, dass Jesu Leben ein Leben vollkommen für Gott, und ich füge hinzu, für den Nächsten war, was sich im ὑπέρ [für] ausspricht – ich komme darauf zurück.

Eine ähnliche Auffassung haben wir Phil 2,5 ff., wo das ganze irdische Leben Jesu als Gehorsam bis zum Tod, zum Tod am Kreuz zusammengefasst werden kann. Wir formulieren das jetzt so: Im Tod Jesu Christi offenbart sich das ganze Leben, Dasein Jesu Christi als Sein für Gott und die Menschen, also, wenn Sie sich erinnern, was ich über die Struktur der Sünde sagte, als sündloses Leben. Können wir das noch etwas genauer sagen, und warum wird der Tod und nicht etwa ein tätiges Leben, ein messianischer Kampf usw. zum Ausdruck des Seins für Gott? Und warum hat Jesu Tod für die Gläubigen bzw. für den Menschen die Folge, dass auch sie gestorben sind? Wir kommen hier an ganz entscheidende Aussagen! Warum, ich frage es nochmals, wird so absolut prononciert der Tod zum Interpretationsschlüssel für das Sein Christi und des Christen und nicht das Leben bzw. das Leben nur durch den Tod? Ist das christliche Lebensfeindlichkeit, Todesverliebtheit, Jenseitsflucht? Ich hoffe, durch die ganze Exegese des Zusammenhangs von 2Kor 5 diese Auffassung widerlegt zu haben. Der Tod ist gerade darum notwendig, dass das Leben zum Zuge kommt, zum Siege kommt. Dazu stellen wir zwei Fragen:

Erste Frage: Wenn das Leben nicht zum Zuge, zum Siege kommt, dann ist zu fragen: Wodurch ist denn das Leben bedroht? Was ist es denn, was das Leben darniederhält? Die Antwort ist: Was das Leben darniederhält, ist der Tod. Aber nun ist ja klar, dass Tod hier mehr ist als der physische Tod, nämlich der eigentliche Tod des Lebens ist die Sünde. Über den Zusammenhang von Tod und Sünde vgl. auch Röm 5,1–12. Das Leben wird durch die Sünde als den Tod des Lebens zerstört. Und der physische Tod muss im Horizont dieses existentiellen Todes gesehen werden. Nun sahen wir aber, was Sünde ist: Sünde ist das Sich-selbst-Leben. Also herrscht der Tod nicht bloss als physischer Tod, in dem Sinn, dass wir alle sterben müssen. Vielmehr herrscht der Tod in der Sünde. Also das Leben in der Sünde ist selbst schon Herrschaft des Todes, ja es ist der Tod. Das Sich-selbst-Leben ist Sünde und damit auch Tod. Was ist es, so fragten wir, was das Leben darniederhält? Und nun können wir antworten: Das Sich-selbst-Leben ist es, was das Leben darniederhält, weil das Sich-selbst-Leben Sünde und Tod zugleich ist.

[g)] Daraus folgt nun: Wenn das Leben siegen soll, dann muss das Sich-selbst-Leben sterben; denn dieses ist es ja, was das Leben bedroht. Nun muss man sehen, dass die Sünde ein doppeltes Antlitz hat. Als Sich-selbst-Leben ist die Sünde Abwendung von Gott, denn Leben heisst ja: Gott und dem Nächsten leben. Als Sich-selbst-Leben ist die Sünde aber Zuwendung zu den irdischen Gütern, und zwar hauptsächlich zu dem irdischen Gut, das man selbst ist: Aus der *aversio a Deo* wird die *incurvatio in seipsum* [das Verdrehtsein in sich selbst]. Die Sünde nun hält das Sich-selbst-Leben ja für Leben: Es ist ja gerade dies das Schreckliche der Sünde, dass sie das Für-sich-selbst-Leben für Leben hält. Ist aber das Sich-selbst-Leben Sünde und damit Tod, wer ist dann durch die Sünde am meisten bedroht? Doch wohl der, der sich selbst lebt, also der Sünder. Die Sünde ist also die Selbstbedrohung, ja die Selbstvernichtung des Sünders und zugleich ist sie das Einbeziehen der ganzen Welt in diese Selbstvernichtung. (Wenn wir das ökologische Problem nur unter dem Aspekt der Weltbedrohung und Weltvernichtung sehen, wenn wir nicht sehen, dass die Weltbedrohung und Weltvernichtung nur Funktion der Selbstbedrohung und Selbstvernichtung des Sünders ist, werden wir dieses Phänomens nicht Herr, ja, wir werden seiner nicht einmal ansichtig.)

Nun, so sagte ich, muss das Sich-selbst-Leben, also Sünde und Tod, sterben, vernichtet werden, wenn das Leben siegen soll. Ohne den Tod des Sich-selbst-Lebens geht es nicht. Der Tod als Sünde, die Sünde als Tod müssen sterben. Nun kann aber der Sünder den Tod der Sünde nicht vollziehen, weil ja er das Sich-selbst-Leben für Leben hält. Diesen Satz muss ich noch kurz in eine Richtung erläutern. Ich hatte ja gesagt, dass den V. 15 jeder Mensch verstehen könne. Aber zwischen der Ebene theoretischer Zustimmung und der Faktizität der Existenz liegt ein tiefer Bruch. Es ist schon wahr, dass man dem Satz, man solle Gott und dem Nächsten leben, eine weitgehende Evidenz verschaffen kann. Aber dem Satz, dass das Sich-selbst-Leben Sünde, Tod, Zerstörung, Weltruin ist, dem ist eine solche Evidenz nicht zu verschaffen. Das heisst, dass Sich-selbst-Leben und Gott und dem Nächsten Leben sich unterscheiden wie Tod und Leben, Hölle und Himmel. Das kann nur dann klar werden, wenn die Unterscheidung zwischen Gott und Mensch klar wird. Sie ist nun die eigentliche Pointe des paulinischen Textes und der christlichen Versöhnungslehre: Den Tod der Sünde, den Tod des Todes, den Tod dessen, was der Sünder existiert, nämlich das Sich-selbst-Leben, diesen Tod vollbringt nicht der Sünder, sondern Gott für den Sünder, ὑπὲρ ἡμῶν, für uns, zu unseren Gunsten und an unserer Stelle. Und das entspricht nun streng der Logik: Der Sünder kann ja das Sich-selbst-Leben gar nicht sterben lassen wollen, weil er es ja für Leben hält, darüber nicht hinausblickt und jenseits des Sich-selbst-Lebens ja eben kein Leben sieht. Darum kann der Sünder den Tod auch nicht als heilsam und notwendig verstehen, darum kann er auch das Reden von Sünde nicht ertragen, weil er darin nur eine Bedrohung des Lebens sieht. In Wahrheit aber steht der Sünder damit dem Leben selbst im Wege. Die Negation der Negation, der Tod des Todes, das wird von Gott selbst vollbracht – und damit ist klar: Gott verhilft dem Leben zum Sieg, aber durch den Tod der Sünde, durch den Tod des Für-sich-Lebens. Gott selbst verwirklicht das Für-Gott-Leben als Jesus Christus. Wie kommt bei Jesus das Leben zum Zuge, zum Sieg? Es kommt dadurch zum Zuge und zum Sieg, dass bei Jesus Gott selbst zum Zuge und Sieg kommt. Wir verstehen ja in jahrhundertealter Tradition unter einem Frommen einen Menschen, der sich in der Weise zum Instrument Gottes macht, dass er gleichsam Gottes Macht durch Taten ausübt und verwirklicht. Jesus ist nun sozusagen die genaue Umkehr dieses Bildes, die μετάνοια [Sinnesänderung/Umkehr] selbst. Er selbst ist machtlos und sogar in gewissem Sinn tatenlos, wenn wir dabei an politisch-soziale Strategien denken. Trotzdem ist er nicht existenzlos oder wesenlos, sondern er ist von einer ganz einzigartigen existentiellen, auch intellektuellen Intensität. Sie besteht aber nun gerade nicht darin, Stellvertreter Gottes im üblichen Sinn zu sein; vielmehr ist bei Jesus die Sünde als Erhebung des Menschen zum Sein-Wollen wie Gott so gänzlich abwesend, dass in seiner Nähe Gott selbst zum Zuge kommt. Jesus selbst ist das Eingestelltsein auf, das Bereitsein für Gottes Handeln selbst. Jesus ist die Bereitschaft für Gottes Nähe und Ankunft selbst.[127] Das heisst, bei Jesus vollzieht sich die Umkehr, die μετάνοια, als fundamentale theologische Umkehr, sichtbar vor allem am Gottesverständnis: Aus dem Gott als Gesetzgeber wird Gott als Schöpfer und Vater. Der Gott, als Gesetzgeber verstanden, macht den Menschen zum Instrument, durch das er seine

---

127 Versuchungsgeschichte Mt 4, 1–11.

Wirklichkeit verwirklicht; und dies ist der Gottesbegriff des Sünders. Jesus denkt den Willen Gottes als Willen des Schöpfers und legt so das Gesetz aus. Zum Schöpfer hat man insofern eine fundamental andere Einstellung als zum Gesetzgeber, als der Schöpfer selbst es ja ist, der alles, was er will, verwirklicht. Darum vollzieht sich an Jesus selbst die μετάνοια: Er ist selbst ein neuer Adam, eine καινὴ κτίσις [neue Schöpfung], eine neue Wirklichkeit des Menschseins, insofern als er eine auf den Schöpfer eingestellte Wirklichkeit ist.

[2. Jesus als neue Wirklichkeit des Menschseins]

Dazu einige Züge:

a) In der Verkündigung des Reiches Gottes wird klar, dass für Jesus Gott selbst der Verwirklicher des Reiches Gottes ist. Das Reich Gottes kommt durch Gott selbst. Der Mensch muss bereit sein für die Ankunft des Reiches. Das Leben des Menschen besteht nicht in der Verwirklichung des Reiches Gottes; das verhindert vielmehr die Ankunft und ist Sünde. Das Leben des Menschen ist Bereitschaft für das Reich Gottes, und dazu ist eben ein Wandel, eine μετάνοια nötig, die an existentieller Tiefe und Intensität alles Wirken für das Reich Gottes übertrifft.[128]

b) Das Vater- und Schöpfersein Gottes zeigt sich in der Sorge für den Menschen. Wir wissen heute, dass auch heute noch die Erde genug Luft, Wasser und Nahrung für alle Menschen hat. Wenn es anders ist, ist es menschliche Schuld, nicht zuletzt eben die Sorge des Menschen, so viel und immer mehr zu haben, dass es anderen fehlt. Das ist Sünde, und es zeigt sich, dass Sünde hier Unglaube gegen den Schöpfer ist. Jesus lässt aber Gott selbst den Schöpfer sein, der uns alles gibt, wenn wir die Erde für unser tägliches Brot bestellen.

c) In Jesu Nähe geschehen Zeichen und Wunder. Diese aber geschehen nun gerade nicht, weil in ihm übermenschliche göttliche Kräfte wären, sondern aus dem genauen Gegenteil: Weil in ihnen jedes Sein-Wollen wie Gott fehlt, kann in seiner Nähe Gott selbst zum Zuge kommen. Der Sünder tritt durch sein Wie-Gott-Sein-Wollen der Gottheit Gottes ja gerade in den Weg, auch dann, wenn er vorgibt, in Gottes Namen und Willen zu wirken. Jesu Hingabe an Gott den Schöpfer besteht also auch hier im Wirkenlassen Gottes.

---

128 Mt 13,44–46 als Beispiel für das Umdenken.

d) Jesus steht also für das Gottsein Gottes selbst, im Unterschied zu allen anderen Menschen existiert er ohne Gotteswahn, sündlos, im absoluten Vertrauen auf die Nähe, Wirkungsmächtigkeit, keine Minute ruhende Anwesenheit Gottes des Vaters und des Schöpfers: Mt 10,29 f.: Kein Sperling fällt ohne Gottes Wirken auf die Erde; alle Haare des Hauptes sind gezählt. Das ist Jesu Gottesverständnis! Jesus und Gott sind also in Jesu Sein bei Gott fundamental unterschieden, und gerade darum kann nun an Jesus Gott sichtbar werden. Was beim Sünder nicht möglich ist, weil er ja fromm oder atheistisch im Gotteswahn lebt, ist bei Jesus möglich: Gott kann sichtbar, sagbar, distinkt, erkennbar werden, weil in Jesus Gott und Mensch voneinander unterschieden sind.

e) Das Leben kommt also an Jesus zum Vorschein als das Schöpfersein und Vatersein Gottes. Weil in Jesu Nähe der Schöpfer und Vater erkennbar wird, wird das Leben, die ζωή, erkennbar. Und eben das ist das Wesen und Sein Jesu, in seinem Wort und in seinem Verhalten. Jesu Sein ist also als Jesu irdisches Leben schon der Tod des Gotteswahns, der Tod des Sünders, der Gott die Gottheit nimmt. In Jesu irdischem Dasein, in diesem Leben ist der Tod schon mitenthalten, der Tod des Gotteswahns des Menschen wird in Jesu Leben vor und für Gott mitexistiert.

f) In Jesu Sein vor Gott dem Vater und Schöpfer ist sein Sein für die Menschen schon mitgesetzt. Ich habe schon oft darauf hingewiesen, dass im Begriff Gottes des Schöpfers selbst der Bezug aller Geschöpfe untereinander mitgesetzt ist. Die Nächstenliebe tritt also nicht als besonderer Akt auf, sondern die Nächstenliebe ist ontisch mit meiner Existenz mitgesetzt («wie dich selbst»). Darum spricht sich Jesu Sein für Gott im und als Sein für die Menschen aus: Er lädt die Menschen ein in seine eigene Gottesnähe, in den Tod des Gotteswahns, der sich in seinem Leben vollzieht. Wir sehen hier die Bipolarität des christlichen Glaubens: Jesus ruft die Menschen ja evidentermassen in das Sein für und zu Gott dem Schöpfer und Vater, aber so, dass dieses Sein als realisiertes an ihm selbst sichtbar ist. Darum ist christlicher Glaube als Glaube sowohl Glaube an Gott als auch an Jesus Christus.

[3. Zusammenfassung]

Wir kommen nun zu den wesentlichen theologischen Aussagen. Wir gingen aus von der Zweckangabe des Todes Christi in 2Kor 5,15: Der Tod Christi für uns hat den Zweck, dass die Lebenden nicht mehr sich selbst leben, sondern dem, der für sie gestorben ist und auferweckt wurde. Der Zweck des Todes Christi ist also das Leben. Aber der Tod Christi, dessen Zweck das Leben ist, hat doch zur Folge, dass alle sterben, ἄρα οἱ πάντες ἀπέθανον (V. 14 Ende). Wenn der Zweck des Todes Christi das Leben ist, so ist natürlich der Zweck auch des Todes aller das Leben, also der Zweck des Todes aller ist das Sterben des Seins für uns selbst. Daraus folgt nun der Zusammenhang des Todes und des Lebens sowohl bei Christus als auch bei den Menschen, bei den πάντες [allen]: Denn es geht ja im Tod nicht um die Vernichtung des Lebens, sondern gerade um die Offenbarung des Lebens. Da aber Leben Sein für Gott und den Nächsten ist, muss das Leben für sich selbst sterben.

Diesen Tod des Lebens für sich selbst aber vollzieht Gott, verwirklicht Gott in der Person Jesu Christi. Diesen Tod des Lebens für sich selbst kann ja der Sünder gar nicht vollziehen. Aber Gott vollzieht den Tod der Sünde nicht als einfache Negation, sondern als Negation der Negation, d. h. als Leben. Darum gehören Leben und Tod Jesu zusammen. Das Leben Jesu selbst ist der Tod des Todes, weil Jesu Leben ein reines Sein für Gott und den Nächsten ist. Damit, dass wir den Tod Jesu und unseren Tod in den Horizont der geistlichen Interpretation des Todes stellen, sehen wir, dass es im christlichen Reden von Jesu Tod und unserem Tod nicht um die Erfüllung der Forderung Gottes nach Blut geht. Gott will in der Tat kein Blut, das ist ja schon in der prophetischen Kultkritik angelegt: Jes 1,10 ff.; Hos 6,6; Jes 43,22 ff.; 1Sam 15,22; Jer 7,22 f.; Mt 9,13; 12,7 (beide Mt-Stellen zitieren Hos 6,6). Sondern Gott will das Leben. Aber dazu muss die Sünde, also das Leben für sich selbst, sterben. Gott will den Tod des Todes um des Lebens willen.

Hat also Gott in der Wirklichkeit des Lebens Jesu den Tod des Todes, also der Sünde, verwirklicht, so ist es nur konsequent, dass die, für die das geschehen ist, auch sterben müssen – denn der Tod des Lebens für sich selbst muss an jedem von uns vollzogen werden, weil jeder Mensch ein Sünder ist. Darum, wir geben jetzt die Antwort auf eine längst gestellte Frage, muss der Vorstellungszusammenhang der Sühnetod-Vorstellung durchbrochen werden: Dort stirbt ja der Sündenbock, damit die, für die er stirbt, nicht sterben müssen. Paulus sagt ja nun: Wenn aber einer gestorben ist, sind also alle gestorben. Damit ist der Horizont der traditionellen Sühnevorstellung durchbrochen. Den Grund dafür haben wir darin erkannt: Sünde ist ja nicht dieser oder jener Akt des Lebens, nicht ein Akzidens an der Substanz des Lebens, sondern Sünde ist die das ganze Leben umfassende *incurvatio in seipsum*, das Sein für die *bona commutabilia*. Und der Tod dieses Sündenlebens muss an der Existenz jeden Lebens vollzogen werden. Darum sind also alle gestorben (Taufe!). An uns, an den Glaubenden, wird der Tod des Lebens für sich selbst durch das Hineingestelltwerden in den Tod Jesu vollzogen, *extra nos* [ausserhalb unser], in Jesus Christus, ist unser eigener Tod als Werk Gottes vollzogen. Wir erinnern uns jetzt an die Exegese von 2Kor 4f: Der Grundtenor war, dass die Macht Gottes, das Leben an der Schwachheit des Apostels offenbar wird. Hier, in 2Kor 5, stossen wir auf den Grund: Um für Gott und den Nächsten zu leben, müssen wir selbst den Tod für uns selbst sterben. Diese Zusammengehörigkeit von Tod und Leben ist unabdingbar.

Wir haben jetzt das Wesen des Todes Christi und des Todes der Glaubenden als geistlichen Todes einigermassen geklärt. Das ist unabdingbar; und damit können nun weitere Zusammenhänge erörtert werden. Ich tue das in einem neuen Paragraphen, den ich unterteile, in Orientierung an 2Kor 5, nach den wesentlichen theologischen Elementen der Versöhnungslehre.

§ 7 Die Elemente der Versöhnung – Hauptthemen der Versöhnungslehre

a) Stellvertretung – das *esse nos extra nos* [ausserhalb unsrer selbst wir selbst sein]

Der Tod Jesu, als geistlicher Tod in seinem Leben gelebt und als Kreuzestod bestätigt, ist im Glauben der Glaubenden nicht bloss sein eigener Tod, sondern wie sein Leben, so ist auch sein Tod für alle. Das ist in 2Kor 5 mehrfach ausgebreitet, einmal in dem ausdrücklichen ὑπὲρ ἡμῶν, sodann in dem ἄρα ἀπέθανον [folglich gestorben], sodann im κόσμος, der ja in Christus versöhnt wurde (und ἵνα μηκέτι [damit nicht mehr]). Dass also Christus hier, mit Luther zu sprechen, nicht *persona privata*, sondern *persona publica* ist, ist ein Grundgedanke des Textes und ist die Bedingung der Möglichkeit der Christologie. Nun sind wir gewohnt, den Stellvertretungsgedanken im Rahmen der Sühnetod- und Opfervorstellung zu denken; aber wir sehen hier: zwar ist der Stellvertretungsgedanke hier zentral, aber nicht als stellvertretendes Opfer, also als Opfer an unserer Stelle. Der Gedanke der Stellvertretung ist hier, zunächst negativ gesagt, ganz anders und wie ich meine viel umfassender und zentraler gedacht.

Ich will dem nun ein paar etwas ausführlichere Überlegungen widmen, nicht zuletzt wegen der Schwierigkeiten, die wir mit dem Stellvertretungsgedanken haben, und dies gerade deswegen, weil er unumgänglich ist für die Christologie. Denn der Stellvertretungsgedanke sagt ja etwas über die Bedeutung Jesu Christi für uns. Sein Sein ist kein blosses Sein für sich, sondern für uns; aber dieses Sein Jesu Christi für uns kann nicht abgelöst werden von seiner Person, seiner Existenz, etwa als allgemeine Idee oder Vorbild. Aus Jesulogie wird Christologie ja gerade dadurch, dass Christus als dieser irdische Mensch, als diese irdisch-historische Person Erscheinung Gottes in der Welt ist (Gott versöhnte in Christus – eine Keimzelle der Zweinaturenlehre) und kosmische Relevanz hat. Und diese Bedeutung ist die eigentliche Grundschicht des Stellvertretungsgedankens: Er steht als diese historische Person an unserer Stelle und für uns; er steht aber als diese historische Person auch an Gottes Stelle und für Gott. Und insofern verbindet sich in ihm Gottes Sein für uns und unser Sein für Gott.

Wir machen uns zunächst klar, dass der Glaube, Jesus Christus stehe für uns und für Gott, ein Geheimnis ist, aber ein offenes, Sprache gewordenes Geheimnis, so dass Paulus sagen kann: Lasst euch versöhnen mit Gott. Gegen dieses Geheimnis der Stellvertretung – es ist eigentlich das Mystische des christlichen Glaubens *sensu stricto* – gibt es viele Einwände; aber von innen aus erschliesst es sich selbst sehr wohl, der Glaube führt die Vernunft und die Erfahrung dazu, dem zuzustimmen.

Ich formuliere zwei Einwände, extrem gegensätzliche: Einmal die philosophische These, der Gedanke der Stellvertretung sei unsittlich und für einen ehrbewussten Menschen verletzend, weil einem niemand seine Schuld abnehmen könne. Hier spricht die philosophische Vernunft in ihrer ganzen Unerbittlichkeit. Und man kann nicht einmal sagen, dass daran alles falsch ist. Denn auch der Christ hat ja z. B. faktisch die Last seiner Schuld zu tragen. Aber dieses Verständnis einer rationalistischen Ratio setzt einen restriktiven Stellvertretungsgedanken voraus, wie, und damit komme ich auf das andere Extrem, der Gedanke des stellvertretenden Opfers es ist. Hier stehen sich eigentlich nur zwei Positionen auf der gleichen Ebene gegenüber, denn auch die Opfertheorie ist ja eine Rationalisierung des Stellvertretungsgedankens.

§ 7: Die Elemente der Versöhnung

Das Tertium, in dem beide extrem gegensätzlichen Positionen übereinkommen, ist das Verständnis der Stellvertretung als Sühne und Opfer für Schuld, nur dass die eine Position diese bejaht, die andere es negiert. Paulus gibt den entscheidenden Hinweis für die Interpretation der Stellvertretung in der Verbindung von Jesu Tod für alle und dem Zweck dieses Todes, dem Leben für Gott und den Nächsten. Das heisst: der Sinn und die Bedeutung der Stellvertretung erschliesst sich daraus, dass Jesus selbst absolut und ausschliesslich für Gott und den Nächsten gelebt hat. Das ist sein Personsein, darin besteht sein Personsein, seine Identität. Die christliche Gemeinde hat nun in Jesus Christus als Person dieses absolute Für-Gott- und den Nächsten-Sein als das angesehen, was die Differenz zwischen Christus und den Menschen setzt, und dies ist das christologische Geheimnis. Das heisst: dies ist das Glaubensgeheimnis *sensu strictissimo*, weil es nur von innen her sich öffnet. Der Ausdruck für dieses Sein Christi als ausschliessliches Sein für Gott und den Nächsten – und das Sein für Gott reicht als Ausdruck, weil es das zweite mit einschliesst – ist die Sündlosigkeit Jesu, die ja nicht zufällig in 2Kor 5,21 genannt wird. Wenn ich hier auf das Geheimnis des Glaubens verweise, so ist damit gemeint: Die Wahrheit dieser Gedanken und deren Lebensrelevanz erschliesst sich nur von Jesus Christus selbst aus, sie ist also im strengen Sinn auszulegen, nämlich von ihm aus auszulegen. Aber der Inhalt dieses Geheimnisses, das absolute Sein für Gott (und für Nächste) ist etwas vollkommen Offenes, Zugängliches: das Sein für Gott und den Nächsten hat nichts Irrationales an sich. Daher hat noch Schleiermacher die Christologie so formulieren können: «Der Erlöser ist sonach allen Menschen gleich, vermöge der Selbigkeit der menschlichen Natur, von allen aber unterschieden durch die stetige Kräftigkeit seines Gottesbewusstseins, welche ein eigentliches Sein Gottes in ihm war.»[129]

Nun ist es aber eine logisch notwendige Konsequenz, dass ein absolutes Sein für Gott und den Nächsten einmal nur als Person sein kann, ja überhaupt das Personsein [...], zugleich aber über das An-und-für-sich-Sein der Person hinausreichen muss. Das ist mit diesem Sein mitgesetzt. Und dies ist nun der Raum für den Stellvertretungsgedanken im besonderen Sinn: Der ontische Grund für die Stellvertretung Christi

---

[129] Friedrich Daniel Ernst Schleiermacher, Der christliche Glaube nach den Grundsätzen der Evangelischen Kirche im Zusammenhange dargestellt (^{2}1830/31), hg. von Martin Redeker, ^{7}1960, Bd. 2, § 94, Leitsatz.

ist sein Sein für Gott und den Nächsten. Dieses Sein Christi macht sein Personsein aus, ja, es konstituiert ihn als Person – wer sich selbst lebt, mag eine Persönlichkeit sein, er ist aber keine Person –; es macht ihn zu diesem Einmaligen, Einzigartigen, dem nur der Glaube entspricht. Aber es macht eben dies auch, dass diese Person über sich hinausreicht, an Stelle und für andere relevant wird. Der im ὑπὲρ ἡμῶν [für uns] ausgesprochene Stellvertretergedanke gewinnt also seine Kontur von Jesu absolutem Sein für Gott und den Nächsten. Dass der Tod Christi in diesen fundamentalen Zusammenhang des Stellvertretungsgedankens gehört, ist das Wesentliche.

Diese Stellvertretung Jesu, also das Hinausreichen der Person und des Personseins Jesu über sich selbst, hat die evangelische Theologie seit Luther in der Lehre von den Ämtern Christi bzw., so muss es genau heissen, vom einen zwei- oder dreifachen Amt Christi entwickelt. Ich gehe darauf jetzt nicht ein, weise aber ausdrücklich darauf hin: Die Lehre von dem Amt Christi ist eine Auslegung seines Personseins, seines Seins, weil man für Gott und den Nächsten eben *per definitionem* gar nicht bloss für seine eigene Person sein kann. Ich stelle das jetzt am Stellvertretungsgedanken dar, der der Lehre vom Amt Christi zugrunde liegt.

Wir können den Stellvertretungsgedanken jetzt nach dem Gesagten so differenzieren, dass wir die Doppeldeutigkeit des ὑπὲρ ἡμῶν fruchtbar machen: Im Für-uns-Sein wird Stellvertretung ausgelegt als zu unseren Gunsten: Was Christus ist, sein Leben und Sterben, ist er zu Gunsten des Menschen. Aber er ist, was er für uns ist, auch an unserer Stelle, so, dass er das ist, was wir nicht sein können. Jesus Christus bleibt, das ist die Essenz des christlichen Glaubens, von allen Glaubenden für immer durch die Sündlosigkeit unterschieden. Das sieht der Unglaube nicht. Das ist das Wesen, das Proprium des Glaubens, dass er diese Differenz sieht. Sie ist der Grund für die Gewissheit, die Freude, die Seligkeit des Glaubens.

Diese Verbindung der zwei Aspekte des ὑπὲρ ἡμῶν – das Sein zu unseren Gunsten und das Sein an unserer Stelle – hängen natürlich logisch und ontisch eng zusammen. In der Ausschliesslichkeit und Absolutheit des ‹Seins Jesu für› – für Gott und für uns – ist das an unserer Stelle Sein insofern enthalten, als Jesus dadurch bleibend von den Menschen unterschieden ist. Er ist also in seinem absoluten Für-Sein, also auch für die Menschen, von den Menschen absolut geschieden. Sein ganzes Sein ist ein Sein für uns, zu unseren Gunsten, und eben darin

§ 7: Die Elemente der Versöhnung   221

unterscheidet er sich von den Menschen in ihrem Für-sich-selbst-Sein. Das Moment des Stehens Jesu an unserer Stelle ist also im Gedanken des ‹zu unseren Gunsten› mitgesetzt.

Auf diese Weise kann nun auch die Wechselwirkung zwischen Jesus und den Glaubenden ausgesagt werden: In seinem Sein zu unseren Gunsten ist er Gottes Gabe und Geschenk an uns, mit Luther zu sprechen; und der Inhalt des Geschenkes ist, mit 2Kor 5 zu sprechen, die καταλλαγή oder die δικαιοσύνη [Gerechtigkeit]: Jesus Christus ist unsere, oder des Kosmos, Versöhnung mit Gott, unsere, oder des Kosmos, Gerechtigkeit vor Gott. Und diese unsere Versöhnung mit Gott und unsere Gerechtigkeit schenkt, gibt Gott als Jesus Christus. In seinem Sein an unserer Stelle aber steht Jesus Christus vor Gott: Er ist stellvertretend für uns der Mensch, alle Menschen, πάντες, vor Gott. Bevor ich nun diesen Zusammenhang an 2Kor 5,21 darstelle, dem Ziel und der Spitze der Versöhnungslehre, möchte ich noch einmal über den Tod Jesu Christi sprechen, nun über den Kreuzestod, seine Hinrichtung auf Golgatha.

b) Der Tod Jesu Christi am Kreuz

Es wäre nun hier vieles in historischer Hinsicht zu sagen; über den historischen Hintergrund des Todes Jesu, seines Prozesses auch.[130] Historisch gesehen ist Jesus von den Jerusalemer Behörden, wohl im Zusammenspiel jüdischer und römischer Behörden, hingerichtet worden; und die Hinrichtung wird wohl ihren Grund darin gehabt haben, dass man ihn politisch bedrohlich fand, und d. h. ja, bei der engen Verbindung von politischen und religiösen Institutionen, dass man ihn als Bedrohung für die institutionelle Religion und Gesellschaft ansah. Auf diese Weise wird verständlich, dass Jesus auch der Vorwurf der Gotteslästerung gemacht wird (Mk 2,7; Mt 9,3; 26,65), und das erinnert nun sehr stark an Sokrates, dem ja auch der Vorwurf des Sakrilegs und in eins damit der Gefährdung des Staates gemacht wird. Hält man die Erzählung von Jesu Tempelprotest für historisch, so ist der Sinn dieser Handlung, auch im Zusammenhang mit Jesu Verkündigung, rein religiös:

---

130 Ich verweise Sie dazu auf die Jesusbücher, etwa das von Günther Bornkamm oder: Joachim Gnilka, Jesus von Nazaret. Botschaft und Geschichte, Freiburg i. Br./Basel/Wien ²1991, 11. Kapitel: Der Prozess und die Hinrichtung, 291–318, dort auch Literatur.

es geht ihm um die Reinheit und Wahrheit des Gottesverhältnisses; man könnte sagen, der Tempelprotest Jesu ist reformatorisch. Aber nach Lage der Dinge musste man diesen rein religiösen Protest politisch verstehen, als Bedrohung der staatlich-religiösen Ordnung.[131] Zum historischen Zusammenhang des Kreuzes Jesu gehören natürlich alle Ereignisse der Passionsgeschichte. Vor allem auch die Frage, was das letzte Mahl Jesu mit seinen Jüngern war. Dass es von den Christen als Stiftung des Abendmahls betrachtet wird, kann uns von der historischen Frage nicht entbinden, wofür Jesus es gehalten hat. Aber auch hier bleibt vieles im Dunkeln. Ob und wie Jesus selbst seinen Tod interpretiert hat, ist sehr schwierig zu beantworten, da ja gerade hier – Leidensweissagungen – vieles aus der Gemeindetheologie stammt. Ich gehe jetzt auf alle diese Fragen nicht ein. Aber theologisch wichtig ist der historische Umstand, dass Jesus offensichtlich wegen der absoluten Klarheit und Reinheit des Gottesverhältnisses gekreuzigt wurde, die man als Bedrohung für den politisch-religiösen Betrieb verstand. Um es nach allem Gesagten zuzuspitzen: Dass Jesus die Liebe zu Gott und zum Nächsten, das reine ὑπέρ-Sein, als Erfüllung des Gesetzes lebte, war denen, welche das Gesetz in den Dienst der Selbstverwirklichung stellten und in diesem Dienst einen gewinnbringenden Apparat unterhielten, ein Gräuel (Kain und Abel!). Die Ideologie des Für-sich-selbst-Seins war es, die Jesus ans Kreuz brachte. Das kann man auch historisch sagen. Umgekehrt charakterisieren die Evangelien in den Passionsgeschichten Jesu Tod so, dass er die Versuchung, sich selbst zu retten, also für sich selbst zu sein, radikal abweist. Aber hier mag schon die Theologie der Gemeinde in die Passionsgeschichten gestalterisch eingegriffen haben. Aber so viel wird man auch historisch sagen können, und das ist ja auch theologisch wichtig: Ob Jesus den Tod durch die Behörden gesucht hat, ist nicht mehr auszumachen, obwohl er sich natürlich über die Gefährlichkeit seines Tuns klar sein musste. Dass er dann aber offensichtlich keinen Widerstand leistete, das ist historisch sicher. Und man kann es sich eigentlich gar nicht anders als so erklären: Er muss gesehen haben, dass ein Kampf für sich selbst sein Sein in der doppelten Liebe, im Für-Sein, verraten hätte. Die Christologie hat also ihre ontischen Wurzeln in Jesus Christus selbst, aber sachlich, nicht etwa darin, dass er sich selbst für

---

131 Vgl. Reformation, die ja rein religiös war: es ging um den Ablass – aber enorme politische Tragweite.

den Christus gehalten hätte. Er war der Christus, er ist der Christus in seinem absoluten Für-Sein, in der absoluten doppelten Liebe, in seiner Sündlosigkeit, die durchaus sein Menschsein charakterisieren.

Wir müssen an dieser Stelle noch einmal streng festhalten: Das ganze Sein Jesu als reines Für-Gott-Sein und Für-den-Nächsten-Sein hatte ihn faktisch in Konflikt gebracht mit dem religiös-politischen Apparat, der vom Für-sich-selbst-Sein lebte und lebt. Hätte er in dem Moment, in dem ihn dieser Apparat, also die Sünde, vernichtete, für sich selbst gekämpft, so hätte er eben für sich selbst gekämpft. Aber man darf nun hier nicht so sprechen, dass man über der Wahrheit seines Menschseins, Sündlosigkeit, die Wirklichkeit seines Menschseins vergisst. Darum ist Jesus seinen Tod auch nicht heroisch gestorben. War er für Gott, so konnte er nur in der Klarheit für Gott sein, dass Gott für ihn war. Aber wo war das nun sichtbar? Die Evangelien Markus (15,34) und Matthäus (27,46) erzählen, dass Jesus am Kreuz auf Aramäisch schrie: «Mein Gott, mein Gott, warum hast du mich verlassen?» Dieser Schrei, ein Zitat aus Ps 22, steht ja in der alten alttestamentlichen Tradition der Frage des Gerechten nach der Nähe Gottes. Es ist die religiöse Überzeugung, die Nähe Gottes müsse in irgendeinem irdischen Gut erfahrbar werden, Gesundheit, Glück, Gelingen, Rettung aus Gefahr und Not. In Jesu Schrei der Gottverlassenheit wird aber klar, dass es zum Wesen Gottes gehört, sich auch entziehen zu können, und zwar so, dass man nicht einmal mit eigenen Worten, sondern nur noch mit einem Zitat nach Gott schreien kann. Aber an Jesu Schrei der Gottverlassenheit, den er ja an seinen Gott, „mein Gott", schreit, wird klar, dass ein Glaube, ein Leben, eine Existenz, die die Nähe Gottes mit dem Gewinn eines irdischen Gutes verbindet, kein wahrer Glaube ist. Und darum konnte der Tod Jesu für die Glaubenden gerade auch in ihrer eigenen Todesstunde zitiert werden, in unserer eigenen Todesstunde, wenn wir wissen, dass Gottes Nähe sich nun in keinem irdischen Gut mehr zeigt, dass Gott vielmehr nahe ist, indem er uns das Leben entzieht. So am tiefsten vielleicht Paul Gerhardt, die beiden letzten Strophen von «O Haupt voll Blut und Wunden»:[132]

Wenn ich einmal soll scheiden,
so scheide nicht von mir.
Wenn ich den Tod soll leiden,
so tritt du dann herfür.

---

[132] EG 85/RG 445

Wenn mir am allerbängsten
wird um das Herze sein,
so reiss mich aus den Ängsten
kraft deiner Angst und Pein.
Erscheine mir zum Schilde,
zum Trost in meinem Tod,
und lass mich sehn dein Bilde
in deiner Kreuzesnot.
Da will ich nach dir blicken,
da will ich glaubensvoll
dich fest an mein Herz drücken.
Wer so stirbt, der stirbt wohl.

Damit aber sind wir schon mitten in der theologischen Deutung des Todes Christi, und es kann ja auch zur historischen Faktizität und theologischen Deutung kein Widerspruch bestehen. Wenn der Glaube den Tod Jesu als für uns geschehen versteht, so steht er keineswegs im Widerspruch zur Historie. Für den Glaubenden ist er selbst, der Glaubende es, der Jesus ans Kreuz brachte, nämlich der Mensch als Sünder. Für den Glaubenden sind die Vollzugsorgane der Hinrichtung Jesu nicht Römer und Juden, sondern in der historischen Gestalt der Römer und Juden der Sünder. Das liegt in der Immanenz des Für-uns, dass die, für die Jesus stirbt, es auch sind, die ihn ans Kreuz bringen. Vgl. vor allem die evangelischen Passionslieder, EG 81, Herzliebster Jesu, Str. 3: «Was ist doch wohl die Ursach solcher Plagen? Ach, meine Sünden haben dich geschlagen. Ich, mein Herr Jesu, habe dies verschuldet, was du erduldet.» (RG 440,3) Oder EG 85, O Haupt voll Blut und Wunden, Str. 4: «Nun, was du, Herr, erduldet, ist alles meine Last; ich hab es selbst verschuldet, was du getragen hast».

Das impertinente Für-sich-selbst-Sein-Wollen, also die Sünde, bringt das Sein-für-Gott-und-Mensch ans Kreuz.

So ist es also zunächst klar, historisch und theologisch, dass es die Menschen waren und sind, die Jesus ans Kreuz brachten und bringen, und zwar so: Das Lebenwollen für sich selbst wirft das Leben für Gott und den Nächsten aus der Mitte. Und wir sahen, dass dies den physischen Tod Jesu zur Folge hatte. Die Sünde, die den Tod ihrer selbst nicht sterben will, bringt den Tod über den wahren Menschen, das wahre Leben, Jesus Christus. Und Jesus Christus nimmt diesen Tod auf sich, weil der Kampf gegen diesen Tod ja schon wieder Leben für sich selbst bedeutet. Der Tod in geistlicher Hinsicht impliziert den physischen Tod.

§ 7: Die Elemente der Versöhnung

Bis hierhin können wir die theologische Bedeutung des Todes Christi noch ganz im Zusammenhang des historischen Geschehens betrachten. Der Tod Jesu ist die Folge der Zerstörungswut der Sünde gegen das Seiende im allgemeinen und gegen das sündlose Leben im besonderen. Insofern kommt die Sünde, das Leben für sich selbst, an ihr Ziel, den Tod. An Jesus also vollzieht die Sünde das ihr selbst immanente Ende, den Tod. Sie überträgt ihr eigenes Wesen auf Jesus Christus. Denn das rücksichtslose Sein-Wollen für sich selbst stellt alles in seinen Dienst und vernichtet alles, was sich ihm in den Weg stellt. Wir beobachten dasselbe heute an unserem Verhältnis zur Schöpfung, das ganz unter der Devise des Seins für uns selbst steht. Nun wäre alles zu Ende, die Sünde hat ihr Werk getan, die Menschen haben gehandelt. Die Erzählung von Jesu Tod in den Evangelien usf. aber beurteilen nun das Passionsgeschehen als Handeln Gottes, und besonders tut das Paulus in 2Kor 5,11–21. Mit dem Reden vom Handeln Gottes wird nun das bisher Gesagte nicht etwa aufgehoben, aber es fällt ein neues Licht darauf: Durch das Handeln Gottes wird das, was die Menschen tun, aus einem zerstörerischen, den Tod bewirkenden Handeln zu einem Leben, nämlich Versöhnung und Gerechtigkeit bewirkenden Handeln. Man muss hier zunächst sagen, dass in 2Kor 5 überhaupt alles nur verstanden werden kann, wenn man Gott als Subjekt nicht übersieht: V. 18: dies alles kommt aus Gott; Gott hat uns mit sich versöhnt; er hat gegeben den Dienst der Versöhnung; V. 19: Gott war in Christus versöhnend; Gott rechnet die Übertretungen nicht zu; Gott setzt den λόγος τῆς καταλλαγῆς; V. 21: Gott hat Christus zur Sünde gemacht. V. 15: in dem Passiv ἐγερθέντι [dem, der auferweckt worden ist] ist auch Gott das logische Subjekt.

Es ist nun der Glaube, der Leben und Tod Jesu als Handeln Gottes wahrnimmt; der Glaube also sieht und nimmt wahr, dass das Werk der Sünde, der Tod Jesu, nicht die Vernichtung des wahren Lebens war, sondern dass Gott das Werk der Sünde gegen die Sünde gekehrt hat und zur Vernichtung der Sünde gemacht hat. Die Sünde will Blut, Gott will Leben. Das sieht der Glaube in und an Jesus Christus. Das Wüten der Sünde gegen das wahre Leben entdeckt der Glaube in Wahrheit als Gottes versöhnendes Handeln, indem er die Sünde, das Für-sich-selbst-Leben, vernichtet.

Das ist der Sinn des Satzes V. 21: «Er hat den, der von keiner Sünde wusste, für uns zur Sünde gemacht, damit wir Gerechtigkeit Gottes in ihm würden.»

c) Gottes Handeln – der fröhliche Tausch

Wir sahen, dass es Menschen waren, die führenden Zeitgenossen Jesu in primärer Hinsicht, die Sünder aller Zeiten in der Sicht des Glaubens, die Jesus ans Kreuz brachten. Nun aber betrachtet der Glaube Jesus Christus selbst als Handeln Gottes und als Werk Gottes, und zwar, wie wir sahen, das ganze Sein Jesu, das ganze Leben Jesu und im Zusammenhang damit natürlich auch seinen Tod. Aber der Satz aus V. 18 f., dass Gott in Christus war, die Welt mit sich selbst versöhnend, der bezieht sich auf das ganze Sein Jesu, Leben und Tod. Oder sollte Gott in dem lehrenden und leidenden Jesus nicht versöhnend tätig gewesen sein?

Wir haben diese Grundgedanken so zusammengefasst, dass Jesus Christus als dieser wahre, sündlose Mensch Gottes Anwesenheit selbst ist. Ein solcher wahrer Mensch, der so ganz und gar für Gott und den Nächsten lebt, ist aus dem Zusammenhang des Menschengeschlechtes nicht ableitbar. Gott selbst war in Christus, θεὸς ἦν ἐν Χριστῷ κόσμον καταλλάσσων ἑαυτῷ [Gott war in Christus und versöhnte die Welt mit ihm selber, V. 19]. Die Wahrheit des Menschseins Jesu folgt also aus dem einzigartigen Eingehen, der einzigartigen Verbindung Gottes, der ἕνωσις [Einheit] oder unio Gottes mit diesem Menschen. Damit stehen wir beim Inkarnationsgedanken, und in diesem Zusammenhang müssen wir auch die Kreuzestheologie sehen, den Tod Jesu für uns verstehen. Das Handeln Gottes in Jesus Christus ist nicht die Bereitstellung eines vollkommenen Opfers an seinen Zorn; vielmehr ist Gottes Handeln, das immer sein Handeln bleibt und niemals zur Voraussetzung menschlichen Handelns wird, das Sein in dem wahren Menschen Jesus für uns. Gott tut, was kein Mensch kann, er verwirklicht einen wahren Menschen für uns und an unserer Statt. Die Kreuzestheologie beginnt also schon mit der Inkarnation, und das NC bringt dann ja auch das ὑπὲρ ἡμῶν mit der Menschwerdung zusammen: τὸν δι' ἡμᾶς τοὺς ἀνθρώπους καὶ διὰ τὴν ἡμετέραν σωτηρίαν κατελθόντα ἐκ τῶν οὐρανῶν, καὶ σαρκωθέντα ἐκ Πνεύματος Ἁγίου καὶ Μαρίας τῆς παρθένου, καὶ ἐνανθρωπήσαντα, σταυρωθέντα τε ὑπὲρ ἡμῶν ἐπὶ Ποντίου Πιλάτου,[133] ...

---

[133] [deutsch: der wegen uns Menschen und um unseres Heils willen aus den Himmeln herabgestiegen und Fleisch geworden ist aus Heiligem Geist und Maria, der Jungfrau; und er ist Mensch geworden und wurde für uns gekreuzigt unter Pontius Pilatus ...]

§ 7: Die Elemente der Versöhnung

die Aussage der Menschwerdung mit διά, des Kreuzestodes mit ὑπέρ.[134] Wenn wir also sehen, dass die ὑπέρ-Aussagen im besonderen Zusammenhang mit dem Tod Jesu stehen, so heisst das nicht, dass Gottes Handeln für uns bzw. um unsertwillen auf den Tod Jesu beschränkt wäre. Wohl aber rückt der Tod Jesu ins Zentrum, weil sich in ihm und an ihm bewährt, ob er das Sein für Gott und den Nächsten durchhält oder ob ihn die Gefahr, in welche die Sünde der Menschen ihn bringt, schwankend werden lässt. Denn auf den Tod in geistlicher Hinsicht, den es physisch zu bewähren gilt, kommt ja, wie ich lange ausgeführt habe, alles an: Denn den Tod des Lebens für sich selbst kann ja der Sünder gerade nicht sterben. Da er aber gestorben werden muss, damit das wahre Leben offenbar wird, kann das ὑπέρ-Sein Jesu sich mit dem Tod exklusiv verbinden: Er ist für alle gestorben, also sind alle gestorben.

Wir blicken noch einmal in den Hintergrund, auf dem dies alles geschieht, nämlich die menschliche Sünde, unsere Sünde. In gewisser Weise wird ihr Verständnis, ihr Gewicht durch unsere Interpretation der Versöhnung verschärft. Denn wenn Stellvertretung gerade nicht heisst, dass einer stirbt und die anderen nicht, sondern dass einer stirbt und also auch alle, so wird die Versöhnung Gottes an uns nur sichtbar, wenn wir, heutige Christen, in radikaler Weise für uns selbst sterben. Ohne diesen Tod wird das Leben an uns nicht sichtbar. Die klassische Satisfaktionslehre war gewiss von tiefem Sündenernst getragen, wenn sie lehrte: So gross ist die Sünde des Menschen, dass Gott selbst Mensch werden musste, damit Gott durch das vollkommene Opfer des Menschen versöhnt wird. Aber sie schloss doch nicht aus, dass man sich dieses Opfer durch bestimmte sakramentale oder asketische Handlungen aneignete, aber nicht durch das, was Paulus 2Kor 5,15 sagt. Das Schwere der Sünde erscheint also gerade an der Güte Gottes: Dass ein wahrer, nicht mehr sich selbst lebender Mensch nur ein Werk Gottes sein kann und es in Jesus Christus auch ist, das ist ja das furchtbarste Gericht über den Sünder. Darum kommt, wie Paulus im Röm lehrt, mit der Zeit der Offenbarung der Gerechtigkeit Gottes (Röm 1,17; 3,21) auch die Zeit, da der Zorn Gottes offenbar wird, 1,18 ff.: Weil Gottes Gerechtigkeit in Jesus Christus jetzt offenbar wird, wird klar, wie erschreckend es um die Gerechtigkeit des Menschen bestellt ist. Die Offenbarung der Gerechtigkeit Gottes

---

134 DH 76. Vgl. auch das Chalcedonese.

hebt nicht etwa die Offenbarung des Zornes Gottes und dessen Erkenntnis auf, sondern inauguriert und ermöglicht sie allererst. Ein Christsein, das über die Sünde und Erkenntnis der Sünde hinwegzusein glaubt, ist ein Missverständnis seiner selbst. Wenn Paulus daher in V. 21 sagt, Gott hat den, der von keiner Sünde wusste ..., so können wir diesen Satz jetzt so verstehen: Natürlich hat Jesus die Sünde kognitiv gekannt, aber nicht existentiell. Natürlich ist der Vers nicht so gemeint, als sei Jesus sündlos gewesen, bis Gott ihn für uns zur Sünde gemacht hat. Paulus meint natürlich, dass er existentiell sündlos war. Darum sagt er nicht ἁμαρτωλός [Sünder], obwohl er natürlich weiss, dass die Sünde nur als Sünder oder Sünderin konkret ist. Würde Paulus meinen, Jesu Sündlosigkeit habe aufgehört, als Gott ihn für uns zur Sünde machte, so könnte er ja nicht sagen, dass der Zweck dessen war, «damit wir in ihm Gerechtigkeit Gottes würden». Wir müssen also Sünde und Gerechtigkeit im Zusammenhang sehen. Zunächst ist klar, Gerechtigkeit ist der Gegenbegriff zu Sünde (Rechtfertigungslehre in der Versöhnungslehre). Haben wir Sünde beschrieben als Leben für sich selbst, incurvatio, so ist also Gerechtigkeit: Leben für Gott und den Nächsten. Das ist der Sinn von δικαιοσύνη [Gerechtigkeit]; nicht juristisch. Nun ist in diesem Vers wie im ganzen Zusammenhang Gott das handelnde Subjekt. Gott versöhnt also den Menschen, Gott wandelt den Menschen. Gott ist als das handelnde Subjekt der Versöhnende, der aus dem Menschen eine neue Schöpfung macht. Nun sahen wir: Damit das Leben offenbar wird, muss das Leben für sich selbst, die Sünde sterben. Nicht weil Gott das Opferblut zur Versöhnung seines Zornes will, stirbt Jesus, sondern weil die Sünde sterben muss, stirbt Jesus, und das heisst ja zugleich, damit die Gerechtigkeit offenbar wird. Aus diesem Zusammenhang erschliesst sich der Vers: In Jesu Leben ist die Sünde geistlich gestorben – Sündlosigkeit. Die Sünde der Menschen vernichtet dieses Leben physisch, sie wirkt sich an ihm aus: Der Sündlose übernimmt das Schicksal, das der Sünde zugedacht ist, zu sterben. An unserer Stelle und für uns stirbt er den Tod der Sünde – aber nicht als Opfer gegen den zornigen Gott, sondern weil der Tod der Sünde das Leben, hier δικαιοσύνη genannt, freigibt. Das also bedeutet der Satz: Gott hat den, der von keiner Sünde wusste, für uns zur Sünde gemacht. Der Vers passt also ganz in unsere Analyse des Textes auf der Basis von V. 15. Darin, dass Jesus für uns zur Sünde gemacht wird, also das Schicksal der Sünde, nämlich ihren Tod, als der Sündlose austrägt, wird die Ge-

§ 7: Die Elemente der Versöhnung

rechtigkeit frei. Wieder erscheint das ἵνα [damit] als soteriologischer Zweck.

Martin Luther hat, in Aufnahme literarischer und mystischer Sprache, diese Zusammenhänge als den fröhlichen Wechsel, *commercium laetum*, bezeichnet. Weil das Sein und das Wesen der Sünde, der Sünde aller (πάντες) sich am Sündlosen auswirkt, also an dem, der den Tod der Sünde schon lebt, wird dieses Leben auf die Glaubenden übertragen, so dass nun auch sie den Tod der Sünde sterben. Der Glaube ist selbst die Teilhabe an dem Tod der Sünde in Jesus Christus und der Empfang des Lebens. Indem Jesus den Tod der Sünde stirbt, ist er die Gerechtigkeit – als «Leben für ...». Am schönsten hat Luther den Gedanken in seiner Schrift «Von der Freiheit eines Christenmenschen» ausgesprochen:[135]

> «Zum zwölften. Der Glaube gibt nicht nur soviel, dass die Seele dem göttlichen Wort gleich wird, aller Gnade voll, frei und selig, sondern er vereinigt auch die Seele mit Christus als eine Braut mit ihrem Bräutigam. Aus dieser Ehe folgt, wie St.Paulus sagt, dass Christus und die Seele ein Leib werden (Eph 5,30). So werden auch beider Güter, Glück, Unglück und alle Dinge gemeinsam; das, was Christus hat, das ist der gläubigen Seele zu eigen; was die Seele hat, wird Christus zu eigen. So hat Christus alle Güter und Seligkeit; die sind auch der Seele zu eigen. So | hat die Seele alle Untugend und Sünde auf sich; die werden Christus zu eigen. Hier erhebt sich nun der fröhliche Wechsel und Streit. Weil Christus Gott und Mensch ist, der noch nie gesündigt hat, und seine Frommheit unüberwindlich, ewig und allmächtig ist, so macht er denn die Sünde der gläubigen Seele durch ihren Brautring – das ist der Glaube – sich selbst zu eigen und tut nichts anderes, als hätte er sie getan. So müssen die Sünden in ihm verschlungen und ersäuft werden; denn seine unüberwindliche Gerechtigkeit ist allen Sünden zu stark. So wird die Seele von allen ihren Sünden durch ihren Brautschatz geläutert, das heisst: des Glaubens wegen ledig und frei und begabt mit der ewigen Gerechtigkeit ihres Bräutigams Christus. Ist nun das nicht eine fröhliche Wirtschaft, wo der reiche, edle, fromme Bräutigam Christus das arme, verachtete, böse Hürlein zur Ehe nimmt und sie von allem Übel entledigt, ziert mit allen Gütern? So ist es nicht möglich, dass die Sünden sie verdammen; denn sie liegen nun auf Christus und sind in ihn hinein verschlungen. So hat sie eine so reiche Gerechtigkeit von ihrem Bräutigam, dass sie abermals gegen alle Sünde bestehen kann – und wenn sie schon ihr auflägen. Davon sagt Paulus 1. Kor 15,57: ‹Gott sei Lob und Dank, der uns eine solche Überwindung in Christus Jesus gegeben hat, in der der Tod samt der Sünde verschlungen ist.›»

---

135 WA 7, 25 f.; BoA, Bd. 2, 15 f. [zit. aus: Insel-Ausgabe, Bd. 1, 245 f.].

Gerecht also sind wir, wenn wir in ihm sind. Paulus sagt nicht, er ist unsere Gerechtigkeit, dadurch dass er in uns ist. Er sagt: Wir sind Gottes Gerechtigkeit dadurch, dass wir in ihm sind. Dieses Ausser-uns-Sein, In-Christo-Sein: Das ist der Glaube. Der Glaube lebt nicht mehr für sich selbst; nicht einmal mehr davon, dass er seine Gerechtigkeit an sich selbst sehen will. Er sieht sie ausser sich, in Jesus Christus.

Eberhard Jüngel
Walter Mostert
**Schon jetzt –
und dann erst recht!**
Beiträge zur Eschatologie
Vorlesungen – Vorträge –
Predigten

*Hrsg. von Christian Möller
und Christian Schad*

228 Seiten | Hardcover | 14 x 21 cm
ISBN 978-3-374-07685-7
EUR 25,00 [D]
eISBN (PDF) 978-3-374-07686-4
EUR 17,99 [D]

In diesem Band werden zwei bisher unveröffentlichte Entwürfe zur Eschatologie publiziert: eine Vorlesung des Zürcher Fundamentaltheologen Walter Mostert und eine Thesenreihe des Tübinger Systematikers Eberhard Jüngel. Sie werden ergänzt durch weitere Texte der beiden bekannten Autoren, die ebenfalls eschatologische Themen behandeln. Im Unterschied zu gegenwärtigen apokalyptischen Parolen und Aktionen, die den Untergang der Welt und das Ende der Zeit beschwören, aber auch im kritischen Gegenüber zu einem trostlosen Verstummen angesichts der Macht des Todes, kommt hier eine biblisch fundierte reformatorische Eschatologie zur Sprache, die höchst aktuell ist und es darum verdient, breit wahrgenommen zu werden.

EVANGELISCHE VERLAGSANSTALT
Leipzig   www.eva-leipzig.de

Tel +49 (0) 341/ 7 11 41 -44   shop@eva-leipzig.de

Ulrich H. J. Körtner
Gott verstehen
Aufgaben und Grenzen
theologischer Hermeneutik

216 Seiten | Paperback
12 x 19 cm
ISBN 978-3-374-07879-0
EUR 35,00 [D]
eISBN (PDF) 978-3-374-07880-6
EUR 34,99 [D]

Theologische Hermeneutik ist mehr als eine Methodenlehre der verschiedenen theologischen Einzeldisziplinen. Ihre eigentliche Herausforderung, um nicht zu sagen Provokation, besteht in der Annahme, dass das Verstehen des Glaubens nicht nur eine Weise menschlichen Selbstverstehens, sondern in einem distinkten Sinne zugleich ein Verstehen Gottes ist. Vorausgesetzt ist damit die Möglichkeit, dass Gott überhaupt von uns Menschen verstanden werden kann und nicht etwa nur die Chiffre für ein unnennbares Geheimnis oder eine Leerstelle in einer Theorie metaphysischer Letztbegründung ist.

Das besondere Augenmerk des Buches liegt auf den leiblichen und sinnlichen Aspekten jeglichen Verstehens. Es entwickelt in Grundzügen eine theologische Hermeneutik des Körpers, die nicht allein schöpfungstheologisch, sondern im Letzten christologisch, nämlich inkarnationstheologisch fundiert ist.

EVANGELISCHE VERLAGSANSTALT
Leipzig   www.eva-leipzig.de

Tel +49 (0) 341/ 7 11 41 -44   shop@eva-leipzig.de

Ingolf U. Dalferth
Auferweckung
Plädoyer für ein anderes Paradigma der Christologie

Forum Theologische Literaturzeitung (ThLZ.F) | 39

184 Seiten | Paperback
12 x 19 cm
ISBN 978-3-374-07360-3
EUR 28,00 [D]
eISBN (PDF) 978-3-374-07361-0
EUR 24,99 [D]

Die dominierende christologische Denkform des Christentums ist die Inkarnation, die Menschwerdung Gottes. Doch das Christentum begann nicht an Weihnachten, sondern an Ostern, nicht mit der Geburt Jesu, sondern mit der Auferweckung des Gekreuzigten. Dalferth plädiert in dieser Studie dafür, nicht die Inkarnation, sondern die Auferweckung ins Zentrum der Christologie und damit der christlichen Theologie zu stellen. Nicht die Erniedrigung Gottes ins Menschsein, sondern die Erhöhung der Menschen in das Leben Gottes ist die befreiende Botschaft des Evangeliums. Wir werden verändert, nicht Gott. Gott wird nicht einer von uns, sondern er macht uns zu den Seinen. Er kommt uns nahe, weil er uns in seine Nähe holt, aber er bleibt der Schöpfer und wir seine Geschöpfe.

EVANGELISCHE VERLAGSANSTALT
Leipzig   www.eva-leipzig.de

Tel +49 (0) 341/ 7 11 41 -44   shop@eva-leipzig.de

Edgar Thaidigsmann
Gesehen werden und sehen
Elemente einer
theologischen Sehschule

336 Seiten | Paperback
12 x 19 cm
ISBN 978-3-374-07668-0
EUR 68,00 [D]
eISBN (PDF) 978-3-374-07669-7
EUR 67,99 [D]

Das Buch *Gesehen werden und sehen* bietet Elemente einer theologischen Sehschule. Den Leitfaden bildet Psalm 36,10b »In deinem Licht sehen wir das Licht.« Theologisches Nachdenken hat sich im 20. Jahrhundert besonders Gottes Wort zugewandt und es auch im Blick auf menschliches Sprachhandeln bedacht. Wenig beachtet wird in der Theologie bis heute das Sehhandeln Gottes und der Menschen. Im Horizont biblischer Texte und Perspektiven erkundet das Buch göttliches und menschliches Sehhandeln und bedenkt es in Bezug auf ausgewählte theologische, philosophische, psychologische und literarische Texte wie auch im Hinblick auf Fotografie und Bild.

EVANGELISCHE VERLAGSANSTALT
Leipzig   www.eva-leipzig.de

Tel +49 (0) 341/ 7 11 41 -44   shop@eva-leipzig.de